BeckscheReihe

BsR 1213

BsR

Ein Café am zentralen Beyazid-Platz in Istanbul ist Ausgangspunkt der Feldforschungen von Günter Seufert, der in diesem Band die moderne türkische Gesellschaft porträtiert. Der Autor beschreibt die Rückkehr des Islam in die politische Arena der Türkei und geht der Frage nach, warum der politische Islam zu einer Zeit in höchster Blüte steht, da westliche Kultur über Medien und Moden, Lebensstile und Produkte stärker im Land vertreten ist als je zuvor.

Günter Seufert hat über die Türkei promoviert und ist wissenschaftlicher Mitarbeiter am Institut der Deutschen Morgenländischen Gesellschaft in Istanbul.

GÜNTER SEUFERT

Café Istanbul

Alltag, Religion und Politik in der modernen Türkei

VERLAG C. H. BECK

Die Deutsche Bibliothek – CIP-Einheitsaufnahme

Seufert, Günter:
Café Istanbul : Alltag, Religion und Politik in der modernen Türkei / Günter Seufert. – Orig.-Ausg., München : Beck, 1997
(Beck'sche Reihe ; 1213)
ISBN 3 406 42013 3

Originalausgabe
ISBN 3 406 42013 3

Umschlagentwurf: Uwe Göbel, München
Umschlagabbildung: Blick auf Istanbul (Norbert Hein, Visum Agentur)

Gesamtherstellung: C. H. Beck'sche Buchdruckerei, Nördlingen
Gedruckt auf säurefreiem, alterungsbeständigem Papier
(hergestellt aus chlorfrei gebleichtem Zellstoff)
Printed in Germany

Inhalt

II. Gesellschaftspolitische Aktivität im Namen des Islam

Anhang

Vorwort

Gerade hat sich Nasreddin Hodscha mit der Gemeinde zum Gebet niedergeworfen, da macht sich sein Esel mit klappernden Hufen davon. „Hiergeblieben, Graurock", schreit der Hodscha, und gleich regt sich die Gemeinde auf: „Was fällt dir ein, unser Gebet zu stören?" „Ach, laßt mich", sagt der Hodscha, „Leute zum Beten finde ich überall, aber keinen neuen Esel."

Fromm und schlagfertig ist Nasreddin Hodscha, die türkische Version des verschmitzten Rabbis, und die gleichen Eigenschaften hat Necmettin Erbakan, Führer der pro-islamischen Wohlfahrtspartei. Erst der Esel und dann das Gebet – erst die Regierung und dann die islamistische Politik, das ist das Motto des neuen türkischen Ministerpäsidenten, der seit Juli 1996 im Amt ist. „Verschreckt bloß niemanden", warnte Erbakan seine Parteigenossen vor der Vertrauensabstimmung über seine Regierung im Parlament und fraß selbst fleißig Kreide.

Dabei galt die islamistische Bewegung der Türkei im In- und Ausland als die große Bedrohung für die laizistische Republik, und ihr Führer, Necmettin Erbakan, machte sich als gnadenloser Kritiker der Parteien, die auf die Zusammenarbeit des Landes mit der NATO und der EU setzen, einen Namen. Er geißelte die Übernahme europäischer Regierungsformen und westlicher Kultur als „Nachäffung des Westens", die Kooperation des Landes mit dem Internationalen Währungsfond war ihm „Unterwerfung unter die Zinsknechtschaft des jüdischen Kapitals", und wer für die Mitgliedschaft der Türkei in der EU eintrat, dem warf er vor, die Souveränität des Landes zu beschneiden. Nicht im „Christenclub EU" sollte die Türkei zu Hause sein, sondern in der islamischen Welt, und statt der NATO sollte eine islamische Verteidigungsunion begründet werden. Wenn erst seine Wohlfahrtspartei (Refah) an der Macht sei, so Erbakan, dann werde nicht nur die Türkei von westlichem Einfluß befreit und die Zypernfrage im Sinne der Muslime geklärt. Die Wohlfahrtspartei an der Regierung, das bedeute auch die Lösung der Palästinafrage, die Befreiung der besetzten Gebiete Aserbeidschans und nicht zuletzt die Sicherung des bosnischen Staates. Wirtschaftlich gebe es dann keine vom Koran verbotene Zinserhebung mehr, und damit habe auch die Inflation ein Ende. Die Kurdenfrage werde im Sinne islamischer Brüderlichkeit gelöst, der Staat sei wirklich für seine Bürger da, und mit der Korruption sei alsbald Schluß.

Wenn auch vorsichtig und oft nur indirekt – begründet wurden die innen- und außenpolitischen Positionen der Partei mit dem Islam. Er verpflichte die Muslime zur Zusammenarbeit, trenne scharf zwischen Gläubigen und anderen Menschen, die letzten Endes unter muslimischer Herrschaft zu leben hätten. So wie der Koran den Zins verbiete und die Bedeckung der Frauen vorschreibe, so verfluche er die Juden und fordere allgemein, daß die Gesellschaft der Muslime eine sei, die nach islamischen Regeln lebe. Die türkische Kultur und Lebensart, ihr Verständnis von Politik und ihre Sittlichkeit, all das sei tief geprägt von dieser Religion und finde seinen reinsten Ausdruck in ihrem göttlichen Gesetz, der Scheriat. So wird die Scheriat für viele Anhänger der Partei zum Heilmittel für alle Gebrechen der türkischen Gesellschaft, und deshalb wird mal verdeckt, mal offen ihre (Wieder-)Einsetzung gefordert.

Je mehr die Scheriat und der Koran ins Zentrum rücken, um so mehr trifft sich die Selbstwahrnehmung der Muslime mit dem Bild, das sich Europa von den Gläubigen des Islam macht. Den einen, den islamistischen Aktivisten selbst, ist der heilige Text Rechtfertigung für das eigene politische Handeln, das sich doch meist auf sehr weltliche Dinge richtet, wie Macht und Einfluß, materiellen Vorteil und die Ausschaltung von Konkurrenten. Den anderen, den Außenstehenden, scheint der Text jedoch gerade das Handeln jener Aktivisten und ihres Anhangs zu erklären, die sich wohl nur so verhielten, wie es ihnen ihre ‚anachronistische' Religion vorschreibe. Was von politischen Akteuren allgemein erwartet werden kann, nämlich daß sie maßvoll handeln und sich am Gegebenen orientieren, löst, wenn sie Islamisten sind, dann oft Verwunderung aus, und man fragt, ob sie sich eigentlich nicht nur verstellen.

Entsprechend groß waren Befürchtungen, der Wahlerfolg der Refah, die im Dezember 1995 mit 21,3 % der Stimmen stärkste Partei wurde, und gar ihre Führung innerhalb der Koalitionsregierung würden in der Türkei zum Umbruch und zum Abbruch ihrer Beziehungen mit Europa führen.

Doch heute schreibt Erbakan Staatsobligationen mit hohen Zinserträgen aus. Den USA präsentiert er sich als Garant für innenpolitische Stabilität, und mit Israel will er im Tourismus und auf militärischem Gebiet zusammenarbeiten. Der Krieg im kurdisch besiedelten Südosten geht unvermindert weiter, und selbst das Mandat der in der Türkei stationierten schnellen Eingreiftruppe der USA gegen Saddam Hussein, die Erbakan früher nur „Besatzungsarmee" genannt hatte, wurde wiederholt verlängert. Keine seiner alten Forderungen, scheinbar doch vorgegeben von der Religion, hat Erbakan wirklich versucht durchzusetzen.

Doch nicht nur die Wohlfahrtspartei hat die Beobachter überrascht, auch die anderen rechten Parteien und das Militär verhielten sich anders als allgemein erwartet. Die Mutterlandspartei (AnaP) von Mesut Yılmaz und Tansu Çillers DYP (Partei des Rechten Weges), die beide gegen Refah kämpften, führten dann mit ihr ernsthafte Koalitionsverhandlungen, und das Militär duldete schließlich gar die Regierungsübernahme der Refah. Refah erwies sich als weniger ‚islamisch' als gedacht, und die anderen Parteien und das Militär sind keineswegs beinharte Säkularisten oder ‚Garanten der Verwestlichung'. Mit einem Wort: die Unterschiede sind geringer als erwartet, und die politische Klasse des Landes verfügt über eine ganze Reihe von Gemeinsamkeiten.

Auch wenn die Gemeinsamkeiten beim Streit um ideologische Positionen und beim Kampf um die Fleischtöpfe stets zurücktreten, sie sind es, die die Bevölkerung zusammenhalten und die politische Klasse handlungsfähig machen. Wenn politische Fronten, ökonomische Interessen sowie religiöse und ethnische Gegensätze beschrieben werden, treten diese grundsätzlich geteilten Überzeugungen stets in den Hintergrund, doch eine adäquate Beurteilung der verschiedenen politischen Positionen ist nur vor ihrer Kenntnis möglich. Sie sind Massenbewußtsein, Alltagstheorien und nicht hinterfragte Überzeugungen, sie sind das Wissen der Gesellschaft von sich selbst und finden sich im Alltagshandeln ihrer Mitglieder genauso wie in deren politischen Aktionen. Sie formen Argumente in Plaudereien und in politischen Diskussionen, sie spiegeln sich in der Berichterstattung und sind Ausgangspunkt für jede Propaganda der Parteien. Sie formen und begrenzen das politisch Mögliche und werden doch selten beschrieben.

Wie Alltagsbewußtsein funktioniert, zeigt sich an alltäglichen Unterhaltungen, z. B. an denen in einem Stammcafé. Mein Stammcafé in Istanbul war ein besonderes. Es liegt in der Nähe des Beyazid-Platzes, der von der Universität Istanbul, der Beyazid-Moschee und dem Basar begrenzt wird. Die Universität Istanbul hat eine lange säkulare Tradition. Mitten in der Stadt gelegen, war der Beyazid-Platz immer wieder Ausgangspunkt studentischer Demonstrationen, und vor dem 1980er-Putsch oft Schauplatz von Zusammenstößen zwischen Links und Rechts. Später wurde auf dem Beyazid-Platz besonders häufig freitags demonstriert, denn der Freitag ist der Hauptgebetstag der Muslime. Im Anschluß an das gemeinsame Gebet gen Mittag erschollen dann oft Parolen gegen die jeweils aktuellen ‚Feinde des Islam': mal wegen Palästina gegen die USA und Israel, mal wegen Tschetschenien gegen Rußland, mal wegen Zypern gegen Griechenland und mal wegen Bosnien gegen Europa und den Westen allgemein. Nur fünf Minuten von diesem Platz entfernt liegt das Café, in dem sich Aktivisten und Sympathisanten aller Gruppen fanden. Nicht nur Studenten sind in dem Café zu Hause, sondern auch Angehörige des dritten Platzanrainers, des Basars. Das Basarviertel verbindet Istanbul mit Anatolien und auch mit dem Ausland. Historisch war der Basar die urbane und politische Sphäre islamischer Städte überhaupt, und noch heute sind es die Händler und Produzenten des Basars, die Politik und Wirtschaft, Religion und Kultur am aufmerksamsten verfolgen.

Zwar gesellten sich im Café die Parteigänger der verschiedenen politischen Richtungen und Lebensstile häufig zueinander, doch kann nicht davon gesprochen werden, daß es sich unter der Herrschaft einer bestimmten Gruppe befunden hätte. Als Ausländer, der zu keiner Gruppe gehört, war es mir möglich, mit Leuten unterschiedlichster Orientierung ins Gespräch zu kommen, und im Durchschnitt stellte ich mich zweimal die Woche ein. Ich erzählte jedem, der es wissen wollte – und fast jeder wollte es wissen – den Grund meines Aufenthaltes in der Türkei, daß ich gekommen sei, um ein Buch über den gesellschaftlichen Wandel im Land und den modernen Islam zu schreiben. Die Einstellungen und Haltungen, deren Kenntnis sich aus diesen zufälligen Kontakten und unstrukturierten Gesprächen ergaben, vermittelten mir neben der Tagespresse einen Eindruck von den Selbstverständlichkeiten im Land und von den Wahrnehmungsmustern, die von Menschen der unterschiedlichsten politischen Orientierung geteilt werden. Ich erlebte darüber hinaus, wie Angehörige der verschiedenen kulturellen Lager sich gegenseitig sehen, wieviel Wissen sie voneinander haben, welches die Kriterien für die gegenseitige Ablehnung sind und an welchen Punkten die Verständigung untereinander abgebrochen wird, welches, mit anderen Worten, die Tabus sind, über die Angehörige bestimmter Gruppen nicht miteinander sprechen.

Die jüngeren Leute kamen fast alle direkt aus der Provinz in die Stadt oder sie waren Kinder der ersten Zuwanderergeneration. Es waren viele Studenten, aber auch Lehrer, Universitätsassistenten, kleine Selbständige und Hochschulabsolventen, die in den verschiedensten Berufen tätig waren, seien sie nun dafür ausgebildet oder nicht. Es waren Werbefachleute, Juristen, Zeitschriftenautoren, Kleinunternehmer, Einzelhändler, Übersetzer, Computerspezialisten, Journalisten, Beamte und andere.

Natürlich hatte ich bei all meinen Gesprächen Fragen zur Herkunft und zum sozialen Hintergrund meiner Gesprächspartner im Kopf und interessierte mich besonders für ihre Haltungen zur Religion im allgemeinen und zur islamistischen Politik im besonderen. Ich machte jedoch immer wieder die Erfahrung, daß Kontakte dann am ergiebigsten waren, wenn sie sich vollkommen ungeplant ergaben. Was auf den folgenden Seiten steht, hätte ohne die Unterhaltungen im Café und ohne viele Liter süßen Tees nicht aufgeschrieben werden können.

Einleitung

Was bringt immer mehr Menschen in muslimischen Ländern dazu, sich auf ihre Religion zu besinnen? Warum werden Muslime in den letzten zwanzig Jahren im Namen des Islam politisch aktiv? Das ist die zentrale Frage des Buches, und es versucht, sie am Beispiel der Türkei zu beantworten. Und – gibt es wirklich eine Hinwendung zum Glauben, werden die Menschen wirklich religiöser, wenn sie im Namen des Islam Politik machen und auf die Straße gehen? Dies ist die zweite Frage, es ist die Frage danach, wie sich das Leben der Menschen und ihr Verständnis der Religion verändern, wenn sie mit der Religion Gesellschafts- oder gar Parteipolitik betreiben. Was macht es für die Muslime so attraktiv, sich islamistischen Bewegungen anzuschließen? Warum ist die islamistische Diskussion für viele überzeugender als eine liberale, sozialdemokratisch-sozialistische, als eine nationalistische oder gar faschistische? So etwa könnte man die erste Frage paraphrasieren, deren Beantwortung ein Verständnis der islamistischen Diskussion aus der Perspektive der Akteure und Aktivisten, d.h. der Muslime, erfordert.

Die Religion tritt in dem Augenblick auf die politische Bühne, da moderne Lebensverhältnisse auch das letzte Dorf der muslimischen Länder erfassen. Produktion und Distribution aller materiellen und immateriellen Güter erfolgen jetzt zunehmend nach neuen Prinzipien, die man Kapitalisierung und Rationalisierung nennen kann. Am augenfälligsten wird der Modernisierungsprozeß durch Landflucht und Verstädterung, die die Menschen zwingen, sich an neuen Orten, unter neuen Produktionsbedingungen und mit ihnen bisher Fremden zu organisieren und neue Formen gesellschaftlichen Lebens zu entwickeln. Denn die neuen Prinzipien legen neue Muster sozialen Umgangs nahe: die Horizontalisierung (Enthierarchisierung) und die Individualisierung der menschlichen Beziehungen. Diese neuen Beziehungsformen bilden sich jedoch nicht nur als Folge von Industrialisierung und Urbanisierung, sondern sie sind darüber hinaus in das Design der westlichen Kultur verwoben, die von außen, über Medien und Moden, Lebensstile und Produkte ins Land dringt. Die Fremdheit, mit der man sich konfrontiert sieht, ist deshalb sowohl eine von außen kommende als auch eine von innen hervorbrechende.[1]

Menschen in vormodernen Verhältnissen jedoch begreifen sich und ihre Welt mit Hilfe religiöser Vorstellungen, und der Gedanke liegt nahe, daß sie die Erschütterungen, denen sie ausgesetzt sind, in religiös konnotierten Begriffen zu beschreiben versuchen. Tatsächlich entsteht der islamistische Diskurs in Reaktion auf die genannten Umwälzungen. Er ist von dem Bemühen geprägt, gesellschaftliche Veränderungen zu erklären, zu bewerten und Strategien zu ihrer Überwindung zu diskutieren.

Islamistische Akteure betrachten ‚den Islam' als Dreh- und Angelpunkt ihrer Diskussionen, doch beim politischen ‚Gebrauch' der Religion wird das, was man unter ‚dem Islam' versteht, nicht unverändert bleiben. Denn Menschen, die ihre Modernisierungserfahrungen unter Zuhilfenahme der Religion mental verarbeiten, werden sich einerseits ihre neue soziale Lage in religiösen Begriffen erklären und dadurch andererseits ihre Religion neu begreifen. Die Religion wird so im Verlauf dieses Prozesses von den Gläubigen neu verstanden und neu definiert. Deshalb ist der Islam heute beides: Religion und Ideologie. Als kognitives Muster für Frömmigkeit und Anbetung ist er Religion, und als Erklärungsrahmen für politische Verhältnisse sowie als Anleitung für ihre Um- und Neugestaltung ist er Ideologie.

Was diese Ideologie für die Menschen interessant macht, versteht man nur, wenn man ein Stück weit die Perspektive der Akteure einnimmt und versucht, mit den Augen von Muslimen zu sehen. Das verbietet es, bereits die Darstellung des islamistischen Diskurses um Begriffe zu zentrieren, die in der ausschließlichen Denktradition des Westens stehen, Begriffe wie

Demokratie, Faschismus, Fundamentalismus; Kategorien wie politisch links und rechts, fortschrittlich und konservativ. Es ist vielmehr notwendig, daß man sich den politischen Haltungen und dem Religionsverständnis, wie es allgemein in einer gegebenen muslimischen Gesellschaft herrscht, nähert und zu beschreiben versucht, wie sich diese Haltungen im und über den islamistischen Diskurs verändern. Auch Etikettierungen, die scheinbar weniger eurozentristisch vorbelastet sind, können in die Irre führen. Wenn etwa familiale Haltungen ‚der Fundamentalisten' mit Begriffen wie „patriarchaler Moralismus", ihr Sittlichkeitsverständnis als Beispiel einer „organischen Sozialethik" und ihre Ordnungsvorstellungen als gesetzesethischer Monismus"[2] charakterisiert werden, mögen diese Beschreibungen zwar richtig, aber nicht immer relevant in dem Sinne sein, daß sie wirklich die Merkmale benennen, welche die ‚Fundamentalisten' von den nicht islamisch politisierten Gläubigen einer muslimischen Gesellschaft trennen. Es ist nämlich sehr die Frage, ob die entsprechenden Haltungen der Akteure im Alltag andere waren, bevor sie sich als ‚Fundamentalisten' auf die politische Bühne begaben.

Denn die islamistische Bewegung besteht nicht getrennt von der türkischen Gesellschaft oder einfach gegen sie. So sehr sie auch als eine politisch oppositionelle Strömung auf politische Veränderung setzt und sich (teilweise) als gegen die herrschende Ordnung gerichtet versteht, so sehr nimmt sie in der Formulierung ihrer Kritik an dieser Ordnung auf allgemein in der Gesellschaft geteilte Vorstellungen von *Wirklichkeit* Bezug. Alle ihre sozialen und politischen Aktivitäten setzen auf den Fundus gemeinsamen Wissens um die Welt, setzen darauf, daß die eigene Bewegung und die Bevölkerung, an die sie sich richtet, ebenso wie die Herrschenden, die zu entmachten sie angetreten ist, über eine *gemeinsame Sinnhaftigkeit* verfügen, innerhalb welcher Verständigung (und sei es über die gegenseitige Ablehnung) möglich ist.

Der Forscher muß seine eigene Sicht auf die Dinge immer wieder kritisch reflektieren, denn der islamistische Diskurs ist per definitionem ein politischer und entsteht als Selbstvergewisserung einer muslimischen Gesellschaft. Die politischen und gesellschaftlichen Kategorien des Autors jedoch sind durchtränkt mit der Kultur und der Geschichte Europas. Nur wer sich dessen bewußt bleibt, kann vermeiden, daß bei seiner Betrachtung eines Diskurses alle die Bedeutungsdimensionen verlorengehen, die für *die, die ihn führen*, seine Überzeugungskraft ausmachen. Denn die Überzeugungskraft eines politischen Diskurses kann nur daraus resultieren, daß er auf *Deutungsmustern* fußt, die in der jeweiligen Gesellschaft verbreitet und damit ‚gültig' sind.

Die Attraktivität des islamistischen Diskurses für große Teile der Bevölkerung offenzulegen, erfordert deshalb seine Beschreibung vor dem Hintergrund allgemeiner und von weiten Kreisen geteilter *Selbstverständlichkeiten* der türkischen Gesellschaft, die sich in *Deutungsmustern* niederschlagen. Das Handeln der Akteure muß also in Begriffen gefaßt werden, in denen sie ihr Handeln wiedererkennen und die doch einer von ihrem eigenen Verständnis getrennten Interpretation des Soziologen Raum geben. Die in einer Gesellschaft ‚gültigen' *Deutungsmuster* beziehen ihre Kraft daraus, daß sie die Wahrnehmung selektieren und so eine ansonsten nahezu beliebig interpretierbare ‚Welt' ordnen und mit sinnhaften Begriffen belegen. Sie stiften Sinn und machen das Chaos ‚Welt' zu einer sinnhaft geordneten *Wirklichkeit*, zu einer Wirklichkeit, die denen, die in ihr leben, als die (in ihren grundsätzlichen Bestimmungen) einzig mögliche erscheint.

Wer Deutungsmuster einer Gesellschaft referiert, der serviert gleichzeitig Informationen über Verhältnisse in dieser Gesellschaft. Der schildert also gesellschaftliche Verhältnisse, die den Mitgliedern dieser Gesellschaft dadurch geordnet und ertragbar erscheinen, daß die Deutungsmuster sie in größere Sinnzusammenhänge einbinden: in die Religion zum Beispiel oder in die Ideologie eines Nationalstaates. Diese in die Deutungsmuster verpackten Informationen über soziale Verhältnisse müssen keineswegs vollständig, ausgewogen und objektiv sein. Die in den Deutungen der Akteure enthaltenen spezifischen ‚Einseitigkeiten' zu korrigieren, ist jedoch für mein Anliegen kontraproduktiv, das ja gerade darin besteht, in der türkischen Gesellschaft ‚gültige' Deutungsmuster nicht nur zu behaupten, sondern so herauszuarbeiten, daß sie dem Leser nachvollziehbar sind. Dies ist nur zu erreichen, wenn die äußere Welt weitgehend *so gezeigt* wird, wie diese Deutungsmuster sie zu erkennen glauben, und *der* Entwurf von Wirklichkeit referiert wird, in den sie integriert sind. So werden beispielsweise in der Schilderung der türkischen Gesellschaft als eines *Mosaiks von Gemeinschaften* die Dimensionen überbelichtet, die dem festgestellten Deutungsmuster entsprechen und seine Existenz nachvollziehbar machen. Die vorgetragenen Ausschnitte aus der Lebenswelt der türkischen Gesellschaft tragen damit *typisierenden* Charakter. Was für die Schilderung der heutigen Verhältnisse gilt, gilt ebenso für die Bemerkungen zur Geschichte. Auch hier werden die Momente unterstrichen, die die herrschenden Deutungsmuster in ihrer Gestalt verständlich machen, und wird *der* Blick auf das Vergangene hervorgehoben, der mit dem Deutungsmuster übereinstimmt und sich in der Weltansicht der türkischen Gesellschaft zu einem schlüssigen Ganzen fügt.

I. Die Weltansicht der türkischen Gesellschaft: zwölf Deutungsmuster

Deutungsmuster könnte man auch als eingeschliffene Perspektiven bezeichnen, die die Wahrnehmung formen und die auf diese Weise die Fülle von Selbstverständlichkeiten hervorbringen, auf denen die Verhaltenssicherheit der Menschen ruht. Das Sich-Treffen der unterschiedlichen Schichten und kulturellen Lager der türkischen Gesellschaft in grundlegenden Deutungsmustern ist es, das trotz aller Gegensätzlichkeit der Klassen, Schichten und kulturellen Lager eine von allen geteilte Wirklichkeit hervorbringt, jene Wirklichkeit, die auch die Struktur des islamistischen Diskurses prägt.

Die Deutungsmuster, die ich im folgenden beschreibe, decken natürlich die Weltansicht der türkischen Gesellschaft nicht vollständig ab, sondern es handelt sich bei ihnen um die Aspekte der Weltansicht, die dem von außen kommenden Untersucher als das, was anders ist, ins Auge springen. Damit ist bereits angedeutet, wie diese Deutungsmuster eruiert wurden. Sie schälten sich aus der Niederschrift von Interviews und Gesprächen, aus teilnehmender Beobachtung und aus der Lektüre von Zeitungen und Zeitschriften heraus. Sie sind die Punkte, über die ich beim Versuch, Argumentationen nachzuvollziehen, Perspektiven zu teilen und Urteile zu verstehen, immer wieder ‚stolperte', so oft, bis ich begriff, daß Argumentationen dann als schlüssig, Perspektiven dann als vollständig und Urteile dann als gerecht erscheinen, wenn sich das Denken darauf einläßt, sich um diese Deutungsmuster zu gruppieren.

Nachdem die Deutungsmuster auf diese Weise ‚aufgedeckt' wurden, wurden jene Informationen über Geschichte und Gegenwart der Türkei zusammengetragen, in denen die Muster jetzt präsentiert werden. Diese Informationen zeigen, daß die Deutungsmuster Niederschlag von (spezifisch kommentierten)

Erfahrungen sind. Ungeachtet ihrer Fremdheit erscheinen die Deutungsmuster so auch dem Außenstehenden als verständliche und nachvollziehbare Interpretationen der gesellschaftlichen Verhältnisse des Landes.

Die Deutungsmuster werden in vier Gruppen vorgestellt. Die erste Gruppe enthält die Muster, die die *Wahrnehmung des eigenen Landes im Verhältnis ‚zum Westen'* benennen, die zweite Gruppe jene, die *Auskunft über die ungeschriebenen Regeln des Zusammenlebens* und die Form der Sozialbeziehungen geben. Die dritte Gruppe bilden die Deutungsmuster, die die *Stellung der einzelnen und sozialer Gruppen zum Staat* zum Inhalt haben, und in der vierten Gruppe werden Deutungsmuster angeführt, die *das Verhältnis großer kultureller Lager* zueinander und ihre Vorstellungen von der Gesellschaft selbst thematisieren.

Die zwei Deutungsmuster der ersten Gruppe, die das Verhältnis der türkischen Gesellschaft zur westlichen Welt strukturieren, sind in der folgenden Episode verschlüsselt:

1. Die Türkei und die Außenwelt: Das Gold des Goldenen Horns

Wenn sich in einer Stadt ein Gerücht über Jahre hinweg hält, obwohl nichts dafür spricht, daß das, was es behauptet, sich wirklich zugetragen hat, dann drücken sich in diesem Gerücht tiefe Gewißheiten ihrer Bewohner aus. In den vergangenen Jahren konnte man in Istanbul folgende Geschichte immer wieder hören:

Die Japaner, ob ein japanischer Konzern oder der japanische Staat, das wisse man nicht so recht, hätten der Stadtverwaltung einen Vorschlag gemacht. Sie würden, was die Stadt seit langem vergeblich versucht, das Goldene Horn, das heute eher eine stinkende Kloake ist, reinigen, und zwar unentgeltlich, und sie erhöben als Ausgleich für ihre Mühe nur Anspruch auf die Schätze, die sie auf seinem Grunde finden würden. Die Stadtverwaltung habe das abgelehnt und damit recht getan, denn besser, die Lage bleibe, wie sie ist, und die Kostbarkeiten verborgen, als daß sie so billig außer Landes gehen würden.

In meiner Deutung dieser Geschichte steht Japan hier mit seiner Technologie und Aktivität, mit seinem *Know-how* und Unternehmungsgeist für die moderne und vom Westen geprägte Zeit; steht stellvertretend für ‚die Anderen', die diese Zeit beherrschen.[1] Das Goldene Horn hingegen repräsentiert die eigene, keineswegs rosige Lage, ‚den Osten', die Türkei und, aus der Sicht der Sprecher, ‚uns'. Die Episode beschwört die Überzeugung, daß ‚der Osten' über Schätze verfügt, unzählbar und unmeßbar in ihrer Fülle, und daß deshalb trotz aller Widrigkeiten das eigentlich Kostbare und Überdauernde bei ihm daheim ist. Kostbarkeiten sind das, die nichts von ihrem Glanz verlieren, auch wenn sie heute bis zur Unkenntlichkeit mit Schmutz und mit Fäkalien bedeckt sind.

Damit bewahrt die Episode die Erinnerung an eine Zeit, da man ‚den Anderen' nicht auf allen Feldern unterlegen war, und drückt darüber hinaus die Gewißheit aus, daß unabhängig von aller Übernahme westlicher Technik und westlicher Institutionen, unabhängig auch von aller Kopie westlichen Lebensstils, es irgendwann die Besinnung auf das Eigene geben wird, das in der Geschichte verborgen liegt. – Im einzelnen:

Muster 1: Muslimische und christliche Welt

Die Entwicklung Europas zur materiell überlegenen Zivilisation hat im Denken der Muslime tiefe Spuren hinterlassen. Lange Zeit waren es nicht primär innenpolitische Konflikte, welche die politischen Bruchlinien des Landes bestimmten, sondern seit dem Niedergang des Osmanischen Reiches ist die Frage danach, wie die Differenz des Landes zu Europa zu bewerten sei, und damit auch die Frage nach dem Weg zur Überwindung des (Entwicklungs-)Abstandes zu ihm, der Punkt, an dem sich die Geister scheiden. Dabei wurde Europa generell als christlich und deswegen als der eigenen Zivilisation feindlich gesonnen wahrgenommen, und so ist es für viele noch heute. Bereits zur Zeit der Republikgründung 1923 trafen sich die gläubigen Muslime in dieser Wahrnehmung mit den laizistischen, republikanischen Intellektuellen. Von einem laizistischen Schriftsteller dieser Zeit stammt folgendes Zitat:

„Die Situation, in die wir geraten waren, stellte tatsächlich alle zutiefst zufrieden. Sie hatten die Türken zu guter Letzt aus Europa hinausgeworfen. In Kürze würde man sie bis ins Innere Asiens treiben. War das nicht seit 150 Jahren das einzige Ziel, die einzige Existenzberechtigung, der einzige Traum der Politiker, der Ideologen und Wissenschaftler, der Schriftsteller und Künstler, die sich aufgemacht hatten, diese Zivilisation (das Christentum, GS) zu verteidigen?“[2]

Auch heute, nach siebzig Jahren Republik und Orientierung des Landes auf Europa, glauben selbst Kemalisten noch, vor ‚dem Westen‘ warnen zu müssen. Nur ein Beispiel dafür ist folgende Stelle aus der Tageszeitung Cumhuriyet, die seit jeher das Banner der Kemalisten schwingt und gegen alle Arten religiösen Einflusses in der Politik ankämpft. Das hindert ihren Chefkommentator jedoch nicht, an den ehemaligen englischen Außenminister Lord Curzon zu erinnern. In dessen Worten spiegele sich die Haltung Europas den muslimischen Türken gegenüber. Er habe gesagt:

„Die Türken müssen aus Europa hinausgeworfen werden. Ganz so, wie es der amerikanische Senator Lodge ausdrückte, muß ihnen Konstantinopel abgenommen und muß Europa von diesem Pestgeschwür, diesem Unruheherd, diesem Fluch seiner Nachbarn befreit werden.“[3]

Heute gelten das Außenministerium und die Armee als die politischen Institutionen der Türkei, in denen religiös-konservative Kräfte noch vergleichsweise wenig Einfluß haben. Wenn trotzdem ein ehemaliger Angehöriger des Außenministeriums, ein pensionierter Botschafter, in der eben zitierten Zeitung glaubt, wiederholt vor den „Kreuzzügen“ der westlichen christlichen Staaten gegen die Muslime warnen zu müssen, zeigt dies, daß die religiöse Identität des Landes – und werde sie auch als eine von Europa zugeschriebene erlebt – selbst für die am stärksten verwestlichte Gruppe der Bevölkerung eine große Rolle spielt.[4] Auch in pro-westlich ausgerichteten Zeitschriften wird Europa als christliche Festung beschrieben[5], und der ehemalige Ministerpräsident Bülent Ecevit, schärfster Gegner der islamistischen Refah Partei, warnt vor einer christlich-orthodoxen Einkreisung des Landes.

Für weite Kreise der Bevölkerung ist mit dem Zerfall der Nachkriegsordnung der christlich-muslimische Gegensatz an die Stelle des kapitalistisch-kommunistischen getreten. Bestätigt sieht man sich in dem lange hingenommenen Völkermord an den bosnischen Muslimen. Die Wirkung der bosnischen Tragödie auf die öffentliche und veröffentlichte Meinung der Türkei ist in ihrer Schwere nicht zu unterschätzen. Der Konflikt machte aus vielen atheistisch und der eigenen Kultur gegenüber kritisch eingestellten Menschen sogenannte ‚kulturelle Muslime', und in den religiösen Kreisen hat er starke Bedrohungsgefühle ausgelöst. Besonders nach dem Fall der bosnischen Stadt Bihać scheint diese früher nur von konservativen Kommentatoren vertretene Haltung zur offiziellen geworden zu sein. Am 11. Dezember 1994 hat das Staatsfernsehen dreimal hintereinander eine Sendung ausgestrahlt, in der das Verhalten ‚des Westens' in Bosnien mit seiner „Kreuzzugsmentalität" begründet und ein Zusammenhang zwischen der duldenden Haltung des Westens in Bosnien und seinem großen Interesse an der Kurdenfrage hergestellt wurde.

In militanten islamistischen Gruppen wird der Gegensatz zwischen ‚Ost' und ‚West' schlicht als Krieg zwischen Christen und Muslimen begriffen. Beispiel dafür ist eine Rede anläßlich der Gedenkfeier für einen in Bosnien gefallenen türkisch-muslimischen Freischärler. Veranstalter des Abends war die Hisbullah, die im politischen Islam der Türkei nur eine marginale Position innehat.

Es war das Bestreben des Redners, den Krieg in Bosnien zu einem Religionskrieg zwischen Christen und Muslimen, den Gläubigen und den Ungläubigen, zu machen, zu einem Krieg, aus dem die Muslime zweierlei zu lernen hätten: 1. Alle Abstriche, die die Muslime, so wie hier die bosnischen, hinsichtlich ihrer Lebensführung, ihrer Kultur und ihres Glaubens zu machen bereit gewesen seien, hätten den imperialistischen Westen nicht daran gehindert, immer noch weitere Ansprüche zu stellen. Das sei der falsche Weg. 2. – und das ergebe sich aus dem ersten Punkt – gebe es kein friedliches Zusammenleben von Christen und Muslimen. Die weit verbreitete Redewendung „der Türke hat keinen Freund außer dem Türken“ wurde vom Redner zu „der Muslim hat keinen Freund außer dem Muslimen“ korrigiert. Der Redner zog einen Frontverlauf Serbien-Europa-Amerika, gleich Christen-Imperialisten und deren einheimische Kollaborateure, und Bosnien-Irak-Südosttürkei, gleich Islamische Welt-Unterdrückte. Er wiederholte die in verschiedenen islamistischen Zeitschriften gemachte Aussage, die Imperialisten würden letzten Endes im Blute der muslimischen Märtyrer ertrinken.

Nicht jeder sieht das so, doch säkulare und pro-islamische Politiker betonen gleichermaßen, daß es ‚der Westen‘ sei, der gegen ‚den Osten‘ Stellung beziehe und politische Konflikte zu religiösen mache. Der Unterschied besteht darin, daß der Konflikt den pro-islamischen Gruppen als Wiedervergegenwärtigung einer ‚grundlegenden Wahrheit‘, des Gegensatzes zwischen dem Glauben und dem Unglauben, erscheint. In welchem gesellschaftspolitischen Klima wird dieser Gegensatz zwischen ‚West‘ und ‚Ost‘ heute erinnert?

Muster 2: Liederliche Gegenwart und glorreiche Vergangenheit

Seit den frühen 1970ern befindet sich die Türkei in einer Dauerkrise mit strukturellen Ursachen. Als 1923 die Republik gegründet wurde, hatte die Türkei 10 Millionen Einwohner, 1991, im Jahr der letzten Volkszählung, waren es 56,6 Millionen, und zur Jahrtausendwende werden es 70 Millionen sein. Noch immer liegt die jährliche Bevölkerungszunahme bei 2,17%, und weder das Bildungssystem noch der Arbeitsmarkt vermögen mit dieser Wachstumsrate Schritt zu halten. Nur 23,5% der Studienbewerber finden Platz an den Hochschulen, und die inoffizielle Arbeitslosenquote beträgt circa 20%.

Seit den sechziger Jahren prägt die Landflucht die gesellschaftliche Entwicklung der Türkei. 1945 lebten nur 18% der Bevölkerung in Städten; auch 1960 waren es erst 26%; 1994 jedoch waren bereits 60% in der Stadt zu Hause. So hatte Istanbul zum Ende des Ersten Weltkriegs nur circa 700000 Einwohner, heute sind es 13 Millionen. Ein Großteil der Zuwanderer siedelte sich wild am Rand der Städte an, in den sogenannten *gecekondu-s*. In Ankara leben 50% der Einwohner in solchen *Dorfstädten*, und entsprechend groß ist der Einfluß ländlich-konservativer Orientierungen auf die städtische Politik.

In der *banlieue* von Istanbul lag 1991 die offizielle Arbeitslosenrate bei 75%.[6] Auch eine rasante Industrialisierung hat den Anteil der abhängig Beschäftigten an den Erwerbstätigen, der in den entwickelten Ländern bei 80% liegt, nicht über 30% heben können. Nur 22% sind in der Industrie beschäftigt, und nach wie vor wird das Arbeitsleben von der Masse der kleinen Selbständigen geprägt. Sozialdemokratische oder sozialistische Entwürfe, die auf den gewerkschaftlich organisierten freien Lohnarbeiter ausgerichtet sind, hatten da nie große Überzeugungskraft. Dabei ist die soziale Frage drängender denn je: 20% der Bevölkerung verfügen über 55% des Gesamteinkommens, und die Lohn- und Gehaltsempfänger haben zwischen 1977 und 1989 Einkommensverluste von über 50% hinnehmen müssen; auch danach sank die Kaufkraft weiter ab.

Die gesellschaftlichen Bedingungen sind ganz andere als ‚im Westen', doch die Moden und Lebensstile, die die türkischen Medien propagieren, sind Kopien aus Europa und mehr noch aus den USA. Besonders das Privatfernsehen bombardiert seine Zuschauer mit einem *way of life*, der weder in der Tradition noch in der heutigen Wirklichkeit der Türkei eine Entsprechung hat. In den Jahren nach 1980 haben private Fernsehsender das staatliche Schwarz-Weiß-Fernsehen um sein Monopol gebracht, und heute sind Kommerz-TV und Massenpresse weniger Kanäle für gesellschaftliche Kommunikation, als „Übermittler für Werte, die im Namen von ‚Wandel und Modernisierung' vertrieben werden."[7] Teil dieses fremdbestimmten kulturellen Wandels ist die Durchsetzung von Werten und

Normen der Konsumgesellschaft. Doch unter den Bedingungen der Dauerkrise sieht sich die Masse außerstande, ihr Leben nach diesen Vorlagen auszurichten.

So erscheinen vielen die Verhältnisse als desorganisiert, als solche, die keinerlei Sicherheit gewähren, und in Meinungsumfragen äußern sich zwei Drittel der Bevölkerung hinsichtlich der Zukunft ausgesprochen pessimistisch. Hinzu kommt der beklagenswerte Zustand aller staatlichen Institutionen. Im Bildungssystem herrscht ein extremes Gefälle zwischen den armen Regionen des Südostens, des Schwarzen Meeres und Zentralanatoliens sowie den reichen Städten des Westens. Ein ebenso großes Gefälle bezüglich Ausstattung, Qualität und Zukunftschancen besteht zwischen den staatlichen und den privaten Schulen, für die hohes Schulgeld zu zahlen ist. Die ohnehin auf die Beamten und die Beschäftigten der Großbetriebe begrenzte Sozialversicherung erbringt ihre Leistungen in Krankenhäusern, in denen auch die Gänge mit Betten vollgestellt sind und man oft ohne ‚Trinkgeld' keinen Arzt zu Gesicht bekommt. Die Justiz ist völlig überlastet, und die lange Dauer der Verfahren zwingt immer mehr Menschen, ‚sich ihr Recht selbst zu verschaffen' oder aber bei mafiaähnlichen Gruppen vorstellig zu werden.

Gesetze und Erlasse scheinen nach Belieben auslegbar, Rechtsansprüchen und Rechtstiteln wohnt oft keine Kraft zur Durchsetzung inne, offizielle Wege erweisen sich zunehmend als ungangbar.[8] Die Menschen wissen, daß sie sich falsch und ‚abweichend' verhalten, und sind trotzdem gezwungen, es zu tun.

Gleichzeitig mißt sich die türkische Gesellschaft an den reicheren, entwickelteren und mächtigeren ‚des Westens', und in diesem Vergleich entscheiden nur die Parameter der Moderne. Das Ergebnis des Vergleichs läßt – je nach politischem Standpunkt – den Staat, die Kultur, die Religion, ja selbst die Individuen der eigenen Gesellschaft in weiten Bereichen schlecht dastehen. Ein religiös nicht gebundener Sportjournalist, Türke[9], bringt seine diesbezüglichen Gefühle folgendermaßen zum Ausdruck: Er klagt, die Türken seien „Mischlinge“: „Was sind wir, Türken oder Muslime, Westler oder Ostler? Welche Sprache sprechen wir, Arabisch oder Türkisch? Was für ein Leben führen wir, sind wir seßhaft oder sind wir Nomaden? In welchen Verhältnissen leben wir, in einer Demokratie oder in einer Diktatur? – Immer ist da von allem etwas und doch nichts Ganzes."[10] Der Zollstock der westlichen Kultur wird jetzt an alles angelegt, er mißt die einzelnen Nationen ebenso wie ihre Angehörigen. Die Worte eines konservativen jungen Türken sind dafür ein Beispiel: Er sagt, die Türken hätten keinen Beitrag zur Zivilisation geleistet und nicht einmal ein Transistorradio erfunden. In solchen Verhältnissen, in denen alle Bestimmungen sich auflösen, ihre ordnende Funktion verlieren, können auch die Menschen nicht viel taugen, und „Aus den Türken wird nichts" *(Türkler'den adam olmaz)* ist eine weitverbreitete Äußerung. „Haben wir Komplexe?" wurde zum Thema einer Talk-Show-Runde, welche die Frage letztendlich bejahte.[11]

Der Vertrauensverlust staatlicher und gesellschaftlicher Institutionen äußert sich darin, daß politisch-kulturelle Strömungen erstarken, die außerhalb des Modells von einer laizistischen Türkei stehen. Die (nationalistische) kurdische und die (religiöse) islamistische Bewegung propagieren eine vollkommen neue Staatlichkeit und eine darauf aufbauende neue Sozialordnung. Weit verbreitet ist daher in der Bevölkerung die Angst, man befinde sich nicht nur in einer Phase des Umbruchs, sondern gleite ab in Anomie, und Staat und Gesellschaft drohten zu zerfallen.

Doch die Türken und ihre Kultur waren nicht immer so, und im Grunde sind sie ganz anders. Im mißratenen Heute nutzen viele die Erinnerung an die Geschichte ihres Landes, an die historische Größe des Osmanischen Reiches, an seine Kultur, seine Religion und an seine großen Männer zur Konstruktion eines alternativen Bildes vom ‚türkischen Menschen' und seiner Gesellschaft. Die Bezugnahme auf die Vergangenheit dient der Tröstung des Ichs (und des Wirs), und kritische Betrachtung der türkischen Geschichte wird als Angriff auf die eigene Identität erlebt und hart zurückgewiesen. Wo die Historie für die Konstruktion des Selbstbildes so wesentlich ist, da beunruhigen die ‚dunklen Stellen' in ihr, und wenn die Rede darauf kommt, ist man schnell bereit, ‚alle Schuld' anderen zuzuschieben. Als Massenphänomen war die Verteidigung der Osmanen im Sommer 1996 zu beobachten. Der Kinofilm „Ich fliege über Istanbul" *(Kanatlarım altında İstanbul)* deutete eine Bisexualität Sultan Murat IV (1612–1640) an und konnte deshalb in einigen Städten Anatoliens nicht zur Aufführung gelangen. In Kayseri sprachen sich der Refah-Bürgermeister, die Lokalzeitung und die lokale Jugendorganisation der islamistisch-nationalistischen Partei der großen Einheit (BBP) gegenseitig die Ehre ab, die Aufführung des Films verhindert zu haben. Der AnaP-Minister für Kultur unterstützte die Kampagne gegen den Film, die von weiten Kreisen der konservativen Bevölkerung getragen wurde.

Die positive Bezugnahme auf die Geschichte des Osmanischen Reiches dagegen ist heute in allen Schichten anzutreffen. Das ist neu, denn die Republik legitimierte sich gegen die Osmanen und verzichtete auf die ideologische Aufbereitung der Osmanischen Geschichte. Heute hingegen ist deren wohlwollende Betrachtung nicht auf religiöse oder rechtskonservative Kreise beschränkt: So ist nach den Worten des zur Zeit wohl bedeutendsten türkischen Historikers das Bild der Welt von den Osmanen „vollkommen falsch, vollkommen verlogen. Wenn die türkischen Archive bearbeitet würden, würde sich herausstellen, daß das Osmanische Reich in Wirklichkeit ein sehr toleranter und duldsamer, die kulturellen Rechte seiner Völker schützender Staat war."[12] Die Übersetzung der *Histoire de l' Empire Ottoman* von Robert Mantran ins Türkische wird in der Presse euphorisch begrüßt, und die Feststellung der Selbstverständlichkeit, daß es sich bei den Osmanen um Staatsmänner und nicht um Räuberhauptmänner gehandelt habe, groß herausgestellt. Der laizistisch gesinnte Übersetzer des Werkes geht einen Schritt weiter, entdeckt in bezug auf die Verwaltung der eroberten Gebiete ein „autonomistisches Verständnis" der Osmanen und in der von ihnen errichteten Ordnung „Vorboten der Moderne".[13] Politologen analysieren aus der Rechtsordnung des Reiches Keime des Laizismus, und bisweilen wird gar behauptet, der Osmanische Staat sei insofern laizistisch gewesen, als er die Glaubensfreiheit seiner Bürger gewährleistet habe. Die türkische Frauenbewegung findet ihre Wurzeln in den gebildeten Frauen der osmanischen Harems, und auch manche Kurden verweisen darauf, daß sich die Osmanen mit der politischen Herrschaft über die kurdischen Fürsten begnügten und nicht die kulturelle Identität der Menschen zu bestimmen trachteten.

Aus der Geschichte lernen, heißt die Devise, nur ist es diesmal die eigene Geschichte und nicht, wie unter Atatürk, die europäische, welche bei der Lösung der heutigen Probleme helfen soll. Damit ist eine erste wichtige Parallele zwischen der Haltung nicht-islamistischer und islamistischer Kreise angesprochen: Denn alle geschilderten Momente von *an der Geschichte orientiertem Denken* finden sich auch bei den Islamisten wieder. Lediglich der Bezugsrahmen ist dort ein anderer, denn in der Geschichtsschreibung der pro-islamischen Kräfte ist nicht das Reich, sondern ‚der Islam' die eigentliche Gravitationskonstante – zumindest theoretisch.

2. Die soziale Verwebung: Ein Mosaik von Gemeinschaften?

Muster 3: Ağabeyler und Hocalar

In der türkischen Gesellschaft ist die Übernahme von Positions- und Statusbegriffen aus dem familialen, verwandtschaftlichen und religiösen Leben in die öffentliche Sphäre weit verbreitet: Bezeichnungen wie *ağabey* (älterer Bruder), *teyze* und *hala* (Tante), *amca* und *dayı* (Onkel) sind nicht auf die Privatsphäre beschränkt, sondern auch Fremde sprechen sich so an. Das Wort *baba* (Vater) ist auch Titel für religiöse Autoritäten, und die heterodoxen Alewiten nennen ihre religiösen Führer *dede* (Großvater). Umgekehrt finden ursprünglich religiöse Titel in anderen Zusammenhängen Verwendung. Der Begriff *üstâd* (der klassisch religiös gebildete Meister) wird besonders von Angestellten und Beamten häufig auch für Vorgesetzte verwandt. *Hoca* (der religiöse Lehrer) ist weitverbreitete Bezeichnung für den Lehrer allgemein, und auch die Linke und die Kurden nennen ihre im politischen Kampf Gefallenen *şehid* (Märtyrer/Blutzeuge für den Glauben).

Tatsächlich finden sich Bezeichnungen, die aus personalen Beziehungen stammen, selbst an der Spitze des Staates. Schon der Republikgründer Mustafa Kemal ließ sich allen Bemühungen um den Aufbau einer europäischen Gesellschaft zum Trotz als Vater der Türken, als *Ata*türk, bezeichnen. Noch heute ist Staatspräsident Süleyman Demirel *Vater des Volkes*, ist *baba*, und als Ministerpräsidentin benutzte Tansu Çiller die ihrem Geschlecht entsprechende familiale Kategorie – zeigte ihrem Volke *die Zärtlichkeit einer Mutter*, die bereit sei, auch die nicht-separatistischen *kurdischen Brüder* in die *Familie* aufzunehmen, und die selbst die Bewaffneten der PKK bisweilen als „meine Kinder" bezeichnete.

Mit der Verwendung dieser Begriffe aus traditionellen sozialen Zusammenhängen wie der Verwandtschaftsgruppe, dem Orden und der religiösen Gemeinschaft werden auch die an sie gebundenen personalen Verhaltenserwartungen in die Sphäre des öffentlichen Lebens übertragen. Die genannten Anredeformen aus der familialen und religiösen Sphäre, die öffentlichen Funktionsträgern zugedacht werden, sind mehr als Zufälligkeiten oder Ausdruck von Nostalgie: Sie transportieren konkrete Verhaltenszumutungen und Handlungsmechanismen. Die Orientierung des gesamten politischen Lebens des Landes auf Führergestalten, denen *die Treue zu halten* sei, wurde beispielhaft daran deutlich, daß das erste und bisher letzte Referendum, das nach dem Staatsstreich von 1980 durchgeführt wurde, die Frage zur Entscheidung vorlegte, ob den Parteiführern der achtziger Jahre die politische Betätigung, die ihnen die Verfassung von 1982 abgesprochen hatte, wieder gestattet sein sollte. Für Europäer in keiner Weise nachvollziehbar, wurde die Zulassung der ‚alten Politiker', nämlich Süleyman Demirel, Bülent Ecevit, Alparslan Türkeş und Necmettin Erbakan zur drängendsten Frage der Demokratisierung des Landes stilisiert, einer Frage, ohne deren Lösung alle Kanäle für politische Entwicklung und Selbstorganisierung der Bevölkerung verschlossen schienen. Diese Konzentration auf die Person des Führers im Parteienleben rechtfertigt folgende Einschätzung der türkischen Parteien: „Im Westen sind die Parteien beständig, die Führer vergänglich, bei uns sind die Führer das Überdauernde, und sie wechseln die Parteien wie die Hemden … In dieser Hinsicht besteht kein großer Unterschied zwischen Parteien und religiösen Orden."[14]

Innerhalb der Institutionen, die den öffentlichen Raum der Türkei prägen, bestehen also Beziehungsmuster, die eher aus traditionellen sozialen Einheiten bekannt sind und die sich als eine an Personen gebundene Hierarchie, welche den einzelnen nur geringen Verhaltensspielraum einräumt, bestimmen lassen. Obwohl eine solche Beziehungsform nur im konservativen Spektrum ausdrücklich verteidigt wird, kommt dem jeweiligen Führer auch in den sogenannten sozialdemokratischen Parteien in einem Ausmaß Autorität zu, das sich mit dem formalen Akt der Wahl allein nicht erklären läßt; und die Verpflichtung zur Gefolgschaft verträgt sich schlecht mit den Rechten des einzelnen innerhalb demokratischer Organisationen. Wenn auf diese Weise Menschen, die sich im rechtlich gestalteten Rahmen von Institutionen bewegen, welche ihnen politische und materielle Sicherheit einräumen, auf daß sie bestimmten Prinzipien und/oder dem Wählerauftrag gemäß handeln, sich im entscheidenden Augenblick wie die Anhänger eines Gurus verhalten, kann die Wirksamkeit solcher an Personen ausgerichteter Verhaltensmechanismen beim Mann auf der Straße nicht überraschen. Dieser beurteilt die Politiker in der Regel nicht nach Qualitäten wie Gesinnungstreue und Prinzipienfestigkeit, sondern danach, ob er sich *denen* verpflichtet zeigt, mit denen ihn personale Beziehungen verbinden, Beziehungen, die auf Verwandtschaft, religiöser Zugehörigkeit oder Lokalität fußen. Ein Beispiel: Kurz nach den Kommunalwahlen vom März 1994 werde ich Zeuge eines Gesprächs zwischen zwei Männern, von denen einer aus der Ägäis, der andere aus der

Schwarzmeerregion kommt. Thema ist das Ergebnis der kurz vorher abgehaltenen Wahl, insbesondere der Erfolg der Wohlfahrtspartei und das schlechte Abschneiden der Mutterlandspartei unter der Führung von Mesut Yılmaz. Yılmaz, dessen Partei selbst in der Heimatstadt ihres Vorsitzenden, in Rize am Schwarzen Meer, nicht erfolgreich war, wird als schlechter Mensch bezeichnet, und als Begründung dafür wird darauf hingewiesen, daß er während seiner früheren Amtszeit als Ministerpräsident nichts für seine Stadt getan habe. Lobend werden dagegen Süleyman Demirel und Turgut Özal erwähnt, die während ihrer Amtsperioden als Ministerpräsidenten ihre Heimatstädte Isparta und Malatya über die Zuweisung staatlicher Mittel kräftig gefördert hätten.

Auch Rollen innerhalb moderner Institutionen werden häufig mit Begriffen aus traditionellen Zusammenhängen belegt, und das tatsächliche Handeln der Inhaber dieser Rollen erscheint mit großer Regelmäßigkeit nur in den Beziehungsmustern kongruent, welche diese Bezeichnungen konnotieren. Dies sind verwandtschaftliche und religiöse Zusammenhänge, Familien und religiöse Gemeinden – mit einem Wort *gemeinschaftliche Sozialformen*. Damit erhebt sich die Frage, wie weit solche Sozialformen die Wirklichkeit der türkischen Gesellschaft bestimmen und wie weit damit Gemeinschaftsstrukturen die Wahrnehmungen und die Handlungen prägen. Gemeinschaften sind die tragenden Elemente traditioneller Verhältnisse. Deshalb ist ein kurzer Ausflug in die Geschichte angebracht.

Das Osmanische Reich herrschte über eine Vielzahl von Völkerschaften. Die Bevölkerung war jedoch nicht nach der Sprache, sondern nach der Religion gegliedert, und der einzelne war über seine Zugehörigkeit zu einer der großen Glaubenslehren oder ihren Konfessionen definiert.[15] Diese Ordnung wurde unter dem Namen *millet*-System bekannt, und ihre Auswirkungen sind noch heute im Libanon zu spüren. Diese auf der Religion fußenden Gemeinschaften *(millet)* waren in religiösen (damals also in ‚kulturellen') Dingen und hinsichtlich der Angelegenheiten ihrer Mitglieder untereinander auch rechtlich autonom. In der Regel lebte man auf dem Land in eigenen Dörfern und in der Stadt in eigenen Vierteln, die oft voneinander durch Mauern getrennt waren.

Unter diesen Bedingungen kann nur eingeschränkt davon gesprochen werden, daß die Angehörigen des Osmanischen Reiches tatsächlich eine Gesellschaft im heutigen Sinne gebildet hätten. Sie waren weniger über die Kanäle einer von allen geteilten Gesellschaftlichkeit miteinander verbunden, als vielmehr dadurch, daß ihre jeweilige Glaubensgemeinschaft von ein und demselben staatlichen Gebilde umfaßt wurde. Das Verhältnis des einzelnen zum Staat und seine rechtliche Stellung in ihm waren davon bestimmt, welcher Konfession er angehörte. Ein von allen geteilter öffentlicher Raum existierte nur beschränkt, hauptsächlich in der Form des Basars. Dort regelte der Staat die Stellung der Konfessionsgruppen untereinander und damit auch die ihrer Mitglieder zueinander – bis hin zu ihrer Kleidung – und gab den einzelnen damit klare Verhaltensrichtlinien vor. Die Kontakte des Staates mit der Glaubensgemeinde und mit ihren einzelnen Mitgliedern liefen über das religiöse Oberhaupt, das seinerseits für die Steuereintreibung in der Gemeinde verantwortlich war. So wurden seine Stellung gestärkt und Patronagebeziehungen produziert.

Der Erste Weltkrieg bedeutete den Untergang des Reiches. Aus den verlorengegangenen Gebieten flohen viele Muslime nach Anatolien, und die junge Republik Türkei vereinbarte mit den Balkanländern einen Bevölkerungsaustausch, in dessen Rahmen die Griechen der Ägäis und der Schwarzmeerregion das Land verließen.[16] Dadurch wandelte sich die Gesellschaft Kleinasiens von einem Konglomerat religiöser Gemeinschaften zu einem Mosaik von Volksgruppen, die zwar nahezu einheitlich muslimisch, jedoch unterschiedlicher Herkunft und Muttersprache sind.

Dieser Mosaik-Charakter der Bevölkerung reproduziert sich in den heutigen Großstädten des Landes. Seit den 1960er Jahren haben sich dort viele Landflüchtige aus Anatolien in Vereinen und Stiftungen organisiert, die das Brauchtum der Herkunftsregionen und Konfessionen pflegen. Neben den

Moscheen, die in den Neubauvierteln noch vor den Schulen entstehen, finden sich zahllose Vereine zur gegenseitigen Unterstützung: über 1000 Immigrantenvereine der Anatolier, darunter Kultur- und Kulthäuser der Alewiten, Interessenvereine der Rumelier (Ost-Thrakier) und Krimtataren, Kulturvereine der Kasachen und Tataren, der Tscherkessen und anderer Kaukasier, der Albaner und Bosniaken. Alle diese ethnischen Gemeinschaften organisieren ökonomische und politische Hilfe, und ihre Mitglieder unterstützen sich gegenseitig gegen die – und innerhalb der – Bürokratie. Diese ethnischen Gemeinschaften sind in der Regel genauso wie die verschiedenen konfessionellen (Sunniten, Alewiten) und religiösen Gruppen (Griechisch-Orthodoxe und Armenier, Juden und Jesiden) darauf bedacht, die Endogamie aufrechtzuerhalten.

Die Neuankömmlinge fügen der Stadt quasi immer neue Viertel hinzu, welche durch die Herkunft ihrer Bewohner jeweils kulturelle (regionale, ethnische, religiöse) Schwerpunkte aufweisen. Während der ‚Landnahme' der anatolischen Bevölkerung an den Rändern der Großstädte reproduzierten sich so die Nachbarschafts- und Verwandtschaftsstrukturen der verlassenen Städte und Dörfer, und bisweilen bleibt selbst der Zusammenhalt von ‚Clangemeinschaften' gewahrt. Nachdem die pro-islamische Partei 1993 eine Reihe von Bürgermeisterposten eroberte, hat sie damit begonnen, Neubausiedlungen rund um neu projektierte Moscheen auszuschreiben, so daß die Entstehung von Vierteln mit relativ einheitlicher Kultur und gemeinschaftlicher Atmosphäre jetzt auch planmäßig betrieben wird.

Doch selbst die seit langem ortsansässigen Einwohner Istanbuls tendieren dazu, sich in relativ geschlossenen Siedlungen zusammenzufinden: In der Stadt gibt es mehr als tausend *site-s*, das sind relativ homogene Appartement-Siedlungen, die oft durch natürliche, einige gar durch künstliche Begrenzungen (Mauer mit Wachhäuschen) von der anschließenden Bebauung getrennt sind. Ihre Bewohner fliehen die – wie sie sie nennen – „kulturelle Verschmutzung", die mit der Eroberung der Stadt durch die Landflüchtigen Anatoliens eingesetzt habe. Diese

Trennung des urbanen Raumes produziert Schwellenängste beim Betreten des jeweiligen ‚fremden' Territoriums und verstärkt die Bedeutung von gemeinschaftlicher Sozialorganisation.

Muster 4: Sittsame Frau, ehrenhafter Mann

Gleich, ob hinter dem Schleier, unter dem Kopftuch oder im Tschador, es ist die verhüllte Frau, die dem Islam zum Symbol geworden ist und im Zentrum der Selbst- und der Fremdwahrnehmung der Muslime steht. Im Einklang mit personalen Rollenvorschriften stehen Kopftuch und Tschador dabei für die Zugehörigkeit jeder einzelnen Frau zu einem bestimmten Mann und damit für ihre Abschließung von der ‚Öffentlichkeit'.

Tatsächlich ist die Beziehung von Mann und Frau in traditionellen islamischen Verhältnissen von der Trennung der Geschlechter und von der räumlichen und funktionalen Separierung ihrer Lebens- und Arbeitsbereiche bestimmt. Diese Tradition fand in Stadt und Land unterschiedliche Ausprägung, doch wurde sie in beiden als eine ‚islamische' verstanden. In der Stadt war der Harem das Reich der Frauen, und im Dorf herrschte eine geschlechtsspezifische Trennung der Arbeitsbereiche. Der patrimoniale Charakter der Sultansherrschaft, die Priorität patrilinearer Verwandtschaft, die patriarchale Familienstruktur und der Brauch, nach der Heirat in Nachbarschaft zum Vater des Mannes zu leben, wurden als Ausfluß der gleichen göttlichen Ordnung verstanden.

In einer solchen sozialen Struktur steht der Mann nicht nur der Familie vor, sondern er bildet auch die Achse, um die sich die Positionen der Frauen in der Familie gruppieren. Die Frau ist immer eines Mannes Tochter, Braut, Ehefrau, Mutter oder Großmutter, und es ist diese über das Verhältnis zu einem konkreten Mann definierte personale Rolle, die ihren Status bestimmt. Die Ehre *(namus)* der Frau liegt in ihrer Keuschheit, und der Schutz der Ehre der Frauen, die seinem Haushalt zugehören, ist die entscheidende Voraussetzung dafür, daß der

Mann seinerseits als ehrenvoll gilt. Nur der Mann, der die soziale Einheit und den ökonomischen Fortbestand seines Haushalts über die Kontrolle der Sexualität von dessen Frauen sichert, kann vollwertiges Mitglied der männlich dominierten Gemeinschaft des Dorfes oder des Stadtviertels sein. Ihre so gesicherte Ehre *(namus)* ist das einigende Band unter den Männern, das ihre Ungleichheit hinsichtlich ihres Ansehens *(şeref)* kompensiert, welches auf (religiöser) Bildung, religiösgerechter Lebensführung, sozialen Verbindungen und auf Reichtum beruht.

Auf diese Weise sichert die abhängige Stellung der Frau den Zusammenhalt einer Gemeinschaft, die sich als muslimisch begreift und dem eigenen Verständnis nach den Regeln des Islam entsprechend lebt. In dieser Gemeinschaft herrscht und reproduziert sich ein sozialmoralisches Milieu, in dem die Stellung der Frau religiös vorgegeben erscheint und in dem ‚sich sittlich benehmen' in weiten Bereichen heißt, die Geschlechtertrennung und die an *einen konkreten Mann* gebundene Stellung der Frau aufrechtzuerhalten. Diese soziale Ordnung bestimmt die Perspektive der Menschen auf die Religion, und umgekehrt läßt die Religion die soziale Ordnung der Gemeinschaft als gottgegeben erscheinen.

In den islamischen Kulturen des Nahen Ostens erfolgt die Kontrolle der Sexualität nicht über ihre Ächtung, sondern über die Trennung der Geschlechter. Sie läßt autonome Partnerwahl zur Ausnahme werden, und starke geschlechtliche Liebe wird als potentielle Gefahr für den Zusammenhalt der Gemeinschaft angesehen. Dem entspricht eine „Angst vor der heterosexuellen Liebe" und die Ablehnung einer zu engen Paarbindung.[17] Dagegen ist die ausgeprägte Liebe des Sohnes zur Mutter ein klassischer Topoi in der türkischen Kultur.[18] Die Liebe zur (entsexualisierten) Mutter geht mit einer emotionalen Distanz zur Frau einher, die zur „perfekte(n) Trennung von Liebe und Sexualität in der islamischen Kultur" führt.[19] Die Liebe, die nicht bei der Frau verharren kann, richtet sich auf die männlichen Gemeinschaftsangehörigen und auf das, was sie stiftet und zusammenhält: die Religion, deren

Symbole deshalb mit starken Emotionen belegt sind.[20] Ohne die Erschwerung des zwischengeschlechtlichen Kontaktes ist das Phänomen der mystischen Liebe nicht vorstellbar, jenes nicht endende Thema in der klassischen Literatur muslimischer Länder.

Die Beziehungen in Gemeinschaften, die islamische Symbole benutzen, werden deshalb stets patriarchale sein, primär zwischen Männern verlaufen und hierarchische Strukturen ausbilden. In ihnen wird sich ein sozialmoralisches Milieu reproduzieren, dessen Bewohner klare Definitionen von Geschlechterrollen akzeptieren, auf geschlechtsspezifische Arbeitsteilung Wert legen und möglichst hohe Hindernisse zwischen Frauen und außerhalb des Familienkreises stehenden Männern zu errichten trachten. Umgekehrt wird ‚Schutz des Islam' für die Mitglieder solcher Gemeinschaften immer auch heißen, die Beteiligung der Frau an außerhäuslichen Aktivitäten zu begrenzen und sie damit von Fragen, die die gesamte Gemeinschaft betreffen, fernzuhalten. Denn die Fähigkeit zu gemeinschaftlicher Aktion muslimischer Männer ist, so könnte man überspitzt formulieren, erst dann gesichert, wenn die Frau, Ursache für Hader und Zwist *(fitne),* nicht zwischen sie treten kann.

Wie bestimmend diese patriarchale Struktur noch im heutigen städtischen Lebensumfeld ist, zeigen folgende Zahlen: 88,3% der Gesamtbevölkerung sind der Meinung, daß Hausfrauendasein und Mutterschaft für Frauen die Erfüllung bedeuten[21], und auch Istanbuler Frauen bejahen eine diesbezügliche Frage noch zu 75%.[22] Die Bereitschaft der Frauen, die ihnen zugewiesene Rolle anzunehmen, zeigt sich auch daran, daß für 75% der Istanbuler Frauen der Mann der Chef in der Familie ist und daß die Frau für außerhäusliche Erwerbstätigkeit seine Erlaubnis einzuholen hat. Nach wie vor ist es ihre Keuschheit, in der sich die Rollenerwartungen der Frau bündeln, und dementsprechend wenden sich 90% der Istanbuler Frauen gegen vorehelichen Geschlechtsverkehr. Der öffentliche Raum dagegen ist Männersache. 80% der Istanbuler Frauen bekommen von ihrem Mann gesagt, welche politische Partei sie zu wählen haben, und 72% der so Belehrten halten sich an die Vorgabe.

Weil sittliche und moralische Normen in stark religiös konnotierten Begriffen zur Sprache gebracht werden, stellt sich, wer eine andere Sittlichkeit vertritt – zumindest für die Frommen – auch gegen die Religion. Aus dem gleichen Grunde spiegelt jede Auseinandersetzung um die Stellung der Religion im Lande immer auch die Konkurrenz differierender Vorstellungen von Sittlichkeit und Moralität wieder. Die an diesem Streit beteiligten Seiten favorisieren nicht nur unterschiedliche religiöse und politische Orientierungen, sondern auch sich ausschließende Weisen der Lebensführung. Vor dem Hintergrund der nach patriarchalen Mustern vollzogenen Codierung der Religion ist es verstehbar, daß der sunnitisch-traditionalistische Teil der Bevölkerung die Bewohner aller anderen Gruppen der Stadt einer lockeren Sexualmoral bezichtigt. Die Abwertung der anderen Gruppe erfolgt darüber, daß ihren Frauen sexuelle Unreinheit unterstellt und ihren Männern dadurch die Ehre abgesprochen wird. Den Kemalisten wird der Lebenswandel ihres Idols angekreidet, und der „religionslosen Linken" wird sexuelle „Unverantwortlichkeit" bescheinigt. Die konfessionelle Grenzziehung kommt ebensowenig ohne sexuelle Beschuldigung aus, und die Alewiten werden noch immer inzestuöser Sexualpraktiken nach dem Löschen des Lichts in ihren Kult- und Kulturhäusern verdächtigt.

Deshalb ist die Auseinandersetzung über die Religion immer auch eine Auseinandersetzung darüber, wie menschliche Beziehungen zu gestalten sind, und damit eine Auseinandersetzung über die Art und Weise der sozialen Verwebung der Bevölkerung. Die Religiös-Konservativen verteidigen personale, hierarchische soziale Strukturen sowie die Trennung der Geschlechter und damit gemeinschaftliche Ordnungsmuster. Jede Zurückdrängung der Religion, mit deren Symbolen sie diese Ordnungsvorstellungen ausdrücken, erscheint ihnen als ein Schritt zur Zerstörung des Netzes sozialer Beziehungen, in dem sie eingebunden sind und in dem allein sie sich bewegen können. Die traditionelle türkische Rechte favorisiert deshalb eine Kultur überkommener Solidargemeinschaften und trachtet, relativ geschlossene Gemeinschaften gegen Vorstellungen vom (freien) Individuum und über dessen Bindung an die Religion zu stärken. ‚Laizisten' und Linke dagegen berufen sich auf Ideologien, die auf historisch neue soziale Gruppen Bezug nehmen: sei es korporatistisch auf die Berufsgruppe, ökonomistisch auf die Klasse, feministisch auf das Geschlecht oder liberalistisch auf den isolierten einzelnen.

Muster 5: Regionale und religiöse Loyalität im öffentlichen Raum

Doch so sehr Linke und Laizisten auch im Namen moderner Ideologien auftreten, bereits in der Schilderung von Muster 3 wurde deutlich, daß auch sie den gemeinschaftlichen Mechanismen der türkischen Gesellschaft nur bedingt entkommen. Denn in der Türkei führt selbst die Gestaltung moderner Arbeits- und Lebensverhältnisse dazu, daß immer wieder gemeinschaftliche Strukturen entstehen. So ist man sich in vielen Fällen – etwa durch Firmenwohnungen – sowohl Kollege als auch Nachbar, bringt die Kinder in dieselbe Schule, verlebt die Ferien in derselben arbeitgebereigenen Ferienanlage, und hat darüber hinaus an solchen *mehrsträngigen* Beziehungen seinen Gefallen. Diese Form des Arbeitslebens erfordert, daß „Kommunalität und Bindung" gegen „Individualismus und Freiheit" hervorgehoben werden, und tendenziell wird das Verhalten des einzelnen nicht über allgemeine Normen, auf die sich jeder unabhängig von seiner Position berufen könnte, sondern über die Einbindung der Person in Hierarchien und damit über personale Beziehungen kontrolliert. Diese Reproduktion gemeinschaftsgeprägter Strukturen verweist auf „ein starkes Bedürfnis, sich in Binnenwelten zu bewegen", in einem Raum „kontrollierten Fremdseins", in welchem neu Hinzukommende über Gruppenangehörige ausgewiesen sind, und so unter personaler Verhaltenskontrolle stehen.[23]

Diese Form der sozialen Beziehungen erinnert stark an die Beziehungen in Großfamilien, Verwandtschaftsgruppen,

Nachbarschaftsgemeinschaften, religiösen Gemeinden, Orden und Kirchen, Gilden und Zünften, an traditionelle Institutionen also, die in Europa im Verlauf der Modernisierung an Bedeutung verloren haben. Vereinfacht kann man deshalb sagen, daß in der Türkei hierarchische und personale Beziehungsformen aus traditionellen Institutionen in die rechtlich vollkommen anders strukturierten Institutionen der modernen Gesellschaft übertragen werden. Nahezu unbeeinflußt davon, daß die rechtliche Struktur moderner Institutionen wie Parteien, Amtsstuben und Firmen auf der Vorstellung vom Individuum beruht, geben in ihnen oft Hierarchien, nicht hinterfragbare Autoritäten den Ausschlag.

Die öffentliche und politische Relevanz von Herkunftsgemeinschaften tritt naturgemäß bei der Bevölkerung des unterentwickelten Südostens am deutlichsten zu Tage. So waren in der kurdischen Stadt Bingöl beispielsweise die Elitefamilien des Stammes der Az noch vor zehn Jahren in der Lage, die politischen Ämter in der Stadt nahezu vollkommen unter sich aufzuteilen. Egal ob sozialdemokratisch-laizistisch, religiösislamistisch oder konservativ-nationalistisch, fast alle Kandidaten, die die landesweit operierenden Parteien in Bingöl aufstellten, repräsentierten in erster Linie die Elitefamilien dieses Stammes.

Die Bedeutung von Herkunftsgemeinschaften für die politische Partizipation in dieser Region zeigte sich noch Ende 1994. Zu den damals geplanten Zwischenwahlen stellten besonders die konservativen Parteien Stammes- und Ordensführer als Kandidaten für Abgeordnetenmandate auf. In der Region bietet sich eine solche Strategie deshalb besonders an, weil dort die Familie der Stammeselite oft gleichzeitig das Scheichamt des Ordens innehat, dem sich die männlichen Angehörigen des Stammes zum großen Teil verpflichtet fühlen. Im kurdisch besiedelten Südosten lassen sich jedoch nicht nur Parteien, sondern auch halbstaatliche Organisationen auf der Basis von Herkunftsgemeinschaften errichten: Gegen die separatistische PKK setzt der türkische Staat seit Jahren „Dorf-Schützer" ein, die sich aus den Angehörigen jeweils eines Stammes oder eines

Dorfes zusammensetzen und die teilweise unter direktem Befehl der Stammesführer stehen. Mit der Etablierung solcher Dorfgemeinschafts- und Stammesmilizen hat der türkische Staat bürokratische Institutionen ins Leben gerufen, die vollkommen auf Herkunftsgemeinschaften ruhen. In Wahlkampfzeiten fungieren sie als Sturmtruppe für den jeweiligen Stammespolitiker.

Das einigende Band, das in diesen Fällen die Blutsverwandtschaft im öffentlichen Raum sicherstellt, wird in anderen Fällen von der ethnischen und räumlichen Zugehörigkeit gebildet. So finden sich bisweilen ethnisch relativ geschlossene Stadtviertel, in denen sich die Wähler primär danach richten, ob der Kandidat die Interessen der eigenen Gruppe gegen die der anderen vertritt.

Eine solche Dominanz herkunftsgemeinschaftlicher Bindung kann für die Regionalverbände der Parteien im Westen des Landes natürlich nicht behauptet werden. Doch eine Studie über den Istanbuler Zweig der ‚sozialdemokratischen' SHP hat die Bedeutung, die ethnische, konfessionelle und lokale Bindungen auch im Westen des Landes besitzen, herausgearbeitet.

Um zu erfahren, welche Gruppe in der Istanbuler SHP den größten politischen Einfluß hat, ordnete man die Istanbuler Parteimitglieder und die von ihnen gewählten Parteitagsdelegierten nach in Istanbul Geborenen und Zugewanderten. Unter den Zugewanderten achtete man besonders auf die Parteimitglieder aus den anatolischen Provinzen Sivas, Erzincan und Tunceli. Es zeigte sich, daß die in Istanbul Geborenen, obwohl sie 28,2% der Istanbuler Parteimitglieder ausmachten, nur 16% der Istanbuler Parteitagsdelegierten stellten. Leute aus Sivas dagegen stellten nur 4,2% der Mitglieder, doch 13% der Istanbuler Delegierten waren in dieser Stadt geboren. Noch unausgewogener war das Verhältnis von Mitglieder- und Delegiertenzahl bei den Zuwanderern aus Erzincan und Tunceli. Die Erzincaner stellten 1,6% der Mitglieder und 12% der Delegierten und die Migranten aus Tunceli brachten es mit nur 0,5% der Mitglieder gar auf 8% der Delegierten.[24]

Die Untersuchung zeigt, daß die aus Anatolien kommenden Mitglieder der Istanbuler Parteigliederung in der Lage sind, ihre herkunftsgemeinschaftlichen Bindungen zur Bildung von Seilschaften zu nutzen und in der Partei ‚ihre Leute' gegen eine weder landsmannschaftlich noch ethnisch noch religiös einheitliche und *deshalb* relativ unorganisierte Istanbuler Fraktion durchzuboxen. Wenn die Wahrscheinlichkeit, Parteitagsdelegierter zu werden, für ein Mitglied aus Tunceli dreißig Mal höher liegt als für ein Mitglied aus Istanbul, dann hat die zahlenmäßig schwache Tunceli-Fraktion einen politisch nicht zu rechtfertigenden Einfluß innerhalb der Istanbuler Parteigliederung erlangt. Bereits die gemeinsame regionale Herkunft führt – wie das Beispiel der Sivaser zeigt – zu einer starken Solidarität. Wo die gemeinsame Herkunft, wie in Erzincan, wo viele Kurden und Alewiten leben, durch starke konfessionelle und sprachliche Zugehörigkeit ergänzt wird, steigt die Kohäsion der landsmannschaftlichen Bindung stark an. Und da, wo wie in Tunceli – dort leben viele zazasprachige Alewiten – zu der sprachlichen noch die (relative) konfessionelle Homogenität tritt, geraten die sachlichen Prinzipien, die das innerparteiliche Handeln bestimmen sollten, gegenüber den herkunftsgemeinschaftlichen Bindungen vollkommen ins Hintertreffen. Selbst in der laizistischen Sozialdemokratie der Türkei bestimmen demnach nicht elaborierte ideologische Positionen oder die Klassenlage des Parteimitglieds sein Handeln, sondern seine Zugehörigkeit zu Herkunftsgemeinschaften, Sprach- oder Konfessionsgruppen. Die Bedeutung der landsmannschaftlichen und damit einhergehend auch der religio-kulturellen Zugehörigkeit für die Politik kommt natürlich nicht nur bei der Sozialdemokratie zum Tragen, sondern bestimmt die türkische Politik insgesamt stark.

Doch dies ist nur die eine Seite: So, wie sich in modernen Institutionen traditionelle Beziehungsmuster durchsetzen, so werden in der Türkei umgekehrt traditionelle Gruppen wie Nachbarschaftsgemeinschaften, Verwandtschaftsgruppen und religiöse Gemeinden zu den organisatorischen Kernen moderner Institutionen. Anatolische Migranten organisieren sich in der Stadt als Vereine, Handels- und Handwerksverbände und nutzen ihre einheitliche konfessionelle Zugehörigkeit zur Gründung von Stiftungen und Verlagen. Mystische Orden gründen Produktions- und Vertriebsnetze, geben Zeitschriften heraus und betreiben bisweilen gar Rundfunksender. Deshalb ist das ökonomische, gesellschaftliche und politische Leben des Landes stark von Gemeinschaften geprägt, die sich, so könnte man es salopp ausdrücken, als moderne Institutionen verkleidet haben.

Für das Verständnis des politischen Islam spielt die Beschäftigung mit dem Wirken gemeinschaftlich geprägter sozialer Einheiten im öffentlichen Raum eine zentrale Rolle. Denn es war die Gründung der Partei der Nationalordnung, die Vorläuferin der Wohlfahrtspartei, die als Aktivität von traditionellen Gemeinschaften im politischen Raum die bisher größte Aufmerksamkeit erregte.

Ordenspartei und Gemeindezeitungen: die ‚Partei der Muslime' 1

In der Republik Türkei haben bisher drei pro-islamische Parteien Bedeutung erlangt. Doch im Grunde kann von einer einzigen parteipolitischen Bewegung gesprochen werden, was sich an der ununterbrochenen Führerschaft von Necmettin Erbakan, dem ‚ständigen großen Vorsitzenden' aller dieser Parteien, zeigt. Die erste Partei, die erfolgreich mit einem ausdrücklich auf den Islam bezugnehmenden Programm um die Gunst der Wähler warb, war die Partei der Nationalordnung (Millî Nizâm Partisi = MNP), die im Februar 1970 gegründet wurde. Nur wenige Monate nach dem Staatsstreich vom 12. März 1971 wurde sie wegen „Ausbeutung religiöser Gefühle" vom Verfassungsgericht verboten. Als ihre Nachfolgerin formierte sich 1972 die Partei des Nationalheils, Millî Selâmet Partisi (MSP). Und die Refah Partisi (RP, Wohlfahrtspartei), die 1983 entstand, ist die offenkundige Fortsetzung der Millî Selâmet Partisi, welche wie alle anderen politischen Parteien von den Generälen des 12. September 1980 verboten wurde.

Der Führer aller drei pro-islamischen Parteien war und ist Necmettin Erbakan.

Erbakan wurde bereits in den vierziger Jahren, während seiner Studentenzeit an der Technischen Universität Istanbul, Mitglied des Ordens der Nakşibendiyye, aus dem die ‚Partei der Muslime' später hervorgegangen ist. Erbakans geistiger Mentor, Scheich Kazanlı Abdülaziz Bekkine, vertrat im Orden den Zweig der Halidiyye und saß der Loge von Ziyaüddin Gümüşhanevî vor. Unter seinem Nachfolger, Scheich Mehmet Zahid Kotku, zog die Loge in die Moschee İskender Paşa um, die im Istanbuler Stadtteil Fatih liegt. Hier entstand die Idee zur Gründung einer Partei der Muslime (= Müslümanların Partisi), so die inoffizielle und euphemistische Selbstbezeichnung, die deshalb gewählt wurde, weil Verfassung und Parteiengesetz ethnische und religöse Parteien und damit eine ‚Islamische Partei' nicht zulassen. Verwirklicht wurde das Projekt zum Großteil von Mitgliedern des Ordens selbst. Schon lange wurde vermutet, daß beim organisatorischen Aufbau der MNP in Anatolien die Gliederungen der Nakşibendiyye eine wichtige Rolle spielten. Hinweise darauf waren die Wahlerfolge ihrer Nachfolgepartei, der MSP, in den kurdischen Gebieten, die stark von der Nakşibendiyye durchdrungen sind, und die Ideologie der Partei, die die Geisteshaltung und die (politischen) Erwartungen der türkischen mystischen Orden widerspiegelten. Jedoch erst im Mai 1991 bestätigte Kotkus Schwiegersohn und Nachfolger Esat Coşan, daß der damalige Scheich seinen Einfluß auf die anatolischen Zweige des Ordens nach Kräften für den Aufbau der Partei genutzt und „Partei und Orden als zwei Seiten einer Medaille" betrachtet habe.[25] Letzte Zweifel beseitigte Korkut Özal, der Bruder des verstorbenen Staatspräsidenten Turgut Özal. Er erläuterte freimütig, wie er selbst, ebenso Mitglied des Ordens wie einst sein Bruder Turgut, in der Moschee der Loge für die Partei gewonnen wurde.

Daß die aus dem Orden stammende soziale Struktur auch das Handeln der Partei-Mitglieder bestimmte, zeigt sich an zwei Phänomenen: Die Führungskader von Orden und Partei waren in weiten Bereichen identisch, und das Haupt des Ordens sah sich auch in der Partei als letztendlich entscheidende Instanz. Auch an der Basis der Partei herrschten ,Ordensverhältnisse': Der Eintritt neuer Mitglieder glich eher der Aufnahme würdiger Personen in einen Orden als der routinemäßigen Vermerkung einer neuen Mitgliedschaft, und Erbakan legte Wert darauf, möglichst alle Parteimitglieder in den Orden zu integrieren. Wenn die Behauptung bezüglich der Identität von MNP und MSP mit dem Orden der Nakşibendiyye relativiert werden muß, dann vor allem, um anderen religiösen Gemeinden in der Partei den ihnen gebührenden Platz einzuräumen. Die Gründung beider Parteien war nicht das Werk der Nakşibendiyye allein, sondern erfolgte unter Beteiligung des Ordens der Kadiriyye, der in den 70er Jahren noch wesentlich einflußreicher war als heute, und des Yazıcılar-Zweiges der Nuristenbewegung.

Die ,Partei der Muslime' ist zweifellos das eindrucksvollste Zeugnis der Verwandlung einer religiösen Gemeinschaft in eine moderne Institution, sie war jedoch nicht die erste Initiative des Ordens in dieser Richtung. Der genannte Konvent der Nakşibendiyye gründete bereits 1954 eine Fabrik für Dieselmotorpumpen und verteilte die Aktien dieser Gümüş Motor Fabrikası an seine Mitglieder. Eine weitere Initiative des Ordens zur Etablierung moderner Institutionen war die Gründung der Tageszeitung Sabah, die die beiden Millî Parteien unterstützte und von dem Ordensmitglied Süleyman Şevket Eygi geleitet wurde, der noch heute in der Millî Gazete, der Zeitung der Wohlfahrtspartei, seine Kolumne hat. Mit der Monatszeitschrift ,İslam' legte der Konvent den Grundstein für sein Medienunternehmen. Heute besitzt er unter anderem zwei Verlage, eine Radiostation, eine moderne Druckerei und zwei Stiftungen. Er plant die Eröffnung eines Krankenhauses und die Verstärkung seines Engagements im Erziehungssektor. Der Scheich spricht von „... Bruder-Stiftungen, Kunst- und Kultursowie Umweltvereinen des Ordens, von seinen Frauen- und Familienvereinen, von Techniker-Kursen und von Schulen mit Hunderten von Filialen in ganz Anatolien, von reger Veröffentlichungstätigkeit, von Radiostationen und Wirtschaftsunternehmen ...“[26] Der Scheich begründet die wirtschaftlichen Aktivitäten der frommen Gemeinde auf zweierlei Weise. Zum einen gelte es, der „Konkurrenz anderer Orden standzuhalten“. Er weist damit darauf hin, daß heute auch die meisten anderen mystischen Orden im modernen Wirtschaftsleben mitmischen. Zum anderen, so der Scheich, gehe es darum, über kollektive Investitionen „die Brüder vor (wirtschaftlicher, GS) Unterdrückung zu schützen, welche in der Gestalt von Intrige, Betrug und Dieberei daherkommt.“

Ihres Pathos ungeachtet enthalten die Worte Coşans einen wahren Kern: Die Ordensgemeinschaft ist nicht nur natürliches Sammelbecken für die kleinen Kapitale der Mitglieder, sondern als auf persönlicher Bekanntschaft und gemeinsamen ethischen Überzeugungen beruhender Solidarverband bietet der Orden die größtmögliche Sicherheit für die geleisteten Einlagen, für die Kontrolle von Investitionen und für eine nachprüfbare Gewinnverteilung. Der Orden bietet sich seinen Angehörigen deshalb nicht nur als ideales Mittel zur Gestaltung des politisch-kulturellen Raumes an, sondern auch als Instrument für Aktivitäten im ökonomischen Feld.

Auch im Bereich der Massenmedien sind es in zunehmendem Maße die Publikationen von Orden und religiösen Gemeinschaften, über welche die Angehörigen des traditionalistischen Milieus sich mit der modernen Welt auseinandersetzen und die selbst von unorganisierten Gläubigen für die Ausarbeitung ihrer intellektuellen Landkarte genutzt werden. Religiöse Gemeinschaften bringen Zeitungen und Zeitschriften heraus, betreiben Radio- und Fernsehsender und mutieren dadurch zu modernen Institutionen. Doch ihre Publikationen beschreiben die moderne Welt mit Begriffen, die aus der gemeinschaftlich strukturierten Wirklichkeit ihrer Leser stammen, und deshalb erscheinen in ihnen die herrschenden Zustände im öffentlichen Raum nicht nur als wenig befriedigend, sondern als von Grund auf nach verkehrten Prinzipien organisiert. Wo sich den Angehörigen der traditionalistischen sozialmoralischen Milieus politische Gestaltungsmöglichkeiten bieten, sucht man denn auch die Strukturen des eigenen sozialen Zusammenlebens zu reproduzieren und im öffentlichen Raum gültig zu machen. Die Ausweitung des Handlungsfeldes, die sich durch die Liberalisierung der Wirtschaft und die (wie begrenzt auch immer erfolgende) Demokratisierung der Politik ergibt, bringt es mit sich, daß sich auch die Möglichkeiten der Angehörigen des traditionalistischen Milieus und seiner mutierenden religiösen Gemeinschaften multiplizieren. Trotz einer langsam entstehenden ‚islamischen Öffentlichkeit' hat es innerhalb der religiös-konservativen Medienlandschaft lange keine Tageszeitung gegeben, die nicht von einer bestimmten Gemeinschaft abhängig war: Die national-konservative Türkiye Gazetesi, die auch in Deutschland vertrieben wird, gehört dem İhlas-Konzern, der seinerseits den Kern der Işıkçı-Gruppe der Nakşibendi Bruderschaft bildet, die Millî Gazete ist die Zeitung der Wohlfahrtspartei, Ortadoğu ist das Organ der prä-faschistischen MHP, Zaman ist die Zeitung der staatstreuen Fethullah-Gruppe der Nuristen, und Yeni Asya gehört einem weiteren Zweig dieser religiösen Strömung. Das gleiche gilt für die religiös-konservativen privaten Fernsehkanäle: TGRT ist der Kanal der Türkiye Gazetesi, Kanal 7 ist faktisch unter Leitung der Refah Partei, Saman Yolu TV gehört der Zeitung Zaman, und das ebenfalls türkisch-islamische Mesaj TV eignet dem Orden der Kadiriyye.

Die politische Kultur der Türkei wird so stark von den Begriffen geprägt, die in den religiösen Gemeinschaften gültig sind, und die politischen Fronten bilden sich entlang sittlich-religiöser Gravitationslinien.

Muster 6: Laizisten und Muslime

Diese Bindung von Institutionen der modernen Öffentlichkeit an traditionelle soziale Einheiten bestimmt das kulturelle und politische Leben des Landes entscheidend. Heute weiten sich die Aktivitäten der verschiedenen, meist muslimischen Gemeinschaften, die sich als moderne Institution verkleidet haben, aus: im Mediensektor, in den Bildungsinstitutionen, in der

Bürokratie sowie in Handel und Industrie. In vielen Wirtschaftszweigen besteht mittlerweile neben dem säkularen ein islamischer Sektor, der täglich an Fähigkeit gewinnt, alle Bedürfnisse der Mitglieder des traditionalistischen Milieus zu befriedigen. Von der Bekleidung über die Ernährung, von der Erziehung in eigenen oder in eroberten staatlichen Schulen bis zur Krankenpflege, von der Zeitung bis zum Nachschlagewerk, vom Fernsehen bis zum Kinofilm, von der Rechtsvertretung bis zur Gewerkschaft und zum Unternehmerverband; in jedem Bereich gründen islamische Gemeinschaften moderne Institutionen und gestalten über sie den öffentlichen Raum nach den ihnen eigenen sozialen Strukturprinzipien und reproduzieren damit das ihnen eigene sozialmoralische Milieu. Wenn die Spannung zwischen dem laizistischen und dem religiösen Milieu steigt, dann summen die Fernkopierer, und in beiden Lagern wird zu Kaufstreiks beim jeweiligen anderen aufgerufen. Das Bild vom ‚Mosaik ethnischer und religiöser Gemeinschaften' wandelt sich zur ‚Front zwischen Laizisten und politisierten Muslimen'.

3. Der Staat: Glück und Schicksal[27]

Vergleicht man das politische Leben der Türkei mit dem Europas, fallen einige Unterschiede sofort ins Auge. Der prägnanteste ist wohl, daß im politischen Leben der Türkei der Staat die absolut zentrale Rolle spielt. Er steht im Mittelpunkt der Überlegungen aller politischen Fraktionen, die entweder glauben, ihn verteidigen, oder aber, ihn bekämpfen zu müssen. Für die einen hat er, sei es im Guten oder im Bösen, ‚alles unter Kontrolle', für die anderen befindet er sich in ständiger Gefahr und bedarf steten Schutzes. Er ist entweder der allgegenwärtige Unterdrücker oder aber das einzige, was den Bestand der Gesellschaft sichert und sie zusammenhält. Dies ist eine Gesellschaft, die keine ist, die, so sich die eisernen Klammern des Staates lösten, an allen Rändern ausfranste und deren unterschiedliche kulturelle Gruppen sich alsbald blutig befehdeten.

Demgemäß wird erfolgversprechende politische Aktivität in allen politischen Parteien primär als die Eroberung des Staates und als die Formung der Gesellschaft mit seinen Mitteln gesehen.

Ein solcher Satz mag eine Selbstverständlichkeit zum Ausdruck bringen, wird doch auch in den Ländern Europas die Erlangung politischer Macht über die Übernahme der Regierung angestrebt. Der Unterschied, um den es mir geht, besteht in zweierlei: Zum einen gibt es in modernen Gesellschaften eine Fülle von Institutionen der zivilen Gesellschaft: von einer relativ unabhängigen Presse bis zu freien und starken Gewerkschaften, von rechtlich selbständigen Kirchen bis zu formal autonomen Universitäten, vom großen Industriekapital bis zu lokalen, regionalen und föderativen politischen Vertretungen. In ihrem Zusammenspiel produzieren diese Institutionen ein von der Zentralstaatsverwaltung wenn auch nicht unabhängiges oder vollständig getrenntes, so doch *eigenes politisches Feld*, das seinen klarsten Ausdruck im Begriff der Öffentlichen Meinung findet. Die Bestellung dieses Feldes verspricht ebensosehr politischen Erfolg wie die Übernahme der Regierungsgewalt auf zentraler Ebene. In der Türkei jedoch existieren all diese genannten Institutionen, welche in Europa die politische Bedeutung der Zentralregierung relativieren, bis heute nur in Ansätzen. Zum anderen besteht in modernen Gesellschaften ein Bereich persönlichen und damit gesellschaftlichen Lebens, das staatlichen Interventionen per se nicht zugänglich ist und das deshalb nicht Ziel staatspolitischer Veränderungsbemühungen sein kann. Die Existenz dieser beiden ‚nichtstaatlichen' Bereiche, des Privaten und des Öffentlichen, ist eng miteinander verflochten. In Europa wird der Staat nicht als das alleinentscheidende politische Organ und wird die Gesellschaft nicht als beliebig vom Staat form- und bestimmbar erlebt. Es sind Interessenkonflikte verschiedener gesellschaftlicher Gruppen, die über eine Vielzahl von Institutionen miteinander verwoben sind, welche das politische Leben in Europa bestimmen und welche eine Reihe kultureller Entwürfe neben- und gegeneinander bestehen lassen.

Der türkische Staat dagegen definiert über enge Gesetzesvorschriften noch heute den Rahmen, in dem sich nicht nur die kulturelle und politische Aktivität seiner Bürger, sondern auch ihre private Lebensführung zu bewegen hat. Er tut dies dadurch, daß er alle Bürger auf die unbestimmten Begriffe „Nationalismus Atatürks" und „geschichtliche und geistige Werte des Türkentums" verpflichtet. Die Konsequenz dieser Haltung des Staates für das Leben seiner Bürger bewertet Rumpf: „... das Individuum des Bürgers wird auf das ‚Nationale' seines sozialen Wesens eingeschworen, sein Persönlichkeitskern, seine Würde, in die Grenzen nationaler Kultur und Zivilisation verwiesen. Der Zusammenhang dieser Diktion mit der vor allem in der türkischen Bürokratie vorherrschenden Grundrechte- und Autoritätsauffassung ist nicht zu übersehen: Das Individuum ist in erster Linie die Funktion des Staates und seiner Ideologie."[28]

Dies ist ein Hinweis darauf, daß in der Geschichte der Türkei die Linie Staat/Untertan bzw. Staat/Gesellschaft stets die Linie Gesellschaft/Individuum bzw. die Linie Interessengruppe/Interessengruppe dominiert und die Allgegenwärtigkeit staatlicher Präsenz eine Eigenbewegung der Gesellschaft nicht zugelassen hat. Tatsächlich wurde in den Jahren der Einparteienherrschaft noch die Forderung nach Demokratie nicht als Forderung einer sozialen Gruppe gegen eine andere populär, sondern als Forderung der konservativen, islamisch gebundenen Mehrheit, die sich im Namen des „nationalen Willens" als „Volk" gegen die Herrschaft der verwestlichten, kemalistischen Bürokratie, den Staat, wandte. Das hatte Folgen für das Staatsverständnis dieser Opposition:

„Weil die Demokratie nicht als Ergebnis der Entstehung gesellschaftlicher Klassen und ihres Kampfes um politische Herrschaft, sondern als Folge des Zusammenstoßes zweier Eliten (der kemalistischen Staatselite und einer neuen konservativen politischen Elite, GS) zum Thema wurde, hat sich die Gegenelite ... nicht als Vertreterin von *bestimmten Teilen* der Gesellschaft betrachtet. Auch sie sieht sich in der Regel als Verteidigerin einer Totalität, jedoch nicht des Staates, sondern des Volkes."[29]

Muster 7: Der Staat und seine Gesellschaft: das Verlangen nach Einheitlichkeit

Gelingt es dieser Gegenelite, den Staat zu erobern, erlangt sie damit in ihren eigenen Augen das Recht, nunmehr ihre Version einer zentral formulierten Kultur allgemeingültig zu machen und damit ihren Entwurf gesellschaftlicher Wirklichkeit durchzusetzen. Entsprechend besteht das religio-kulturelle Programm sämtlicher Parteien darin, ihre Version der Religion für alle Mitglieder der Gesellschaft verpflichtend zu machen:

„Wir tendieren dazu, unsere Parteien danach zu unterscheiden, ob sie den Laizismus oder die Scheriat befürworten. Dabei gibt es in der Türkei weder solche noch solche. Alle Parteien beabsichtigen, so sie an der Regierung sind, die Religion unter ihre Kontrolle zu nehmen. Deshalb vertritt keine von ihnen die Schließung der (staatlichen, GS) Religionsbehörde, und keine will die religiösen Angelegenheiten den einzelnen (religiösen, GS) Gemeinschaften überlassen."[30]

Sämtliche Parteien gedenken die religio-kulturelle Richtlinienkompetenz des Staates in ihrem Sinne zu nutzen und verstehen sich deshalb eher als Agenten des Zentralstaats, der die Gesellschaft zu formen habe, denn als Instrument gesellschaftlicher Gruppen zur Beschränkung der ausufernden Kompetenzen des Staates und seiner Bürokratie. Deshalb kann von einer andauernden Inpflichtnahme der Gesellschaftsmitglieder durch eine jeweils vom Staat vorgegebene Religionsauslegung gesprochen werden. Eine solche Haltung liegt der nahezu vollständigen Abschaffung jeglicher religiöser Erziehung in den Jahren der Einparteienherrschaft genauso zugrunde wie dem gezielten Ausbau der Predigerschulen in den siebziger Jahren und der Einführung des verpflichtenden Religionsunterrichts durch die Verfassung von 1982.

Ein solches Deutungsmuster, in dem die Gesellschaft als der Formung durch den Staat bedürftig erscheint, herrscht jedoch nicht nur bei den Spitzen der Bürokratie und in der Politik vor, sondern läßt sich auch in der Bevölkerung aufweisen. Große Teile von ihr sehen in der zentralstaatlich hergestellten Einheitlichkeit der Gesellschaft den einzigen Weg, Konflikte zu vermeiden, und die einzige Garantie für ein gedeihliches Zusammenleben. Die in der Bevölkerung weitverbreitete Sehnsucht nach ihrer eigenen Einheitlichkeit, welche über Ge- und Verbote des Staates hergestellt werden soll, zeigt, daß nicht Vorstellungen von einer (per definitionem pluralistischen) Gesellschaft, sondern die von einer (einheitlichen) Gemeinschaft Objekt der politischen Hoffnungen der Masse sind. Ein solchermaßen geregeltes harmonisches Zusammenleben begnügt sich nicht damit, bestimmte Werte verpflichtend zu machen, sondern fordert, daß sich alle den gleichen sittlichen Normen beugen. Beispiel für diese Haltung sind die Ergebnisse einer Umfrage, bei der danach gefragt wurde, was ‚ordentlicherweise' verboten gehört. So sprachen sich in Konya, das als moderne Großstadt Zentralanatoliens durchaus für die Türkei stehen kann, 64,4% der Befragten für ein Verbot des Minirockes aus, 52,9% dagegen wollten den Tschador verbieten. 35,5% wollten Frauenhosen und 32,0% die Schminke der Frau unter Strafe gestellt wissen. 26,2% hätten gerne ein Verbot des Vollbarts, dagegen sind 24,0% dafür, das Tragen des Kopftuches zu sanktionieren. Nur eine Minderheit, nämlich 43,7%, votierte gegen Verbote und dafür, die private Lebensführung dem einzelnen zu überlassen.[31]

Aus diesen Ergebnissen lassen sich folgende Schlüsse ziehen: 1. Die Sehnsucht nach staatlich gesicherter Einheitlichkeit, danach, daß die Sichtbarkeit von Differenz (=Konfliktpotential) und damit diese Differenz selbst unterbunden werden soll, wird von der Mehrheit der Bevölkerung geteilt. 2. Diese gemeinschaftsgeprägte Vorstellung von gesellschaftlichem Leben ist keineswegs auf die Konservativen beschränkt, die den Minirock, die Hosen für die Frau und die Schminke verbieten wollen, sondern erfaßt auch die anderen, die ‚Fortschrittlichen', die ihrerseits gerne den Tschador, das Kopftuch und den Vollbart (der religiösen Männer) gebannt sehen möchten. Auch wer eine moderne politische Theorie von Gesellschaft vertritt, kann, durch seine Alltagserfahrung geprägt, dazu neigen, sie mit traditionellen Methoden realisieren zu wollen. 3. Das *Pri-*

vate gilt als hochpolitisch und ist scheinbar staatsgefährdend. 4. Außer bei den Bärten geht es nur um die Gestaltung des weiblichen Körpers, konkret darum, ob dieser außerhalb des kleinsten gemeinschaftlichen (familialen) Raumes zu verdecken ist oder ob er im Gegensatz dazu für seine Präsentierung im öffentlichen Raum hergerichtet werden darf.

Von der letzten Beobachtung ausgehend, läßt sich sagen, daß sich in den Forderungen nach der Vereinheitlichung der Privatsphäre, die über Ge- und Verbote des Staates realisiert werden soll, gegensätzliche Konzepte von *Sozialität* spiegeln. Das traditionalistische Milieu kennt keine Gesellschaftlichkeit im westlichen Sinne, in welcher die Individuen nicht über sie einbindende Gemeinschaftszugehörigkeiten vollständig bestimmt sind und in der sie sich deshalb im öffentlichen Raum anonym, ‚frei und ungebunden' begegnen könnten. Dagegen fordert das laizistische Milieu mit der prinzipiell möglichen Herauslösung der Frau aus der männerdominierten traditionellen Verwebung, die sich in der ‚Schleierlosigkeit', dem ‚Unverhülltsein' der Frau zeigt, die Möglichkeit selbstgewählter Gesellung und bedroht damit die Existenz des traditionalistischen Milieus. Denn der Grad der Sichtbarkeit des weiblichen Körpers und die Art sozialer Beziehungen sind eng miteinander verflochten: „Sicher besteht ein Zusammenhang zwischen der Auflösung des Schamgefühls und dem sukzessiven Zerfall von Familienstrukturen. Die Körperscham beispielsweise ist ja nichts anderes als die Einschränkung sexueller Signale zum Wohle einer intakten persönlichen Beziehung."[32]

Daß auch die laizistische Seite für Verbote plädiert, zeigt ihr Wissen darum, daß sie noch immer als ‚unsittliche Insel' im ‚Meer des sittlichen Volkes' betrachtet wird und deshalb ihrerseits glaubt, mit Hilfe des Staates die soziale Organisation der Frommen auflösen zu müssen.

In den Forderungen nach Ge- und Verboten zeigt sich der Wunsch beider Lager nach Einheitlichkeit der Gesellschaft und die Überzeugung, daß diese nur über die Macht der zentralen Autorität zu realisieren sei. Ein solches Denken geht von einer kulturellen Kongruenz zwischen Staat und Gesellschaft aus und reproduziert damit eher Vorstellungen einer kulturell geschlossenen Gemeinschaft. Diese gewünschte kulturelle Kongruenz von Staat und Gesellschaft, die in den oben genannten Umfrageergebnissen über Verbote negativ hervortrat, zeigt sich in den folgenden Zahlen in positiver Form: Ein großer Teil der Bevölkerung räumt dem Staat das Recht zur Auslegung und Gestaltung des religiösen Lebens der Bevölkerung ein, und auf die Frage nach dem gewünschten Verhältnis von Staat und Religion antworten 37,6%, daß die Religion durch die staatliche Religionsbehörde geregelt werden soll, 20,5% hingegen wollen, daß die Religion ihrerseits den Staat bestimme. Nur 32,5% plädieren dafür, daß die Religion vom Staate unabhängig sei, und 9,4% haben keine Meinung.[33] Ob nun der Staat die Religion oder die Religion den Staat bestimmen soll, in beiden Perspektiven kommen die Ideologie des Staates und das symbolische Material, in dem seine Bürger über ihre Lebensführung reflektieren, zur Deckungsgleichheit. In jedem Fall soll die laizistische Republik Türkei entweder den Muslimen die Form ihres religiösen Lebens vorgeben (und sei es die laizistische), oder sich selbst nach religiösen Vorschriften ausrichten. In beiden Fällen ist eine Kongruenz von Religion und Staatsideologie Thema, und in beiden Fällen gewinnt der Staat damit ideologischen Charakter, bestimmt er das öffentliche und das private Leben seiner Bürger.

Kritische Berichte über die Islamisierungsmaßnahmen der Militärregierung von 1980 verweisen stets darauf, daß diese den Religionsunterricht in den Grund- und Mittelschulen obligatorisch machte. Ein Protagonist dieser Regelung hat die hohe Zustimmung, die die Verfassung beim Referendum von 1982 gefunden hat, jedoch gerade damit begründet, daß die Bevölkerung die Einführung des verpflichtenden Religionsunterrichts honoriert habe.[34] Die Ergebnisse der quantitativen Sozialforschung geben ihm Recht! In verschiedenen Umfragen sprachen sich jeweils circa 65% der Befragten dafür aus, daß der Staat den Religionsunterricht erteilen sollte[35], und zwischen 59 und 83% der Befragten wollten, daß der Religionsunterricht verpflichtend sei.[36] Auch nach 70 Jahren praktiziertem

Laizismus scheint die sunnitische Mehrheit vom Staat zu erwarten, daß er den Fortbestand der Religion sichert.

Mögliche Gründe für die weite Verbreitung der in diesem Abschnitt bisher referierten und noch zu referierenden Deutungsmuster, die alle die Formung der Gesellschaft durch den Staat als das Normale erscheinen lassen, sollen im folgenden mit einem kurzen Blick auf die Struktur des osmanischen Staates und auf das Staatsverständnis der Republik benannt werden.

Osmanisches Reich und Republik Türkei

Der osmanische Staat war primär durch seine Distanz zu – ja durch seine Unabhängigkeit von den verschiedensten gesellschaftlichen Elementen gekennzeichnet, welche üblicherweise als Träger für einen Staat genannt werden: Er läßt sich weder materialistisch als der Vertreter einer bestimmten Produzentenschicht bestimmen, noch eignet er sich für idealistische Versuche, ihn zur Verkörperung des islamischen Glaubens der Mehrheit seiner Bevölkerung zu stilisieren. Vielmehr ließ die herrschende Bürokraten- und Militärkaste die einzelnen religiösen/konfessionellen Gemeinschaften *(millet)* des Reiches sich gegenseitig neutralisieren und erhob sich auf der so geschaffenen Balance. Die Kriegerkaste kooptierte die Beamtenschaft sowie die (islamische) Geistlichkeit *(Ulema)*, und diese Schichten herrschten über die Untertanen, der alle produzierenden Gruppen angehörten. Der Ausschluß dieser Schichten von der politischen Herrschaft führte dazu, daß ihre Produktion den Redistributions- und Repräsentationserfordernissen der Militärkaste unterworfen blieb, und verhinderte neben der Entstehung eines freien Marktes auch die Entwicklung eines selbstbewußten Bürgertums. Den produzierenden Schichten blieb nur „Murren oder Konspirieren“[37], und die Schließung des Basars war ihre einzige Waffe. Die Politik des Staates war darauf gerichtet, die Unterschiedlichkeit seiner Bevölkerung zu bewahren und ihrer gerade deswegen sicher zu sein. Dies zeigte sich im Verzicht auf ‚offizielle‘ Islamisierungsmaßnahmen in den Gebieten des Balkans und konkretisierte sich in der Erhaltung des Bevölkerungsmosaiks der Hauptstadt Istanbul. Da ein solcher Staat nicht die Herrschaft einer bestimmten gesellschaftlichen Gruppe zum Ausdruck bringt, ist er mit dem Herrscher eins und kennt keine legitime Beschränkung seiner Macht, die einer aktiven, gestaltenden Beteiligung nichtstaatlicher Elemente an den Staatsgeschäften Raum geben könnte.

Diese Unabhängigkeit des Staates von den gesellschaftlichen Gruppen gilt jedoch nur mit einer Einschränkung: Daß der osmanische Staat auf die Konversion seiner nicht-muslimischen Untertanen verzichtet, ja dieser aus steuerlichen Gründen sogar ablehnend gegenübersteht, hindert nicht, daß er seinem eigenen und dem Selbstverständnis der Muslime gemäß ein islamischer ist und die Herrschaft des göttlichen Gesetzes in diesem ‚befriedeten Stück der Welt' *(dar-ül İslâm)* verkörpert. Das göttliche Recht, die Scheriat, kommt freilich nicht im Verhältnis der Muslime zum Staat, sondern im Verhältnis der Muslime untereinander zum Tragen, und sie erhebt die Muslime als Gruppe gleichzeitig über die ‚Ungläubigen'. Für die Muslime resultiert die Legitimität der Herrschaft aus deren Fähigkeit, diese ‚Gerechte Ordnung' aufrechtzuerhalten. In diesem Sinne ist der Staat den Muslimen *ihr* Staat, und sie begegnen ihm als Pendant ihrer religiösen Gemeinschaft, der *ümmet*. Wie der Bestand des Staates auf diese Weise im Denken der Muslime Mittel zum Erhalt ihrer Gemeinschaft ist, ist die Erhaltung der Gemeinschaft Voraussetzung für den Bestand des Staates. Der Staat, in dem sich die Gemeinschaft wiederfindet, kennt (außer ihrem Unwillen) keine legitime Opposition. Die Weltansicht der Gemeinschaftsmitglieder ist die Staatsreligion, und der Mann an der Spitze ist der ‚geistige Führer' ihrer Angehörigen. Die Legitimität staatlicher Macht resultiert aus der von beiden geteilten Weltansicht und aus der Fähigkeit der Herrschaft, die Gemeinschaft der Muslime *(ümmet)* und ihre privilegierte Stellung über andere zu erhalten. Der starke Staat ist legitime Herrschaft[38], und ihre Privilegierung vor den anderen Religionsgruppen raubt den Muslimen die Möglichkeit, dem Staat allgemein und der herrschenden Kaste im besonderen die Legitimation zu bestreiten.

Die Republik trat die Nachfolge des Reiches an und verstand sich gleichzeitig als Alternative zu ihm, nämlich als neue soziale und politische Ordnung mit einer zum Reich gegensätzlichen zivilisatorischen Ausrichtung. In der Republik ist es nicht mehr die Gemeinschaft der Muslime, die *ümmet,* in deren Namen die politische Herrschaft ausgeübt wird und die den Staat zu legitimieren hat, sondern die ‚Türkische Nation', die *Türk Ulusu.* Nach Meinung ihrer Protagonisten ist die *Türk Ulusu* eine organische soziale Verfaßtheit, in der die verschiedenen sozialen Gruppen unter der Leitung des Staates und zum Wohle aller zusammenarbeiten und in der keine inneren Brüche bestehen.

Muster 8: Der Staat als Erzieher

Der Laizismus, die Trennung des Staates von der Religion, war die Voraussetzung für die Lösung des Staatsapparates vom Islam und damit von der Gemeinschaft der Muslime und Voraussetzung für die Schaffung einer ‚Türkischen Nation', *Türk Ulusu.* Die *türkische* Form des Laizismus jedoch, die Kontrolle der Religion durch den Staat, verweist auf die bewußte Produktion einer Religionsnation, einer *Türk Milleti,* die muslimisch ist, auch wenn sie die sozialen Dimensionen der Religion nicht lebt. Selbst in den ‚gottlosen Zeiten' der Einparteienherrschaft nämlich hatte die Religion ihre Bedeutung für die Definition des Staatsbürgers nie verloren. Bereits der Unabhängigkeitskrieg 1920–1923 war nicht im Namen einer ‚Türkischen Nation' geführt worden, sondern als Kampf einer muslimischen Religionsnation gegen christliche Okkupanten. Die Verdrängung der Religion aus dem politischen Leben im engeren Sinne hat denn auch nie bedeutet, daß die Republik auf die Religion als ein Mittel zur Schaffung eines einheitlichen Staatsvolkes verzichtet hätte. Eine atheistische Gesellschaft hat der Republik im Gegensatz zur albanischen oder sowjetischen Regierung nie vorgeschwebt. Die Religion wurde nicht verboten, sondern türkisiert und spielte eine wichtige Rolle im *Nationenbau*. Die Freitagspredigt wurde fortan auf Türkisch gehalten, und es wurde (wenn auch nur für einige Jahre) auf Türkisch zum Gebet gerufen. Die offizielle Religionspolitik war auf die Umwandlung des universellen in einen nationalen Islam gerichtet, über den sich auch Muslime nicht-türkischer Muttersprache als türkische Muslime und als Türken begreifen sollten. Entsprechend wird das Adjektiv *millî* heute im Türkischen zur Wiedergabe von *national* verwandt. Die religiöse Konnotation, die muslimische Identität dieser Nation, bleibt jedoch immer präsent. Daß das Muslimentum entscheidende Voraussetzung für die Mitgliedschaft in der türkischen Religionsnation, der *Türk Milleti*, ist, trat in einigen Entscheidungen der Republik klar hervor. Während des großen Bevölkerungsaustausches mit Griechenland wurden einerseits türkischsprachige Christen griechisch-orthodoxer Konfession nach Griechenland geschickt und andererseits türkischsprachige christliche Gagausen nicht in die Republik aufgenommen. Es handelt sich deshalb bei *millet* um eine Religionsnation, eine Nation, die neben sprachlichen, geschichtlichen und kulturellen Gemeinsamkeiten stark auf religiösen ruht.[39] Die große sozio-psychologische Nähe, die zwischen der Mitgliedschaft in der Gemeinschaft der Muslime auf der einen und der in der ‚Türkischen Nation" auf der anderen Seite besteht, hat zur Folge, daß sich das Verhältnis von Nicht-Muslimen bzw. Nicht-Sunniten zum Staat problematisch gestaltet. Denn aller Ausgrenzung der Religion aus der Politik zum Trotz spielte die Zugehörigkeit zur muslimischen Nation auch in der Republik eine wichtige Rolle für die Einschätzung, die der Staat über die Zuverlässigkeit des jeweiligen Bürgers traf. „Aus Nichtmuslimen aufrichtige türkische Staatsbürger zu machen, ist unmöglich, wir können sie höchstens dazu bringen, die Türken zu respektieren", schrieb zur Zeit der Republik Ali Haydar.[40] Auch in diesem Fall läßt sich Kontinuität feststellen: „Vor sieben Jahren nannte ein Erlaß des Ministerrats die Nicht-Muslime ‚Ausländer'. Später wurde das zwar korrigiert, aber was hilft das?" fragt noch 1996 entgeistert ein jüdischer

Journalist.[41] Tatsächlich fühlen sich Nicht-Muslime als Bürger zweiter Klasse, und unter den Armeniern Istanbuls herrscht der Verdacht, daß ihre Reisepässe mit besonderen Nummern versehen sind.[42]

Der kemalistische Staat nutzte also von Anbeginn den sunnitischen Islam für den Nationenbau und für die Beurteilung der Zuverlässigkeit seiner Bürger, doch vermied er es lange, sich explizit auf die Religion zu berufen, bzw. sich mit ihr zu identifizieren.

Wie früher dem Reich das Konzept von der Gemeinschaft der Muslime als Herrschaftslegitimation diente, so später der Republik das Konzept der ‚Türkischen Nation'. Wie im Reich jedoch gewährte diese Legitimation denen, in deren Namen sie erfolgte, keinen realen Einfluß. Zwar war der Staat auf ideologischer Ebene das Pendant der legitimatorisch genutzten sozialen Einheit, doch stand er ihr politisch relativ autonom gegenüber, besonders natürlich in der Zeit der Einparteienherrschaft. Doch es besteht ein wesentlicher Unterschied: Die Osmanen herrschten im Namen einer Religionsgemeinschaft, der muslimischen *ümmet*, über viele verschiedene Religionsgemeinschaften und bezogen ihre Legitimation der *ümmet* gegenüber gerade aus der Existenz der verschiedenen Glaubensgemeinschaften, unter denen die *ümmet* die privilegierte war. Deshalb war die Aufrechterhaltung der Unterschiede zwischen den Gemeinschaften Bedingung für die Existenz des Staates in dieser Form. Anders die Republik, die sich als moderner Nationalstaat mit per se gleichberechtigten Bürgern konstituierte, und die deshalb differierende Rechtsstellungen nicht zulassen konnte. Ihre Führer überließen die Gestaltung von Staat und Gesellschaft jedoch nicht den jetzt nominell freien und gleichen Bürgern, und sie öffneten keinen Raum für die Austragung politischer Konflikte. Zur Sicherung ihrer Herrschaft gab die europäisierte Bürokraten- und Soldatenkaste vielmehr der gesamten Gesellschaft mit der Volkspartei der Republik den institutionellen Rahmen und mit den kemalistischen Prinzipien einen politisch-kulturellen Normenkatalog vor, der die Grenzen legalen politischen Handelns festlegte. Die Partei vermehrte ihre anfänglich drei Prinzipien (Republikanismus, Nationalismus und Populismus) auf sechs (zuzüglich Etatismus, Reformismus und Laizismus) und schrieb diese 1937 als für das gesamte Volk verpflichtende ideologische Orientierung in die Verfassung. Anders als das Reich seinen Untertanen hat sich die Republik daher ihren Bürgern zwangspädagogisch genähert, sie erzogen, auf daß sie, so die euphemistische Begründung, für die Gewährung demokratischer Freiheiten reif würden. Die inhaltliche Ausrichtung dieser zentral gesteuerten Kulturrevolution, die als die Verwestlichung der Türkei bekannt geworden ist, bestand in der Zurückdrängung des Islam aus dem öffentlichen Leben und in der Leugnung der Multiethnizität der Bevölkerung. Die Zurückdrängung des Islam konkretisierte sich im Verbot jeder legitimatorischen Bezugnahme auf die Religion im politischen Handeln und in der Abschaffung aller Institutionen, die einer muslimischen Bevölkerung, die in der Republik die erdrückende Mehrheit bildete, Selbstorganisation und politische Partizipation ermöglicht hätten. Mit den Reformen wurden einer Bevölkerung, die nach Klassen und Berufsgruppen nur gering differenziert war und die zu 85% auf dem Lande lebte, ihre gedanklichen Konzepte für die politische Diskussion geraubt und die gängigen Kanäle zu politischer Partizipation verschlossen. Diese Bevölkerung fand weder in den importierten westlichen politischen Begriffen und Theoremen ihre Vorstellungen wieder, noch in den neuen Institutionen ihre soziale Praxis. Folge war, daß jede Unmutsäußerung dieser Bevölkerung ‚islamisch' auftrat und deshalb als Infragestellung der Republik interpretiert werden konnte und wurde. Tatsächlich hat sich die Republik – ungeachtet aller Thesen von Volksherrschaft – mit der Propagierung eines von sämtlichen religiösen – und damit traditionellen und lokalen – Zugehörigkeiten freien Individuums als alleingültigem Modell für das politische Subjekt der Kontrolle ihrer Bevölkerung entzogen.

Noch heute hat das Regime in den Augen weiter religiöser Kreise seinen ‚religionslosen Charakter' nicht verloren und befindet sich auch aus diesem Grund in einer Legitimitätskrise.

Die graduelle Zurücknahme überzogener Religionsausgrenzung in den Jahren nach 1950 hat daran grundlegend nichts geändert. Denn nach wie vor war politische Betätigung unter Berufung auf den Islam unmöglich, und nach wie vor wurde ein ostentativ geführtes islamisches Privatleben als Infragestellung der Legitimität des Regimes gewertet und entsprechend geahndet. Diese Konstellation erklärt, warum der Vorsitzende der Refah Partei, Necmettin Erbakan, glaubt, sich noch als amtierender Ministerpräsident über den „faschistischen Laizismus des Systems" beklagen zu müssen.

Muster 9: Kinder und Stiefkinder des Staates

Der Staat beruft sich auf das Türkentum, eine rassische Ausgrenzung der ethnischen Nicht-Türken will er damit jedoch nicht getroffen haben. Seine Institutionen fördern nur den sunnitischen Islam, und die sunnitischen Muslime sind ihm seine verläßlichsten Bürger. Doch im Namen der Religion Forderungen an ihn stellen und sich in die politische Arena begeben, können sie nur bedingt. Obwohl die Berufung des Staates auf das Türken- und auf das sunnitische Muslimentum aus ‚Türken' und ‚Muslimen' keine vollen politischen Subjekte macht, sichert sie diesen beiden Gruppen doch eine Reihe von Privilegien. Tatsächlich liegt es an der ideologischen Verwandtschaft des Staates mit der türkisch-sunnitischen Religion, daß deren Angehörige noch am ehesten in der Lage sind, in den Bereichen, in denen sie den Staat als ihnen entfremdet erleben, Protest anzumelden. Demzufolge sind sie es, die sich trotz allem am stärksten mit dem Staat identifizieren: „Für die islamischen Kreise ist der Staat ihr Staat. Stehen an seiner Spitze auch Leute, die allen Glaubens verlustig gegangen sind, bleibt der Staat in seinem Innersten doch muslimisch. Deshalb glauben sich diese Kreise vollkommen im Recht, wenn sie fordern, daß der Staat dazu aufgerufen sei, islamisches Leben zu verbreiten, und daß er dem Islam, den er zwar nicht offiziell, aber inoffiziell als seine Religion anerkennt, innerhalb seiner Gliederungen mehr Bedeutung beimessen solle."[43]

Die Orientierung der türkischen Muslime an dem ‚laizistischen' Staat, die hier behauptet wird und die in den Umfrageergebnissen zu Tage trat, bleibt in jeder rein auf den ideologischen Inhalt der Islamismusdebatte beschränkten Perspektive ein unerklärlicher Widerspruch. Die religiösen Kreise kritisieren die Regierung, indem sie sie auf Werte verpflichten, die diese ihrerseits legitimationsheischend im Munde führt; Werte wie Religionsfreiheit, Demokratie und Menschenrechte. Doch sie erwarten die Ausgestaltung dieser universellen Rechte durch den Staat „vor dem Hintergrund der Geschichte und Kultur der Mehrheit dieses Landes" (so die euphemistische Wendung) und damit im Sinne des Islam, so wie sie ihn verstehen. Diese Konstellation von verschiedenen kulturellen Gruppen (Sunniten, Alewiten, Christen, Türken, Kurden, Lasen etc.) mit jeweils unterschiedlicher Nähe zum Staat birgt die Gefahr in sich, daß politische Auseinandersetzungen unterschiedlichster Art zu Szenen in einem nicht endenden Kulturkampf verkommen. Tatsächlich halten religiös-kulturelle Fragen die politischen Akteure des Landes wesentlich stärker in Atem als Diskussionen um Grundfreiheiten, politische und soziale Rechte oder wirtschaftliche Vorteile. In der Tat bringen weder fast 100% Inflation noch drohender Staatsbankrott, weder Menschenrechtsverletzungen noch fehlende Gewerkschaftsrechte, weder Umweltverschmutzung noch mangelnde soziale Sicherheit die Menschen auf die Barrikaden, sondern es sind immer noch religio-kulturelle und zunehmend auch ethnische Grenzziehungen, die die politischen Bruchlinien bestimmen, politische Identitäten festlegen und politisches Verhalten formen. Gewerkschaftliche Organisation gilt primär als Zusammenschluß von atheistischen Linken und heterodoxen Alewiten. Städtische Bebauungspläne werden nur zum Thema, wenn es um Moschee-Projekte auf zentralen und symbolträchtigen Plätzen geht. Ausländische Kritik an Menschenrechtsverletzungen und an einer türkistischen Innenpolitik wird als versuchte Zerstörung des letzten Staates der sunnitischen Türken und seines Territoriums verstanden. Die Haltungen zu großen Entwicklungsprojekten in Landwirtschaft und Industrie richten sich danach, welcher ethno-religiösen Gruppe das Projekt zugute kommt, und auch in der Diskussion um den Beitritt zur Zollunion mit der EU bewegen nicht wirtschafts- und arbeitsmarktpolitische, sondern religiöse und kulturpolitische Argumente die Gemüter.

Die Kritik am kemalistischen Staat äußert sich deshalb heute auf zwei Ebenen: Die Kritik auf der ersten Ebene ist die Kritik daran, daß der Staat die kulturelle Identität seiner Bürger vorgibt. Diese Kritik tritt in der Praxis als (kurdisch-)nationale und islamistische Bewegung auf, die jeweils ihre eigenen festen kulturellen Entwürfe verteidigen. Die Kritik auf der zweiten Ebene moniert, daß sich der Staat trotzt seiner legitimationsheischenden Bezugnahme auf die Gesellschaft als von ihr unabhängig erweist, und äußert sich als liberal, demokratisch und links. Beide Kritiken teilen das Dilemma, daß alle Schritte auf die Verwirklichung der jeweiligen politischen Ziele hin gleichzeitig die Gefahr in sich bergen, gerade diese Ziele auf lange Zeit zu verfehlen. Die ‚liberale' Seite fürchtet, daß die Gewährung demokratischer Rechte und Freiheiten für alle zur ethnischen Spaltung des Landes und/oder zur Etablierung einer religiös verbrämten Diktatur führt. Und die Seiten mit inhaltlich eindeutigen ideologischen Zielsetzungen fürchten, deren Durchsetzung ohne die Mittel des starken Staates nicht zu erreichen. Resultat dieser Klemme ist eine kemalistische Sozialdemokratie und eine in weiten Bereichen rechte und staatsbesessene islamistische Bewegung.

Der kemalistische Staat heute: Religionslehrer und Betreiber der Islamisierung

Im September 1982 putschte das türkische Militär zum dritten Mal in der Geschichte der Republik. Insbesondere Europa gegenüber hat es seinen Eingriff mit dem Anwachsen der islamistischen Bewegung begründet. Daß es nicht um eine Zurückdrängung ‚des Islam' ging, zeigte sich jedoch schnell. Der Generalstabschef und spätere Staatspräsident Kenan Evren sollte von nun an in zahlreichen Ansprachen mit den Vorschriften des Korans argumentieren, und die Religion erlangte im öffentlichen und politischen Leben einen bisher nicht gekannten Einfluß. Turgut Özal, der erste zivile Ministerpräsident nach dem Putsch von 1980, war Mitglied der halblegalen Bruderschaft der Nakşibendiyye, die vielen noch heute als Inbegriff der religiösen Reaktion gilt. Bevor er nach dem Wahlsieg seiner Mutterlandspartei selbst die Regierung leitete, war Turgut Özal Wirtschaftsminister der Militärregierung, die mit seiner Akzeptierung gleichzeitig andeutete, daß sie in Zukunft den Orden und religiösen Gemeinschaften größere Freiheiten gewähren würde.

Zahlreiche Gesetze und Erlasse gewährten jetzt der Religion auch in der Bürokratie weiten Raum: Noch während der Herrschaft der Generäle wurde der Religionsunterricht auch an Grund- und Mittelschulen verpflichtend eingeführt. In den darauffolgenden Jahren wurden verstärkt neue Vorbeter- und Predigerschulen eröffnet. Die Schulbücher der Sekundarstufe für Geschichte, Erdkunde, Literatur und andere Fächer wurden neu geschrieben und der Stoff unter der Perspektive einer Vermittlung religiöser und nationaler, sprich islamischer und türkischer Werte dargestellt. Eine Untersuchung von Schulbüchern, welche nach 1980 in die Schulen gelangten, faßt die Botschaft, die dieses Unterrichtsmaterial an die Schüler weitergibt, wie folgt zusammen: „Der beste Türke ist der muslimische Türke. Der beste Muslim ist der türkische Muslim.“[44] Die frühere *implizite Nutzung* des Islam durch den Staat war einer vorsichtigen *expliziten Nutzung* gewichen, seiner Legitimierung mit islamischen Symbolen.

Zur Rechtfertigung dieses Schwenks in der Legitimierung des Staates wurde der Öffentlichkeit ein neues Atatürk-Bild präsentiert und der gnadenlose Kritiker der Religion als frommer Muslim gezeichnet. Atatürk habe seinerzeit die religiösen Schulen nur geschlossen, auf daß alle Kinder die Religion in den staatlichen Schulen erlernten, die der einzig richtige Platz dafür seien. Den augenfälligsten Ausdruck findet der heute gängige Zusammenfall von nationaler und religiöser Legitimierung des Staates, wenn ein Theologe der Religionsbehörde die

Symbole der türkischen Fahne in einen ausschließlich islamischen Kontext rückt. Nach dieser Interpretation steht der Halbmond der Flagge für Allah, der Stern für den Propheten, und die Grundfarbe Rot symbolisiert das Blut der für den Glauben gefallenen Märtyrer.[45] Die damit einsetzende Umorientierung der staatlichen Ideologie von weltlicher, fortschrittsbetonender auf eine religiöse, wertebewahrende Ideologie ist indessen keine Besonderheit der Türkei.[46]

Heute stellen sich die Spitzen des Staates als Repräsentanten einer muslimischen Nation dar und rechtfertigen ihr Tun in religiösen Parametern: „... was unsere Nation zusammenhält, das Wichtigste an unserer nationalen Identität ist der Islam", pflegte Turgut Özal zu sagen[47], und sein Innenminister İsmet Sezgin konkretisierte die Aussage: „Wer das Vaterland spalten will, ist ein Feind des Volkes, der Demokratie der *millet* und der Religion." Die Konsequenz aus dieser Haltung zog der heutige Staatspräsident Süleyman Demirel mit der Feststellung: „Religion im Auftrage der Politik – das gibt es nicht, aber Politik im Auftrage der Religion, das geht." Der Religion ist am besten mit ihrer Festigung in den Köpfen und Herzen der Gläubigen gedient, und das gesamte Bildungswesen erfährt eine gründliche Islamisierung.

Die Entwicklung vollzieht sich in der Verantwortung des „Ministeriums für Nationalerziehung", das neben dem Innenministerium und der Staatlichen Planungsbehörde als Hochburg religio-konservativer Strömungen gilt. Dem Erziehungsministerium unterstehen alle Schulen und Universitäten des Landes, seine Tätigkeit im Hinblick auf den Erhalt des Glaubens gliedert sich in drei Bereiche: Erteilung des obligatorischen Religionsunterrichts, Verwaltung der Predigergymnasien und Kontrolle der Theologischen Fakultäten.

Anhand der Lehrbücher läßt sich der schulische Religionsunterricht folgendermaßen charakterisieren: „Zwar werden Unterschiede zwischen Sunniten und Schiiten sowie die verschiedenen Rechtsschulen behandelt; ansonsten aber wird der türkische Islam in einer Geschlossenheit dargestellt, die für

Bevölkerungsgruppen wie die Alevis (Alewiten, GS) oder für die vielen Sonderrichtungen im türkischen Islam keinerlei Raum läßt."[48]

Die Vorbeter- und Predigerausbildung wurde in der Republik erst 1949 wieder gestattet. Aus dem damals zehnmonatigen Kurs mit 50 Absolventen sind heute 834 Vorbeter- und Predigerschulen (Mittelschulen und Gymnasien) mit 49 Filialen geworden. Hinsichtlich der Zuteilung von Lehrmitteln, Lehrern und Schülerwohnheimen werden die Predigergymnasien den regulären Gymnasien gegenüber bevorzugt. Seit einigen Jahren ermöglicht ihr Abschluß den Zugang zur Universität, und bei den Aufnahmeprüfungen für die Universitäten liegen ihre Absolventen gut im Rennen.

Die schulische Wirklichkeit gibt häufig Anlaß zu Kritik. Die Zeitungen berichten, daß sowohl auf Schüler als auch auf Lehrer Druck zur Einhaltung der Fastenvorschriften ausgeübt werde, sie beklagen die Schließung der Mensen von Universitäten und Behörden im Fastenmonat Ramadan und monieren Gebete im Religionsunterricht, der nach dem Gesetz nur theoretische Unterweisung enthalten darf. Eltern beschweren sich über religio-politische Propaganda durch Lehrkräfte und darüber, daß sie, so sie nicht den religiösen Maßstäben der Lehrer entsprächen, als Ungläubige abgestempelt würden. Bisweilen kommt es zu gesetzlich unzulässiger Geschlechtertrennung in den Klassen und dazu, daß die Unterhaltung zwischen Mädchen und Jungen verboten wird. Lehrer rügen die Ab- und Versetzung von Direktoren und Kollegen, die Atatürk positiv und die Verhältnisse im Osmanischen Reich kritisch darstellen. Auch wer die Vorschriften durchsetzt, welche das Tragen von Kopftüchern an den Schulen verbieten, muß mit Versetzung rechnen. Nicht anders ergeht es gewerkschaftlich aktiven Lehrkräften. Die Lehrergymnasien und die Anadolu-Lyzeen, in denen der Unterricht in einer Fremdsprache, in der Regel Englisch, erfolgt, sind in den Händen religio-konservativer Kader. Auf der anderen Seite gründen religiöse Gemeinschaften in zunehmender Zahl eigene Schulen, die ohne weiteres vom Staat anerkannt werden, und die, was die Plazierung ihrer

Absolventen in die Universitäten betrifft, beachtliche Erfolge aufweisen.

Bis 1982 gab es nur in Ankara eine Theologische Fakultät und für die Religionslehrer-Ausbildung mehrere Hohe-Islam-Institute. Durch die Umwandlung dieser Institute in theologische Fakultäten erhöhte sich deren Zahl damals auf acht. Heute bestehen 22 theologische Fakultäten, und ihre Ausstattung mit Professoren, Dozenten und Doktoranden läßt manch anderen Fachbereich vor Neid erblassen. Auch außerhalb der theologischen Fakultäten weht an vielen Universitäten ein religiöser Wind. 1992 wurden in 16 anatolischen Städten neue Universitäten gegründet, an denen konservative und nationalistische Kräfte die Oberhand haben.

Die staatliche Religionsbehörde, das „Präsidium für Religionsangelegenheiten", untersteht direkt dem Ministerpräsidenten. Ihm gehören sämtliche Vorbeter (Imame), Prediger und Gebetsrufer (Muezzine) an, des weiteren alle Lehrkräfte in offiziellen Korankursen und die Repräsentanten (Muftis) des Präsidiums in den einzelnen Provinzen. Neben dem Erziehungsministerium ist das Präsidium Hauptarbeitgeber für die Absolventen der Theologischen Fakultäten, und sein Präsident gilt offiziell als die höchste theologische Autorität im Lande. Zu den Aufgaben des Präsidiums gehören die Verwaltung der Moscheen, die Ausrichtung der Korankurse und die Organisierung der Pilgerfahrt.

Nach einer Berechnung des SHP-Abgeordneten Ulusoy ist die Zahl der Korankurse von 1980 bis 1990 um 52% gestiegen, und jedes Jahr werden circa 300 neue Korankurs-Gebäude errichtet. Ein weiteres Beispiel dafür, wie die Auseinandersetzung über Sachfragen in Kulturkämpfe mündet, ist die längst überfällige Ausdehnung der Pflichtschulzeit, die heute bei fünf Jahren liegt. Weil die Masse der Korankurs-Schüler den Kurs nach Erfüllung der fünfjährigen Schulpflicht besucht, befürchten religiöse Kreise bei einer Verlängerung der Schulpflicht auf acht Jahre einen Rückgang im Korankurs-Besuch. Sie haben sich deshalb dafür engagiert, Korankurse, die mit einem Diplom als Koranrezitator *(Hafis)* abschließen, als Mittelschulabschluß anzuerkennen. Weil dies auf den Widerstand der laizistischen Fraktion stößt, bleibt es (vorerst) bei der fünfjährigen Schulpflicht. Im gleichen Sinne scheitert der Ausbau des berufsbildenden Schulwesens daran, daß er das Quasimonopol der Predigergymnasien brechen würde.

Generell scheint Religion wichtiger zu sein als säkulare Bildung. Im Jahre 1993 wurden ungefähr 2 000 Moscheen neu eröffnet; damit hatte die Türkei 1994 mehr Moscheen als Schulen: 62 000 Schulgebäuden stehen 75 000 Moscheen gegenüber. Dabei sind in vielen Schulen die Räume hoffnungslos überfüllt, und es wird Schichtbetrieb gefahren, das heißt ein Teil der Schüler besucht die Schule vormittags, ein Teil hat nachmittags Unterricht. Für 1996 wurde ein Budget der Religionsbehörde von umgerechnet circa 440 Millionen DM mitgeteilt.[49] Wenn diesem Betrag indirekte Zahlungen hinzugerechnet werden, mit denen die religiöse Kultur mittelbar gefördert wird, sollte diese Summe um circa 60 % anwachsen, und die Propagierung der staatlichen Version der Religion soll damit nach der Landesverteidigung den größten Posten der Staatsausgaben ausmachen.[50] Was rechtfertigt diese hohen Ausgaben?

Die Bedeutung der Religionsbehörde für den Staat liegt u. a. darin, daß sie die verschiedensten politischen Ziele religiös untermauert. Sie rechtfertigte die Antiterrorgesetze von 1991 und findet die Quelle des Terrorismus im Atheismus. Die Prediger und Muftis rufen zum Gebet für die im Südosten des Landes Gefallenen der Armee auf, und zum Kampf gegen die PKK empfiehlt der Präsident der Behörde die Rekrutierung von Imamen der schafiitischen Rechtsschule, der die kurdischsprachige Bevölkerung mehrheitlich angehört. Diese Imame sind, weil die Religionsbehörde der hanefitischen Rechtsschule verpflichtet ist, in inoffiziellen und nur halblegalen Medresen ausgebildet worden. Die Behörde begutachtet staatliche Programme zur Geburtenkontrolle positiv, tritt für eine Gesellschaft ohne Korruption ein, versichert in Zeiten schlechten Trinkwassers, daß Chlor im Wasser keineswegs die rituelle Waschung ungültig mache, und verwendet sich für die Beschränkung auf religiös legitime Sexualkontakte, um der

„göttlichen Strafe" AIDS zu entgehen. Gegen eine Opposition, die sich im Namen des Islam formiert, ist das Präsidium bisher vor allen Dingen unter den türkischen Arbeitern in Europa aktiv geworden und hat dort in kurzer Zeit eine weitverzweigte Organisation aufgebaut.

Auf die geschilderte Weise tragen staatliche Organisationen dazu bei, daß heute in der Türkei nahezu kein relevantes Thema unabhängig von religiöser Referenz diskutiert wird.

4. Die überdauernde Gemeinschaft der türkischen Muslime

Im folgenden geht es um das Verhältnis von ‚Sunniten', ‚Aleviten', ‚Türken', ‚Kurden', ‚nicht-muslimischen Minderheiten', ‚Laizisten' und ‚Muslimen'. So wenig Zweifel daran bestehen, daß die genannten sozialen Einheiten tatsächlich existieren, so unmöglich scheint es, die Grenzen zwischen ihnen exakt zu ziehen und sie Kategorien wie ‚Glaubensgemeinschaft', ‚Kaste', ‚Ethnie' oder ‚Nation' eindeutig zuzuordnen.[51] Ich nenne diese schwer bestimmbaren sozialen Einheiten *kulturelle Lager*. Sie sind *Lager*, denn sie konstitutieren sich im *politischen Feld*, d. h. in ihrem Namen wird Politik gemacht, werden Forderungen gestellt und Ansprüche verteidigt; und sie sind *kulturelle* Lager, weil die Ausrichtung ihres politischen Handelns ohne Reflexion auf ihre Kultur nicht verständlich wird.

Eine ethnographische Beschreibung dieser Gruppen ist nicht beabsichtigt. Statt dessen referiere ich Wahrnehmungsweisen und Denkschemata, kurz: *Deutungsmuster,* mit deren Hilfe die großen kulturellen Lager der türkischen Gesellschaft ihre Beziehungen zueinander verstehen und darüber hinaus Vorstellungen von einer Gesellschaft entwickeln, die alle diese Gruppen übergreifen und integrieren soll.

Muster 10: Der Türke ist Muslim

Das Ineinander von Türken- und Sunnitentum, welches dem Konzept von der Religionsnation zugrunde liegt, läßt vermuten, daß religiöse und nationale Aspekte der türkischen Identität nicht voneinander isoliert oder gegeneinander gerichtet sind. Tatsächlich bilden religiöse und ethnische Identität auf der Ebene der Person ein dynamisches Ganzes und verstärken sich wechselseitig. Diese Dynamik tritt beispielhaft in folgendem Gespräch zutage. Mein Gesprächspartner bezeichnete sich selbst nicht als „fromm", sondern als sozialdemokratisch orientiert und antwortet auf meine Frage, welcher Partei er bei den kommenden Kommunalwahlen (März 1994) seine Stimme geben werde:

Dieses Mal wähle er die AnaP. Und zwar wegen der Haltung der SHP zur Kurdenfrage. Ich sage, daß doch gerade der ehemalige Staatspräsident Turgut Özal von der AnaP sich für Fernsehen in kurdischer Sprache eingesetzt habe und ein Freund des Sängers İbrahim Tatlıses gewesen sei, der auch kurdische Lieder vorträgt. Ja, sagt er, er habe nichts gegen kurdische Lieder, aber daß im Namen eines Kurdistans türkische Soldaten getötet würden, daß man versuche, den Staat zu spalten, das könne er nicht akzeptieren. Die Kurden trügen einen türkischen Paß in der Tasche, sie seien wie die Türken Muslime und hätten deshalb überhaupt keinen Grund für einen eigenen Staat. Öcalan, der Führer der PKK, habe nicht nur der Türkei, sondern auch seinen Eltern viele Sorgen bereitet. Sein Vater und seine Mutter wären traurig und bestürzt ob seiner Entwicklung. Wer gegen Vater und Mutter aufbegehre, der versündige sich. Und dann kommt er, für ihn keineswegs unvermittelt, auf die Vorschriften seines Glaubens zu sprechen und darauf, daß ohne Religion alles aus den Fugen gerate.

Diese Verbundenheit von religiöser und nationaler Identität tritt auch in folgenden Umfrage-Ergebnissen hervor: In der zentralanatolischen Stadt Konya wurde danach gefragt, welche Gruppe von Hilfsbedürftigen man am ehesten zu unterstützen bereit sei.[52]

Dabei wurde mit einem Skalenwert von 6,14 die größte Solidarität der Gruppe zuteil, die nicht nur muslimisch, sondern auch (in der Frage sogar ausschließlich) türkisch ist: „die Türken in Bulgarien". Selbst Mitgliedern der Refah Partei waren die Bulgarien-*Türken* wichtiger als die Afghanen-*Muslime*, und „die islamische Opposition in Afghanistan" blieb mit 4,48 Punkten auf Platz zwei. Daran zeigt sich, daß, so sehr islamistische Intellektuelle auch gegen den Nationalismus Stellung beziehen, der Großteil der Bevölkerung sich gleichzeitig in nationale und religiöse Kontexte eingebunden erlebt. Dies kann natürlich nicht über den großen Einfluß des Islam auf die Identität generell hinwegtäuschen. Wo es gilt, Muslimen gegen Nicht-Muslime beizustehen, trifft man immer auf eine beachtliche Hilfsbereitschaft, so für „die Hungernden in Äthiopien" (4,19), „die Muslime in der Sowjetunion" (4,15) und „die Palästinenser gegen Israel" (4,08). Wo es nicht um Muslime geht, wie bei der „Opposition in China" (2,55) und bei den „Schwarzen in Südafrika" (2,26), läßt die Unterstützungsbereitschaft stark nach, und wer gegen eine muslimische Herrschaft aufbegehrt, kann wie die „Oppositionellen im Iran" (1,60) nicht mit nennenswerter Unterstützung rechnen.

Muster 11: Die Muslime, die Besitzer des Staates: Rechte Sunniten – linke Alewiten

Die sunnitischen Muslime waren im Osmanischen Reich keine politischen Subjekte, doch weil sich die Herrschenden als Gläubige des Islam empfanden, können die Muslime als die privilegierte kulturelle Gruppe des Reiches bezeichnet werden. Mit dem Untergang des Reiches verloren die Muslime nicht nur ihren Status, sondern auch eine kulturelle Hegemonie, die darin bestanden hatte, daß die Herrschaft im Namen ihrer Weltanschauung ausgeübt worden war. Denn: „Der durchschnittliche osmanische Muslim sah auf die Christen herab, lebte in dem Stolz, zur herrschenden *millet* zu gehören, und identifizierte sich mit dem Staat, der ihm diesen privilegierten Status sicherte."[53]

Seit dem Beginn der Verwestlichung waren es deshalb die Muslime, die als Reaktion auf den Verlust ihrer Privilegierung bestrebt waren, ihrer Kultur, d. h. ihrem Glauben und ihrer Lebensform, wieder zu Vorrang und zu offizieller Anerkennung zu verhelfen. Bereits im Osmanischen Reich hatte die religiöse Zugehörigkeit immer eine politische Komponente gehabt: So opponierten starke muslimische Kreise gegen die erste Verfassung des Osmanischen Reiches von 1876, die allen Staatsbürgern unabhängig von ihrem Glauben einige Menschen- und Bürgerrechte sicherte. Die Vereinigung der religiösen (sunnitischen) mit der ethnischen (türkischen) Identität und ihr Ausbau zu einer religionsnationalen Identität in der Republik führte diese politische Dimension religiöser Zugehörigkeit fort. Doch wo besondere Nähe zum Staat Funktion religiöser und nationaler Zugehörigkeit ist, da ist auch Staatsferne wesentlich durch religiöse und ethnische Kriterien bestimmt. Deswegen wird sich auch bei denen, die außerhalb der so definierten Religionsnation stehen, ein enger Zusammenhang zwischen ethnischer/religiöser Zugehörigkeit und politischem Bewußtsein feststellen lassen. Tatsächlich findet man sich in der Türkei häufig qua Herkunft, also ohne eigenes Zutun, auf die eine oder andere Seite des politischen Spektrums plaziert. Für diese Plazierung wesentlich erwies sich in der Geschichte der Republik der religiöse Gegensatz zwischen Sunniten und Alewiten.

Jahrhundertelang wurden die Alewiten von der sich sunnitisch legitimierenden osmanischen Dynastie mit Argwohn betrachtet. Wegen ihrer religio-kulturellen Nähe zum Iran, dem Konkurrenten des Reiches im Osten, wurden sie im 16. und 17. Jahrhundert gar zu Tausenden niedergemacht. Noch heute äußert sich die Identität der Alewiten religiös als Anti-Sunnitismus und politisch als ein unnachgiebiges Verfechten des republikanischen Laizismus. Dieser findet seinen politisch reinsten Ausdruck in den sozialdemokratischen Parteien, die aus diesem Grunde von den Alewiten bevorzugt werden. Wie für die Sunniten ist deshalb auch für die Alewiten weitgehend nicht ihre sozioökonomische, sondern ihre religiöse Stellung für ihre politische Haltung verantwortlich. Als sich dank des Mehrparteiensystems die politische Gesellschaft des Landes zum ersten Mal formieren konnte, erwies sich, daß die sunnitischen Türken nicht nur religiös bewahrend waren, sondern sich auch als staatsnah und damit als politisch konservativ empfanden, d.h. ‚rechts' wurden oder blieben. Die Alewiten hingegen empfanden sich trotz ihrer inhaltlichen Übereinstimmung mit dem offiziellen Laizismus als kulturelle Gruppe staatsfern, deshalb tendenziell als oppositionell und damit als eher ‚links'. Der Prozeß der politischen Plazierung qua religiöser Herkunft erwies sich als so bestimmend, daß die türkische Linke sich gewissermaßen in alewitischen Vorlagen wiedererkannt und ihre Ausdrucks- und Aktionsformen in der Kultur der Alewiten gefunden hat. Die Linke polierte die alewitisch geprägte ‚Volkstradition' jetzt sozialistisch auf und fand so zu einer ‚geschichtlichen Kontinuität freiheitlicher Bewegungen ihres Landes'. Nach dem Staatsstreich von 1980 und dem Niedergang sozialistischer Strömungen legt man die Betonung heute eher auf die ‚demokratische' Note alewitischer Kultur.

Es waren die sunnitischen Linken, die darauf verzichten mußten, ihren religio-kulturellen Hintergrund ‚fortschrittlich' zu deuten, und statt dessen in die alewitische Kultur zu ‚konvertieren' hatten. Deshalb verwundert es nicht, daß sich aus ihren Reihen später vereinzelt Islamisten rekrutierten. Die Umformung des religiösen Gegensatzes zwischen den Sunniten und den Alewiten in einen politischen führte (für das jeweilige Gegenüber) zur Gleichsetzung der Sunniten mit türkischem Nationalismus, Islamismus und allgemein rechter Orientierung auf der einen Seite und der Alewiten mit Laizismus und allgemein linker, revolutionärer politischer Orientierung auf der anderen. Als ‚potentielle Linke' sind die Alewiten noch heute eines der wichtigsten Stimmenreservoire der türkischen Sozialdemokratie, die sich damit stärker auf konfessionelle Milieus als auf Arbeitermilieus stützt.

Muster 12: Die bedrohte Einheit der ‚Volksgemeinschaft'

Die Deutungsmuster, die bisher in diesem Abschnitt referiert wurden, ruhen alle mehr oder weniger auf Strukturen, die bereits aus dem Osmanischen Reich bzw. aus den Zeiten der Einparteienherrschaft bekannt sind. Die besondere Nähe der

Sunniten zum Staat, die Gleichsetzung von Türken- und Muslimentum, die relative Staatsferne der Alewiten, sie alle lassen sich als Verlängerungen von Entwicklungen lesen, die bereits im Reich oder aber in der frühen Republik ihren Ausgang nahmen. Sie spiegeln daher eher die historischen und zeitgeschichtlichen Voraussetzungen für das heutige Verhältnis der großen kulturellen Lager des Landes wider und betonen stark ihre gegenseitige Abgeschlossenheit und damit eine heile Welt geschlossener Gemeinschaften. Tatsächlich läßt sich für viele Bereiche von einer ungebrochenen Wirksamkeit des Gemeinschaftsdenkens und -handelns sprechen, was zeigt, daß eine funktionale Differenzierung der Gesellschaft für die Türkei ein relativ neues Phänomen ist, welches die Identitäten der Menschen nur begrenzt prägt. Noch sind lokale, religiöse, zunehmend aber auch ethnische Zugehörigkeiten in größerem Maße identitätsstiftend als soziale.

Doch in der sich modernisierenden Gesellschaft wird die ‚Gemeinschafts-Wirklichkeit' täglich in Frage gestellt. Ursache dafür sind die verschiedenen Formen von sozialer Mobilität, die zur Herauslösung des einzelnen aus der (Herkunfts-)Gemeinschaft und zu seiner Einbindung in gänzlich neue Zusammenhänge führen. Einst ererbter Status verliert seinen Wert, neuer muß erworben werden, und früher problemlos von der Elterngeneration übernommene Arbeitsbereiche in Kleinhandel, Handwerk und Landwirtschaft bieten keine Perspektive mehr. Für sich auflösende traditionelle Netze sozialer Sicherung wie die Familie und Verwandtschaftsgruppe ist weit und breit kein Äquivalent in Sicht, und einst religiös und moralisch sicher Gewußtes verlangt nun mühsame Begründung. Auf diese Erschütterungen, auf das tatsächliche Schwinden von Gemeinschaftlichkeit wurde und wird mit ihrer Idealisierung reagiert. Der allgemeinen Zergliederung und Auflösung wird ein gedanklicher Entwurf allgemeiner Gemeinschaftlichkeit entgegengesetzt und der Verlust an tatsächlicher Gemeinschaft auf diese Weise ideologisch kompensiert.

Die in dieser Situation produzierte Ideologie nimmt als den neuen geographischen Raum für ihre ideelle Gemeinschaft das gesamte Territorium des Staates, das mit dem (marktintegrativen, kommunikativen und politischen) Zusammenwachsen des Staatsgebietes als einheitliches und zusammenhängendes tatsächlich am Entstehen ist. Deshalb präsentiert sich die neue, ideologische Gemeinschaftlichkeit nicht als Fortschreibung einer immer begrenzten traditionellen Gemeinschaft, sondern als eine alle Angehörigen des Staates umfassende ‚Volksgemeinschaft'. Die Volksgemeinschaft ist in der Vorstellung eine natürliche, und der Begriff verleugnet seine Entstehung in einer konkreten geschichtlichen Situation und als Reaktion auf eine solche. Aus diesem Grund sieht sich die ‚Volksgemeinschaft' als die natürliche Verlängerung einer geschichtlichen Entität – nämlich einer bestimmten Gemeinschaft, welche in früheren Zeiten jedoch keineswegs so umfassend war, wie das jetzt die ‚Volksgemeinschaft' sein muß. So betrachtet ist ‚Volksgemeinschafts'-Bewußtsein die positive Antwort von Teilen der Bevölkerung auf die Nationenbau-Bemühungen des Staates.

Im Begriff der ‚Volksgemeinschaft' setzt sich die (relative) Mehrheit der Bevölkerung absolut und erklärt ihre kulturellen Bestimmungen zu den im Lande einzig relevanten. In der Republik sind es die türkischen sunnitischen Muslime, die dem Staat besonders nahestehen und die deshalb die Tendenz zeigen, sich unter Verweis auf das Konzept der „unteilbaren Türkischen Nation" als ‚Volksgemeinschaft' zu begreifen. Als etwas, das erst als Reaktion auf Differenzierungsprozesse entsteht, sind ‚Volksgemeinschaften' für ihre Angehörigen immer bedroht und gilt es immer, sie zu schützen. Deshalb besteht eine ständige Spannung zwischen denen, die sich über sie definieren, und denen, die als nicht zu ihr gehörig erlebt werden.

Diejenigen, die außerhalb dieser national-religiösen ‚Volksgemeinschaft' stehen, können idealtypisch in vier Gruppen eingeteilt werden. Zum einen sind es *die da oben*. Sie setzen sich zusammen aus den Spitzen der kemalistischen Bürokratie, des Militärs, der Intelligenz und der sogenannten Einparteien-Bourgeoisie. Ihre politische und kulturelle Orientierung, der die Religion ausgrenzende Kemalismus, wird heute als die „Ideologie der Privilegierten" bezeichnet.[54] „Das Leitbild der Kultur ‚unten' ließe sich dagegen als islamisch-türkisch fassen."[55] Es ist damit zu einem guten Teil die Haltung zur Religion, die die Kultur der (gesellschaftlich und politisch) Herrschenden von der der Beherrschten trennt. Zum zweiten werden der ‚Volksgemeinschaft' jene Gruppen nicht hinzugerechnet, die aus funktionaler Differenzierung hervorgehen. In der zeitlichen Reihenfolge ihres Auftretens sind dies die Angehörigen der verwestlichten Intelligenz und der Bürokratie, der Mittelschichten, der ebenfalls westliche Lebensformen adaptierenden Neureichen und der Industriearbeiterklasse.[56] Alle diese Gruppen fallen in dem Augenblick, da sie eine auf ihre gesellschaftliche Funktion sich stützende Ideologie (wie Individualismus, Pluralismus, Klasseninteressen und Menschenrechte) vertreten, aus dem ideologischen Rahmen der ‚Volksgemeinschaft'. Für die ‚Volksgemeinschaft' ist das Beharren dieser Gruppen auf einer von der ‚volksgemeinschaftlichen' Ideologie unabhängigen oder ihr gar entgegengesetzten Ideologie Zeichen für deren kulturelle Deviation. Vor dem Hintergrund einer religiösen Kultur ist es die im allgemeinen negative Stellung dieser Gruppen zur Religion, die als Rechtfertigung für ihre Abweisung durch die *millet* dient. Bis in die achtziger Jahre galt die Grenze zwischen den als areligiös wahrgenommenen (und sich oft genug in gleicher Weise bestimmenden) funktionalen Gruppen und der sich stark religiös verstehenden ‚Volksgemeinschaft' gleichzeitig als die entscheidende politische Grenzziehung zwischen links und rechts. Wiewohl die politischen Auseinandersetzungen in dieser Zeit auch im Namen von säkularen Ideologien, die von ihrer inhaltlichen Gestalt her auf die Interessen funktionaler Gruppen Bezug nahmen, geführt wurden, die Kontrahenten verfochten immer unterschiedliche Ansichten über den Platz der Religion im öffentlichen Leben. Zum dritten sind es direkt religiöse Unterschiede, die den Ausschluß aus der ‚Volksgemeinschaft' provozieren. Hier geht es um die verschiedenen religiösen Minderheiten: um die verschiedenen christlichen Gruppen, um

Juden und Jesiden und innerhalb der islamischen Kultur um die Alewiten. Zum vierten sind es geltend gemachte differierende ethnische Identitäten, die zum Ausschluß aus der ‚Volksgemeinschaft' führen.

Daß der Begriff der ‚Volksgemeinschaft' nicht inhaltsleer ist, zeigt sich an den Reaktionen ihrer Mitglieder auf angebliche oder tatsächliche Bedrohungen ihrer Einheit, heute vor allen Dingen an der Bewertung der Kurdenfrage.

Nur wenige Tage, nachdem die Abgeordneten der prokurdischen Demokratie Partei (DEP), unter ihnen Leyla Zana, zu langen Gefängnisstrafen verurteilt worden waren, führte das Meinungsforschungsinstitut Gallup eine Umfrage zum Urteil durch. Darin sprachen sich zwar 86% der „Gesamtbevölkerung" und 98% der „Bevölkerung im Südosten" dafür aus, die Kurdenfrage auf demokratischem Wege zu lösen, und beide Gruppen waren sich auch darin einig, daß die eben erfolgte Verurteilung die Möglichkeit einer Lösung des Konflikts negativ beeinflussen würde. Doch während sich nur 29% der „Bevölkerung im Südosten" *für* die Verurteilung aussprachen, votierten 73% der „Gesamtbevölkerung" *für* den Richterspruch.[57] Weil hier die ‚türkische' Bevölkerung nur als „Gesamtbevölkerung" und die ‚kurdische' nur als „Bevölkerung des Südostens" auftritt, sind die Unterschiede zwischen ‚Türken' und ‚Kurden' in der Bewertung der Frage noch wesentlich krasser, als es die Zahlen ausdrücken. Das Ergebnis spiegelt denn auch alles andere wider als eine Bereitschaft der *türkischen* Bevölkerung zum Umdenken. Diese sieht klar, daß die Verurteilung den Konflikt anheizt und befürwortet sie dennoch. Das Votum für den „demokratischen Weg" erscheint in dieser Perspektive als das Nachbeten einer Formel, von deren Realisierung man sich keine Vorstellung macht oder machen kann. Die entgegengesetzte Bewertung der Verurteilung in der „Gesamtbevölkerung" und in der „Bevölkerung des Südostens" zeigt, wie bedrohlich tief der Graben zwischen den beiden ideellen Gemeinschaften ‚Türken' und ‚Kurden' heute ist. Als einzige Lösung des Problems erscheint der überwältigenden Mehrheit der ‚türkischen Volksgemeinschaft' die gewaltsame Wiederherstellung der verlorengegangenen Einheit, sprich die Assimilation der Kurden. Deshalb muß, wer die Spaltung der ‚Volksgemeinschaft', der türkisch-islamischen *millet*, betreibt, nicht nur mit Sanktionen des Staates, sondern auch mit der abwehrenden Reaktion der *millet* selbst rechnen. Ein sunnitischer Türke:

„Was im Augenblick im Südosten vor sich geht, kann zu einer Spaltung der beiden Völker führen. Die Türken haben den Arabern nie verziehen, daß diese sie verraten haben, sie werden es auch den Kurden nicht verzeihen." Diese Vorstellung von der verratenen Gemeinschaft, die den Treuebruch nicht verzeiht, teilt auch der Abgeordnete Süleyman Amasyalı von der Regierungspartei DYP. Während eines politischen Streitgesprächs am 21. April 1994 sagte er im Fernsehsender Kanal D: „Was die Türkische *millet* nicht akzeptiert, das ist Verrat. Das war auch bei den Armeniern so!" Die Studiogäste belohnten diesen Satz mit donnerndem Applaus.

Es sind aus personalen Beziehungen und aus gemeinschaftlichen Strukturen stammende Begriffe von Treue und Vertrauen, Verrat und Rache, die die Perspektiven der politischen Akteure bestimmen. Dies gilt jedoch nicht nur für die Mitglieder der ‚Volksgemeinschaft'. Vielmehr gilt in allen politischen Lagern bedingungslose Treue und Gefolgschaft mehr als Prinzipienfestigkeit. So wie alle diese Gruppen in Ausschließlichkeiten denken, so interpretieren alle Religion im allgemeinen und den Islam im besonderen in Übereinstimmung mit ihren jeweiligen politischen Ausrichtungen. Selbst die früher marxistisch-leninistisch argumentierende PKK ist in der Lage, das Religiöse in ihren Nationalismus zu integrieren: „Die Orientierung der PKK ist unbestreitbar eine islamische. Was heute die PKK von den wirklichen Kämpfern für den Islam trennt, das sind nur die (anderslautenden, GS) Bezeichnungen, im Grunde sind PKK und Glaubenskämpfer ein und dasselbe. ... Als Ergebnis unseres Kampfes kann etwas entstehen, was dem Goldenen Zeitalter (des Islam, GS) sehr nahekommt. Die Kurdenfrage im Nahen Osten lösen, heißt den Grundstein legen für den islamischen Internationalismus."[58]

Mehr noch: ob ‚Laizisten' oder ‚Muslime', ‚Alewiten' oder ‚Kurden' – alle berufen sich auf eine glorreiche Vergangenheit, sei es die frühe Republik, das osmanische Großreich, die nomadische Freiheitlichkeit und Egalität (der Alewiten), oder die lange Besiedelung Anatoliens durch die Kurden. In allen Lagern fallen deshalb politische Überzeugung und moralische Orientierung zusammen, und alle Lager sehen das Heil in einer Form des Staates, in der ihre Ideologie Erziehungsprogramm für die Bürger ist. In dieser Form von Streitkultur treffen sich alle gegensätzlichen Lager des politischen Lebens in der Türkei, ‚Laizisten', ‚Islamisten', ‚Alewiten', ‚Türken' und ‚Kurden'. Diese Streitkultur ist Teil ihrer gemeinsamen ‚Wirklichkeit'.

Deshalb besteht die so charakterisierte ‚Wirklichkeit' der türkischen Gesellschaft prinzipiell unabhängig davon, ob islamistische Kräfte politische Anstrengungen im engeren Sinne unternehmen oder nicht und damit prinzipiell unabhängig von einem einflußreichen islamistischen Diskurs. Das heißt, viele der Kriterien, die zur Beschreibung des (islamischen) ‚Fundamentalismus' herangezogen werden wie *„organische Sozialethik"*, *„patriarchaler Moralismus"*, *„Reflektion auf eine ideale Geschichte"* (wenn auch nicht die der Urgemeinde), *„manichäische Aufteilung der Welt in Gut und Böse"*, *„gesetzesethischer Monismus"* (als die ausschließliche Anerkennung nur einer Quelle für Rechtsprinzipien) und *„ideologischer (wenn auch nicht rein religiöser) Republikanismus"*[59] bilden bereits die grundlegenden Deutungsmuster der gesellschaftlichen Wirklichkeit der Türkei.

Ein elaborierter islamistischer Diskurs schöpft seine Überzeugungskraft daraus, daß er auf gültigen Deutungsmustern fußt und sich auf diese Weise in einer anerkannten gesellschaftlichen Wirklichkeit zu verankern weiß.

II. Gesellschaftspolitische Aktivität im Namen des Islam

1. Der politische Islam vor 1980

Die kemalistischen Reformen der zwanziger Jahre hatten die Religion vollständig aus dem öffentlichen Leben verbannt. Wenige Revolten muslimischer Orden wurden niedergeschlagen, und politisch schien der Islam keine Rolle mehr zu spielen. Doch das Ende der Einparteienherrschaft 1950 bedeutete auch das Ende seiner Ausgrenzung aus dem staatlichen und öffentlichen Bereich.

Auch in den Regierungsperioden der Demokratischen Partei (DP) und später in denen der Gerechtigkeitspartei (Adalet Partisi, AP) spielte der explizit politische Islam keine große Rolle. Im Namen der Religion wurden keine sozialen Forderungen gestellt, politische Programme der Opposition wurden nicht mit ‚dem Islam' begründet, kurz, die Unzufriedenheit mit der Herrschaft trat nicht als ausgesprochen religiöse Opposition auf. Die Tatsache, daß die große Mehrheit der Bevölkerung des Landes aus frommen Sunniten bestand, äußerte sich nur in ‚Zugeständnissen', die der laizistische Staat den Gläubigen machte. Die Notwendigkeit einer vorsichtigen Zurücknahme religionsausgrenzender kemalistischer Positionen ergab sich aus dem besonderen Charakter der vorangegangenen Laizisierungspolitik, die durch strikten Zentralismus und durch unvermittelte Härte und Gewalt gekennzeichnet war. Der Staat begann, Rücksicht auf die traditionelle Frömmigkeit der Bevölkerung zu nehmen, und gewährte Erleichterungen hinsichtlich des Religionsunterrichts, der Ausbildung von Religionsdienern, der Ausrichtung von Korankursen, der Pilgerfahrt und des Besuchs von Pilgerstätten, meist Gräbern heiliger Männer.

Dessen ungeachtet verlief von der Republikgründung bis zur Annahme der 1961er Verfassung die innenpolitische Trennungslinie zwischen der Staatsbürokratie, die sich ‚fortschrittlichen' und ‚zivilisatorischen' Projekten verschrieben hatte, und der Masse der Bevölkerung, deren jedwede Unmutsäußerung als religiös reaktionär gebrandmarkt wurde. Diesen faktischen Ausschluß islamischer Identität aus der politischen Partizipation machten sich ab 1950 die verschiedensten Parteien der politischen Rechten zunutze. Nachdem diese Parteien mit den Stimmen der Frommen an die Macht gekommen waren, wurde der Islam mehr und mehr zur geduldeten und in seiner reaktionärsten Form, dem Terrorismus der MHP, vom Staatsapparat geförderten Gegenideologie zur Abwehr linker Bestrebungen. Diese bis 1979 ‚unter der Hand' erfolgende staatliche Nutzung des Islam in der innenpolitischen Auseinandersetzung wurde nach dem Staatsstreich offiziell abgesegnet. Die von einem rechten ‚Intellektuellenkorps' *(Aydınlar Ocağı)* entwickelte national-religiöse Ideologie von der ‚Türkisch-Islamischen Synthese' wurde zur Richtlinie der nationalen Kulturplanung, und einflußreiche Posten in Regierung und Staatsbürokratie wurden mit Mitgliedern des ‚Korps' besetzt. Diese ‚islamischere' Selbstdarstellung des Staates zwang die verschiedenen Gruppierungen, die ihre Politik mit ‚dem Islam' begründeten, dazu, ihr Verhältnis zum Staat und seiner (islamischen) Politik zu bestimmen und ihre Sichtweise als die ‚eigentlich islamische' zu rechtfertigen. Dies führte zu großer Lebendigkeit der inner-islamischen Diskussion.

Sunnitenpartei: ‚Die Partei der Muslime' 2

Die 1970 gegründete Partei der Nationalordnung (MNP) war die erste Partei, die, obwohl sie stark auf die Religion Bezug nahm, nicht bereits kurz nach ihrer Gründung verboten wurde und beachtliche organisatorische Erfolge aufweisen konnte. Trotzdem war die Teilnahme an Wahlen ihrer Nachfolgerin, der Partei des Nationalheils (MSP), vorbehalten. Bei den Parlamentswahlen von 1973 erhielt die MSP landesweit 11,8 % der Stimmen und erzielte ihre prozentual größten Erfolge in den Provinzen Adıyaman, Bingöl, Çorum, Elazığ, Erzurum, Gümüşhane, Malatya, Maraş, Rize, Sivas und Yozgat. Keine dieser Provinzen gilt als industrialisiert und entwickelt, und entsprechend sind zwei von drei der damaligen Wähler der Partei der Landbevölkerung zuzurechnen. Daneben war die MSP in dem sich von Nord nach Süd hinziehenden ‚Alewitengürtel' der Türkei erfolgreich. Diesen kann man grob mit den Provinzen Çorum, Elazığ, Gümüşhane, Malatya, Maraş, Sivas und Yozgat lokalisieren, Provinzen, in denen sich ein hoher Anteil nicht-sunnitischer Muslime findet. Dort ruft die konfessionelle Durchmischung der Bevölkerung eine starke Ausprägung religiöser Identität hervor, von der die pro-islamische Partei zu profitieren vermochte.

Als 1977 ein neues Parlament gewählt wurde, rutschte die MSP trotz einer absoluten Zunahme der erhaltenen Stimmen landesweit auf 6,4 Prozentpunkte ab. In der Liste der Provinzen, in denen sie diesmal anteilsmäßig besonders viele Stimmen bekam, fehlten jetzt Çorum, Rize und Yozgat, und auch in den Provinzen des ‚Alewitengürtels' mußte die Partei prozentual starke Rückgänge hinnehmen. Denn über die sich verschärfenden politischen Auseinandersetzungen zwischen Rechts und Links ging bei dieser Wahl ein Teil der dortigen sunnitisch-konservativen Stimmen an die faschistoide MHP, die den alewitisch-sunnitischen Gegensatz stärker als die MSP auszubeuten in der Lage war. Neu in der Liste der Provinzen, in denen die MSP besonders großen Erfolg hatte, waren 1977 die Namen Bitlis, Diyarbakir, Hakkâri, Konya, Mardin, Muş, Siirt, Urfa und Van, und man kann fast von einem Rückzug der Partei an die Ostgrenzen des Landes sprechen. Denn außer Konya und Urfa sind dies alles unterentwickelte Provinzen mit mehrheitlich kurdischer Bevölkerung.

Die islamistische Partei vor 1980 erscheint demnach als eine Bewegung der traditionellen, religiösen und unterentwickelten Gebiete Zentralanatoliens sowie der kurdischsprechenden Peripherie gegen das in ihren Augen gottlose, laizistische, sie benachteiligende Zentrum im Westen des Landes. In der Reaktion auf ihre ökonomische Benachteiligung und auf den ‚Sittenverfall' des Zentrums trafen sich sunnitische Türken und sunnitische Kurden. Die Abgrenzung gegen die in ihren Augen ungläubigen und kommunistischen Alewiten spielte für die Anhänger der MSP eine wichtige Rolle. Wahlanalysen zeichneten den damaligen typischen Wähler der Partei als provinziell, relativ ungebildet, als Bauern und kleinen Selbständigen mittleren Alters. Die Partei erhielt relativ wenig Unterstützung durch die besonders zur Wahl 1977 hochpolitisierte Jugend, die sich in nationalistischen und sozialistischen Gruppen organisierte und bekriegte. Man propagierte den Schutz von Sitte und Moral sowie ‚die Bekämpfung des Kommunismus' und all dessen, was man dafür hielt. „Den gläubigen Muslimen einen Platz im Parlament", das war die damalige Strategie, und man war, überspitzt formuliert, erst Mitglied einer gläubigen Gemeinschaft und dann Mitglied einer Partei. Diese konnte man jederzeit wechseln und tat es immer dann, wenn der Führer der eigenen religiösen Gemeinschaft, sei es Zirkel oder Orden, meinte, mit seiner Seilschaft in einer der anderen rechten Parteien erfolgreicher zu sein.

Auch in wirtschaftlicher Hinsicht trat der politische Islam vor 1980 für die Interessen der Peripherie gegen das Zentrum ein und nahm dabei auf islamisch verbrämte Vorstellungen von Gerechtigkeit Bezug. Er propagierte Technisierung und Modernisierung bei gleichzeitiger Bewahrung traditioneller kultureller Formen. Der ‚Westen' sollte durch die Übernahme seiner Technologie mit seinen eigenen Waffen geschlagen werden. Die islamische Opposition kritisierte jedoch weder die Moderne, die sie ja in der Türkei erst schaffen wollte, noch die Tradition, auf die sie sich stützte. Als adäquates Mittel zur Erreichung seiner Ziele erschien dem politischen Islam damals nahezu ausschließlich der Staat. In den wirtschaftspolitischen Vorstellungen der MSP ist nur das absolute Zinsverbot als originär islamisches Element bestimmbar, der Rest ist Etatismus. Diese Einstellung hielt sich in den Spitzen der Partei, deren Vorsitzender, Necmettin Erbakan, noch 1993 meinte, daß bis zum

Ende des Zweiten Weltkrieges die Prinzipien Unabhängigkeit, Entwicklung aus eigener Kraft und Industrialisierung in der Türkei bestimmend gewesen seien. Erst „unter Einfluß des Auslandes und unter Regimen, die sich der Nachäffung des Westens verschrieben hatten, wurde nach dem Zweiten Weltkrieg ..." von diesen Prinzipien Abstand genommen.[1] Das Bemühen, eine vom Staat getragene Schwerindustrie aufzubauen und das Land nach zentralen Plänen gleichmäßig zu industrialisieren, durchzog während aller Perioden ihrer Regierungsbeteiligung die Politik der Partei. „Sie ist gegen die Marktordnung und verteidigt eine ‚Gerechte Ordnung'. Sie ist ... gegen den Zins, das heißt gegen den Ertrag untätigen Kapitals", weshalb sie als „utopisch kommunistische Bewegung" charakterisiert werden kann.[2] Doch die Bewegung erhält ihre Inspirationen nicht aus der Zukunft, sondern aus der Vergangenheit: „Als historisch größte *millet* (Religionsnation, Volk) hat unsere *millet* beispielhafte Zivilisationen begründet, der Menschheit den Weg gewiesen, die Pax Islamica errichtet und aufrechterhalten, und sie war dem Westen sowohl auf dem materiellen als auch auf dem geistig-moralischen Felde überlegen. Sie war ihm in den Geistes- und Naturwissenschaften, in der Technologie, in Lehre und Erziehung voraus, und es war insbesondere unsere geistig-moralische Überlegenheit, die die Grundlage für unseren Erfolg in allen diesen Bereichen bildete." Aber dann gewannen „kosmopolitische sowie art- und glaubensfremde Bewegungen" die Oberhand. Zerstört wurden damit „die Sitte und die Tugend, die in der Natur unserer *millet* liegen."[3]

Der *gauchisme* der Religiösen ist ein idealistischer, und der Staat ist zur Verwirklichung der Ideale berufen, als deren Folge allein sich eine zufriedenstellende materielle Existenz einstellen kann: „Unsere Verfassung hat dem Staate den Auftrag gegeben, die Bedingungen dafür zu schaffen, daß sich das Individuum sowohl materiell als auch geistig-moralisch entwickeln kann. ... Unsere Partei glaubt, daß in demokratischen Regimen Frieden und Geborgenheit der Gesellschaft und Stabilität des politischen Lebens nicht allein durch Gesetze erreicht werden können, sondern daß die Gesetze der Ergänzung und Vervollständigung durch die Sittlichkeit bedürfen ... Nur da, wo gute Sitten herrschen, werden die Rechte und Freiheiten, die das demokratische Regime dem einzelnen gewährt, zum Wohle der Gesellschaft genutzt. Und wiederum werden nur in Gesellschaften, in denen Sitte und Tugend bestehen, gesittete und gerechte Personen gewählt."[4]

Die Partei verlangt vom Staat, daß er die Bürger kraft seiner Autorität und notfalls mit sanftem Zwang zu sittlich richtigem Verhalten leitet. Sie bleibt damit dem kemalistischen Entwicklungsmodell vom Staat, der das kulturelle Leben bestimmt und der sowohl Pendant als auch ‚Schmiedepresse' der ihn tragenden Gemeinschaft ist, treu, serviert jedoch ein entgegengesetztes Zivilisationsprogramm. Es sind aufs neue die Beamten und die Institutionen des Staates, in deren Hände der Erfolg gegeben wird. Doch die europäisierten laizistischen Kader sollen religiösen Fachleuten aus staatlichen Schulen weichen, nämlich der beamteten Ulema und ihren Derivaten: die Prüflinge der Predigergymnasien. Die Partei intensiviert den Ausbau dieser Schulen, fordert freien Zugang ihrer Absolventen zu allen Ebenen der Bürokratie und zum Militär, erhöht das Budget der Religionsbehörde, fördert den staatlichen Moscheebau und staatliche Korankurse und tritt offen für eine Bevorzugung religiös Ausgebildeter ein.

Über die Scheriat, die zu dieser Zeit von der Partei nicht offen beim Namen genannt wurde, wußten damals nach ihrer Meinung am besten die Führer der traditionellen Gemeinschaften und Orden und die beamtete Ulema Bescheid. An der Spitze eines auf diese Weise mit seinen Gläubigen versöhnten islamisch-bürokratischen Staates steht der „fromme und gläubige Staatspräsident". So ließ Erbakan am Ende seiner Auftritte im Wahlkampf seine Zuhörer regelmäßig schwören, für die Amtsübernahme eines „gläubigen und frommen" Staatspräsidenten zu kämpfen. Eine solche in sich geschlossene, einheitlich fromme *millet* ist die Materialisierung der Idee von der ‚Volksgemeinschaft', die ohne Feinde nicht auskommt: Die Partei ist denn auch mit der ‚Volksgemeinschaft' eins und

„bietet allen außer Freimaurern, Kommunisten und Zionisten Platz.“[5]

Zwar gingen der Gründung der beiden *millî*-Parteien innerhalb des islamischen Teils der Gesellschaft Diskussionen über die Notwendigkeit einer solchen Organisation für politische Einflußnahme und über die Vereinbarkeit von Parteiarbeit mit Religion voraus, doch so sehr auch die politische Begrenztheit von traditionellen religiösen Organisationen, wie die Orden und die neueren religiösen Schulen, die sich mit der Unterstützung der jeweils stärksten Partei der politischen Rechten begnügten, festgestellt wurde: Die eigene Position als gläubiger Mensch in einem laizistischen Staat und in einer sich säkularisierenden Gesellschaft wurde nicht kritisch beleuchtet. Genauso wenig wurde die traditionelle Form islamischen Lebens mit all seinen Hierarchien, der Ehrung des Alters, der Festschreibung überkommener Geschlechterverhältnisse und der Negierung des Individuums breit diskutiert. Dementsprechend unangetastet blieben damit eng verbundene politische Orientierungen der Muslime, als da waren (und großenteils immer noch sind): die enge Verwobenheit von religiöser und nationaler Identität, die vorbehaltlos positive Betrachtung des untergegangenen türkisch-islamischen Imperiums und die Vorstellung von der Unverzichtbarkeit eines starken Staates. Dieser ist keineswegs nur als Schutz vor äußerer Bedrohung unabdingbar. Zu seinen Aufgaben gehörte (und gehört in der Sicht der meisten Muslime noch immer) die Entwicklung und Lenkung der Ökonomie, die Gestaltung der gesellschaftlichen Struktur und die direkte Regelung aller Beziehungen der gesellschaftlichen Gruppen untereinander, die sich unter seiner Anleitung zu einer idealen Gemeinschaft formieren. Ungeachtet aller Opposition gegen die jeweilige Regierung machten und machen solche sozio-politischen Orientierungen auch aus Partei-Muslimen treue Staatsbürger mit bedingungslosem Bekenntnis zu „Volk, Fahne und Vaterland“.[6]

Die Zielsetzungen der ,Partei der Muslime' vor 1980 erscheinen vor diesem Hintergrund als die Ausformulierung einer Großzahl der Deutungsmuster, die im ersten Teil des Buches als für die *Weltansicht* der türkischen Gesellschaft zentral festgestellt worden sind. Der Erfolg der Partei speist sich einerseits daraus, daß sie die kulturellen Gräben, die die Gesellschaft durchziehen, (wenn auch teilweise nur indirekt) zur Sprache bringt und darüber Anhang rekrutiert. Es handelt sich dabei um den Gegensatz zwischen den laizistischen Eliten und dem gläubigen Volk (Muster 6) genauso wie um den zwischen Alewiten und Sunniten (Muster 11). Die Partei aktiviert diese Gegensätze teilweise darüber, daß sie in ihrer Propaganda die sunnitischen Sittlichkeitsvorstellungen (Muster 4) zur Sprache bringt. Als ihre soziale Basis betrachtet die Partei – ebenso wie das Regime – keine kleinere Gruppe als die *millet* selbst, die türkisch-sunnitsche Religionsnation, die sich über die Partei neu organisieren müsse, weil die ,Volksgemeinschaft' nur so vor ihren Feinden sicher sei. Erhalt und Ausformung dieser ,Volksgemeinschaft' ist die Aufgabe des erzieherischen Staates (Muster 8), dessen natürliche Besitzer die sunnitischen Muslime sind (Muster 11). Letztendlicher Gegner ist der nichtislamische Westen (Muster 1), der mit seinen eigenen Waffen (Übernahme von Technologie, Industrialisierung) und denen der Gläubigen (Zusammenhalt und Frömmigkeit) zu schlagen sei. Der innere Zusammenhalt der Partei ruht auf der gültigen Form sozialer Gesellung und der Ausbildung gemeinschaftsgeprägter Strukturen (Muster 5). Die personalen Beziehungsformen, die einer solchen Gesellung entsprechen, finden sich noch in den Vorstellungen vom gläubigen und sittsamen Staatspräsidenten (Muster 3), dem sich die ,Volksgemeinschaft' gerne anvertraue.

Ungeachtet jeder explizit religiösen Begründung und unabhängig auch von jeder ausländischen Unterstützung erweisen sich damit Struktur, Programm und Politik der Partei des Nationalheils (MSP) als durch und durch ,hausgemacht'. Die zentrale Losung der Partei ist die *millî görüş*, die religionsnationale Perspektive. Agitation und Aktion der Partei bringen so Alltagsbewußtsein nahezu unverändert zur Sprache, und es bedarf keiner ‚Übersetzungen' in theologische oder politisch-theoretische Begriffe. Die Nationale Heilspartei ist mobilisiertes traditionalistisches Milieu, sie ist die Politisierung des ‚Volksgemeinschafts'-Bewußtseins.

2. Die neue islamistische Diskussion

Zwar verfügte die Nationale Heilspartei über aktive Jugendorganisationen, doch hatten diese keinen nennenswerten Einfluß auf Form und Inhalt ihrer Politik, und der Nachwuchs verstand sich eher als Aktionstruppe, die den Anleitungen der Erwachsenen gemäß handelt, denn als Jugendvertretung. Die politische Auseinandersetzung in der Türkei vor 1980 war vom Streit zwischen Links und Rechts bestimmt, eine eigene islamisch-politische Diskussion kam erst danach zur Entfaltung. Die Vernichtung linker und die Ausschaltung rechter Opposition durch den Staatsstreich vom 12. September 1980 schuf ein Klima weitgehender Entpolitisierung und eine intellektuelle Leere, die von der jetzt in den Vordergrund tretenden islamistischen Diskussion gefüllt wurde. Eine Reihe von Faktoren gab dieser Diskussion mächtig Auftrieb: Viele junge Leute nahmen die islamische Revolution im Iran als antiimperialistische Volksbewegung wahr und begannen, den Islam als originäre Widerstandskultur der Dritten Welt zu betrachten. Die Linke, die vor 1980 glaubte, die sozialistische Revolution stünde auf der Tagesordnung, wurde sich mit der Begrüßung des Putsches durch die breite Bevölkerung schlagartig ihrer Isolation bewußt. Viele Mitglieder der militanten Rechten, die vor 1980 davon überzeugt waren, den Staat gegen eine ‚vom Ausland gesteuerte' Linke verteidigen zu müssen, fanden sich zusammen mit ihren Widersachern in den Gefängnissen, und nicht wenige erkannten die intellektuelle Dürftigkeit ihrer Ideologie. Der Staatsstreich war im Namen des Kemalismus, der Ideologie der Verwestlichung, geführt worden. Daß er allen Werten der Demokratie und des Parlamentarismus Hohn sprach, hat ‚den Westen' nicht von seiner Unterstützung abgehalten. Auch dies war ein Grund dafür, daß das Vertrauen in ‚importierte politische Systeme' schwand und die Grenzen im politischen Bewußtsein der Jugend neu gezogen wurden. Doch so sehr die Ablehnung des Westens auch im Zentrum des religio-politischen Denkens der jungen Leute stand, so stark war der Einfluß, den der Westen mit seinen Mustern von Sozialverhalten ausübte. Diese von prinzipieller Gleichheit, von aushandelbaren, gestaltbaren und damit relativ offenen Beziehungen bestimmten Verhaltensmodelle erschienen in einem Umfeld besonders attraktiv, das durchgängig von der Herrschaft der Honoratioren und ‚älteren Brüder', der Achtung traditioneller Hierarchien, der Allgegenwärtigkeit eines überbürokratisierten Staates, der Militarisierung der Gesellschaft und der aus all dem folgenden Zurückdrängung und Unterordnung des Individuums gekennzeichnet war. Jenseits einer soldatischen Korrektheit nämlich hat die Republik keine eigenen Handlungsmuster hervorgebracht und zu keiner eigenen Ästhetik gefunden. Sie hat es nicht vermocht, den Menschen einen Satz neuer Inhalte bereitzustellen, mit deren Hilfe sie ihren von der religiösen Kultur entblößten Alltag hätten sinnhaft ausgestalten können. Es war deshalb die Ideologie des Individuums und die an der Konsumkultur ausgerichtete Ästhetik des Westens, die sich nach der Öffnung des Landes unter Turgut Özal auch unter der Jugend des konservativen und religiös gebundenen Spektrums durchsetzte. Deshalb erscheint der Islamismus in vielen Bereichen als die den muslimischen Ländern eigene Form einer Jugend- und Protestkultur. Es ist kein Zufall, daß die Politisierung des Islam mit einer freiheitlichen, fast antiautoritären Strömung begonnen hat, damit, daß die Jugend sich ein Stück weit von der Aufsicht ‚der Alten' befreite. In einem Gespräch mit zwei Aktivisten über diese Zeit sagten diese, es sei ein allgemeines „Aufwachen" gewesen. Beim Stichwort Aufwachen kommen sie auf die Protestbewegung der sechziger Jahre, die sie beide toll finden. Einer liebt die

Musik aus dieser Zeit, und der andere schwärmt von den damals entwickelten Organisationsformen.

Wie die neue islamistische Diskussion ‚funktioniert', tritt am deutlichsten in Gesprächen und Diskussionen hervor. Denn in Gesprächen werden nicht nur Positionen, die in Artikeln oft lange theoretisch begründet werden, kurz und auf das wesentliche reduziert vorgebracht. Wichtiger noch ist, daß in der Unterhaltung die ideologische Position als die Haltung eines konkreten Individuums auftritt, als die eines Menschen bestimmten Alters, bestimmter Bildung, Herkunft, sozialer Schicht, eines bestimmten Berufs und eines bestimmten Geschlechts. Nur über Interviews läßt sich deshalb verstehen, wie aus abstrakten ideologischen Positionen gelebte und handlungsleitende politische Überzeugungen werden. Wie leicht und problemlos Religion in die politische Betrachtung eingebaut werden kann, zeigt folgende Gesprächspassage, die außerdem Hinweis auf die Trägergruppe der islamistischen Diskussion gibt: Mit D., einem Studenten der islamischen Theologie und künftigem Religionslehrer, und E., einem studierten Astronomen, der z.Zt. zusammen mit zwei Soziologen als Imbißverkäufer arbeitet (sic!), unterhalte ich mich darüber, was sich alles im Laufe der Zeit verändert. Ich behaupte, daß früher der Kampf um die Herrschaft des Islam Pflicht jedes Muslims gewesen sei, heute dagegen jeder ein guter Muslim sein könne, ohne in den Krieg zu ziehen. Das lehnen sie ab. Wenn die muslimischen Staaten stark wären, dann wäre natürlich Eroberung und Errichtung islamischer Herrschaft wieder Thema, allein – die Voraussetzungen dafür seien heute nicht gegeben. Daraufhin – ich hatte gemerkt, daß bei diesem Thema (West-Ost-Verhältnis) auch E., der vorher relativ ‚abgeklärt' geredet und gläubige Leute wegen ihrer „Weltfremdheit" kritisiert hatte, ‚islamisch' wurde – frage ich, was Länder mit muslimischer Bevölkerung wie Pakistan oder die Türkei denn tun müßten, um aus dieser Position der Schwäche herauszukommen, und E. legt los: Man müsse die islamischen Werte wieder gültig machen, die Leute müßten nach dem Islam leben, denn der Islam sei nicht wie andere Religionen auf den Bereich

Gläubiger-Gott beschränkt, sondern regele das gesamte soziale, wirtschaftliche und öffentliche Leben.

Wie am Verlauf des Gesprächs deutlich wird, können selbst Menschen ohne starke religiöse Bindung (wie E.) ausgehend vom Ost-West-Gegensatz ohne weiteres auf die Religion Bezug nehmen und sie in einem zweiten Schritt zur Lösung innenpolitischer Probleme benutzen wollen. ‚Religiöse' Ideologie(-bereitschaft) kann unabhängig von persönlicher Frömmigkeit oder im Namen religiöser Gebote auferlegter Selbstbeschränkung in der Lebensführung existieren. Fast scheint es so, daß erst die intensive Beschäftigung mit dem Corpus islamischer Tradition die unreflektierte Übertragung der religiösen Lehre auf Gegenwartsprobleme und ihre direkte Nutzung als Wahrnehmungsmuster und politisches Programm erschwert. Erst das Wissen um die innere Struktur dieses Corpus, um seine Geschichte und damit um sein prinzipiell vom Heute unabhängiges Bestehen schützt ihn vor seiner schnellen Applizierung auf die aktuellen politischen Verhältnisse.

Im allgemeinen jedoch gilt: Was nach welchen Parametern aus dem Schatz der islamischen Kultur, ihrer Geschichte, ihrer Literatur und ihrer Theologie im engeren Sinne ausgelesen, verstärkt und aufgewertet wird, und auch, was als zweitrangig in den Hintergrund gerückt wird, bestimmt sich nach den Erfordernissen der augenblicklichen gesellschaftlichen Situation. In einer ander Unterhaltung ist die Gestaltbarkeit des islamischen Rechts Thema: F., G. und ich kommen auf die Frage zu sprechen, ob es den heutigen islamischen Schriftgelehrten erlaubt sei, ausgehend von den Prinzipien des islamischen Rechts für neue Situationen neue Urteile zu fällen, ob also – so der theologische Jargon – das „Tor der Rechtsfindung" offen oder geschlossen sei. Ich behaupte, etwas provozierend, dieses „Tor" sei ja wohl geschlossen und neue Interpretationen nicht erlaubt. Nein, meint F., es seien heute nur keine Leute da, die das Format zum erneuernden Rechtsgelehrten, *müctehid,* hätten. G., der auf Islamo-Anarchist macht, meint, natürlich sei das „Tor der Rechtsfindung" offen. Der Islam sei nichts anderes als „der Glaube an Allah, die Liebe zu seinem Propheten und eine gerechte Ordnung", alles andere sei Geschichte. Wir lebten in dieser Welt und müßten sie unseren Bedürfnissen anpassen. Es sei nicht wichtig, die ganzen alten theologischen Meister zu lesen.

Die Elemente dieser funktionalen Definition von Islam lassen sich wie folgt bestimmen: Der ‚Glaube an Allah' steht für die ‚Vertretung des muslimischen Volkes'[7] und damit für die Legitimation der eigenen politischen Aktivität, die ‚Liebe zum Propheten' sichert die kulturelle Abgrenzung vom Westen, und die einzige politisch relevante Komponente ist die Vorstellung von einer ‚Gerechten Ordnung'.

Die Antworten darauf, was ‚der Islam', oder was ‚islamisch' ist, differieren nicht nur kräftig, sondern fallen auch nach dem jeweiligen Niveau unterschiedlich aus. Immer jedoch schimmert aus den entsprechenden Bestimmungen die Auseinandersetzung mit einer konkreten Frage der Gegenwart durch, und immer ist die Definition dessen, ‚was Islam ist', gleichzeitig eine Antwort auf ein aktuelles Anliegen, auf eine Situation, die das Individuum zur Reaktion zwingt, es zwingt, sein Wissen und sein Weltbild zu aktivieren und neu aufzubereiten. Dies zeigt sich an Gesprächen in der Redaktion einer islamistischen Zeitschrift: Die Redakteure bereiten gerade den Titel des nächsten Heftes vor, es geht um Afghanistan. Einer der Redakteure sagt, daß die Lage dort sehr schlimm sei. Eine Zeitlang hätten die muslimischen Gruppen gegeneinander gekämpft, da gebe es Rassisten, unechte, falsche Muslime. Meiner Bemerkung, daß es solche doch in vielen muslimischen Ländern gebe, stimmt er auch für die Türkei zu, er geht sogar so weit zu sagen, daß die Rechten vom Staat benutzt würden, gegen die Linken, meint, man wisse überhaupt nicht mehr, was Islam eigentlich sei. Der Titel ihres letzten Heftes richtete sich gegen die Soft-Porno-Filme in den privaten Fernsehkanälen. Ich spreche die Bemühungen um die Bildung eines islamischen Kanals an. Er meint, die Tageszeitung Türkiye Gazetesi habe mit Probesendungen begonnen. Ich frage ihn, ob man den Sender der Zeitung ‚islamisch' nennen könne. Er meint, sicher nicht so ganz, aber da dieser Kanal keine freizügigen Sendungen bringe, sei er islamisch.[8]

Tatsächlich erscheint heute die Purität, das Verschweigen und Verstecken des Sexuellen, als eine wesentliche Dimension des Islam. Das Wissen darum, daß eine solche Purität der islamischen Kultur früher fremd war, ist verschüttet.

Die große Beanspruchung, die der Islam von denen erfährt, die sich ideologisch und politisch auf ihn beziehen, verlangt indessen eine ganz besondere Qualität der Religion. Einer der jungen Redakteure einer islamistischen Zeitschrift meint, der Islam sei nicht einfach eine Religion, er sei vielmehr die „einzige wahre und richtige Religion, die mit dem allgemeinen Religionsbegriff bei weitem nicht treffend zu erfassen ist".

In einem Gespräch außerhalb der Redaktion seiner Zeitschrift, im Café, betont er immer wieder, daß der Islam eine Religion sei, die die ganze Menschheit einschließe und sehr tolerant sei. Ich sage, daß mich eben genau dieser Punkt interessiere. Meine Generation in Europa habe die traditionelle Religiosität hinter sich gelassen und sei, aus welchen Gründen auch immer, nicht zu einer anderen Auffassung von Religion gelangt. Er meint daraufhin, daß dies ausschließlich am Islam selbst liege, der durch seine umfassende, perfekte Struktur den Menschen die Möglichkeit an die Hand gebe, ihr Verständnis von der Religion immer wieder neu zu entwickeln.

Neben der jeweiligen konkreten Situation ist es heute die intellektuelle Matrix, in der sich der Westen selbst präsentiert, die das ‚Neulesen' der Religion beeinflußt. Oft hangelt man sich deshalb von einer islamisch verbrämten westlichen Vorstellung zur anderen. Ein ehemaliger Aktivist äußert sich kritisch zu seiner anfänglichen islamistischen Begeisterung:

Er wisse auch nicht, wie der Charakter eines islamischen Staates zu bestimmen sei. Ob an der Ausrichtung seiner Praxis an den niedergelegten Schriften oder eher an einer allgemeinen Atmosphäre der Toleranz Schwachen und Minderheiten gegenüber. Auf jeden Fall würde eine Gesellschaft, die ihre innenpolitischen Gegner, welche *den Gesellschaftsaufbau* oder die *herrschende Ideologie* in Frage stellten, ausmerzte, an *fehlender Konkurrenz* und *fehlender Erneuerung* zugrunde gehen und ihre *innere Dynamik* verlieren. (Beachte: hier fallen ausschließlich Begriffe aus der liberalen politischen Diskussion des Westens.) Er sei nach wie vor dabei, „zu lernen, was der Islam ist".

Oder sollte man besser sagen, zu lernen, was ‚der Islam' heute, nach dem Mißerfolg vieler Befreiungsbewegungen und staatlicher Entwicklungsprojekte in Süd und Ost, die alle im Namen klar formulierter ideologischer Positionen aktiv wurden, nur mehr sein kann? Deutlich wird: was immer ‚der Islam' für diesen jungen Mann letztendlich auch ist, er wird seine Bestimmung ‚des Islam' im Hinblick auf Modelle vornehmen, die ihm lebenswert erscheinen, und weil in seinem Denken aus westlicher gesellschaftlicher Erfahrung raffinierte Kategorien wie Konkurrenz, Erneuerung und Dynamik gültige Begriffe sind, wird auch diese neue Bestimmung ‚des Islam' sich in struktureller Anlehnung an und – des weltpolitischen Gegensatzes wegen – gleichzeitig in inhaltlicher Abgrenzung von westlichen Positionen vollziehen.

Ein weiteres Beispiel dafür ist folgender kurzer Ausschnitt aus einem Gespräch, in dem ein ‚modernistisches' Verständnis von Islam auf ein ‚postmodernes' trifft:

E. sagt: Wenn islamische Regeln eingehalten würden, sei es dem Land sicher möglich, sich zu entwickeln und trotzdem die negativen Folgen der Industrialisierung zu vermeiden. D. meint darauf, daß er Islam und Modernisierung für miteinander unverträglich halte. E. sagt, sie vertrügen sich wohl, aber was D. eigentlich mit Modernisierung meine. D. sträubt sich erst, ich dränge ihn, seinem Freund einen Begriff, den er benutzt hat, zu erklären. D. meint, Industrialisierung, die fabrikmäßige Warenproduktion, mache die Menschen zu einem „Anhängsel der Maschine" (sic!), und das widerspreche dem Islam.

Gegen die offensichtliche Strukturierung der Wahrnehmung von Islam durch moderne und westliche Raster, die hier deutlich wird, betonen die Aktivisten jedoch, daß nicht der religiöse Text die augenblickliche Diskussion, sondern die aktuelle Diskussion den Text bestätige:

D. hat Fritjof Capra gelesen, der wie andere postmoderne Denker von islamistischen Verlagen ins Türkische übersetzt worden ist. Er ist von diesem sehr beeindruckt und fragt I. nach seiner Meinung. Der bezeichnet Capra als „Soft-Positivisten", der die indische Philosophie und die Einsteinsche Quantentheorie sich gegenseitig bestätigen sehe. Besser als Capra wäre Paul Feyerabend. Der würde jedem klarmachen, daß man mit Leuten, die anders dächten als man selbst, zusammenleben können müsse. D. sagt daraufhin, daß er dazu Feyerabend nicht brauche, weil ihm das Buch, an das er glaube (der Koran), die gleiche Aufgabe stelle.

Die islamistische Diskussion ist deshalb nur vor dem Hintergrund der sozialen Situation ihrer Träger und unter Berücksichtigung westlicher politischer Ideologien, die freilich ‚islamisch' übersetzt werden, zu verstehen. Tatsächlich hat selbst noch bei den Aktionen der jungen Frauen und ihrer Entscheidung für das Kopftuch antiautoritäres Aufbegehren nach westlichem Vorbild eine Rolle gespielt. Denn viele Studentinnen aus dem religiös gebundenen Teil der Bevölkerung protestierten mit dem an den Universitäten früher strikt verbotenen Kopftuch gegen ein Bildungssystem, das freie Diskussion und Eigenverantwortung ausschloß, gegen Professor(inn)en, die (bis vor kurzem) nahezu ausschließlich aus Bürokraten- und Großbürgerfamilien kamen. Und nicht wenige der jungen Frauen glaubten, sich über das Tragen des Kopftuchs über ihre eigenen Mütter erheben zu können, denen sie jetzt vorwarfen, sich religiös nicht korrekt zu kleiden und ihre Religion nicht richtig zu leben. Die Utensilien der universellen Jugendkultur, westliche Musik und Jeans, Polohemden, Turnschuhe und Fußball, wurden zwar hin und wieder islamisch hinterfragt, doch auch die islamistischen Zeitschriften bekamen ihre Sportseite. Was man am allerwenigsten werden wollte, war „ein guter Bürger".

Inhaltlich konnte die jetzt neu entstehende islamistische Diskussion auf den Ideen ägyptischer und pakistanischer

Theoretiker wie Sayed Kotb, Abû l-A'lâ al-Maudûdi und Hasan al-Bannâ aufbauen, deren Werke bereits in den späten siebziger Jahren ins Türkische übersetzt worden waren. Die dort formulierten Vorstellungen von einem politisch relevanten Islam wurden von einer – nicht städtischen, aber in der Stadt lebenden – Jugend der unteren Mittelschichten aufgenommen. Wie linke und rechte Gruppen vor ihnen, organisierte sie sich um eigene Zeitschriften und fügte damit dem Spektrum der islamischen Gruppierungen in der Türkei ganz neue Felder hinzu. Anders als bei den traditionellen religiösen Gemeinschaften, die ihre Mitglieder in der Regel als solche von Herkunftsgemeinschaften rekrutierten und sich dann als Gemeinschaft mit ihren eigenen Medien in die (politische) Öffentlichkeit begaben, bildete sich diese neue Bewegung direkt über mediale Zusammenhänge wie Zeitschriften und Kleinverlage und rekrutierte mit Hilfe eines Diskurses, der sich relativ unabhängig von einzelnen Gemeinschaften etablierte, auch Individuen gegensätzlicher ideologischer und politischer Herkunft. Die Bücher und Magazine dieser Bewegung wurden innerhalb kurzer Zeit zu den meistgelesenen ideologischen Veröffentlichungen im Lande. Inhaltlich konzentrierten sie sich auf zwei eng miteinander verbundene Themen: auf die grundsätzliche Infragestellung der Universalität westlicher Kultur und auf die Hinterfragung der Legalität des eigenen Staates, der als die Manifestation westlicher und damit nicht-islamischer Herrschaft über Muslime aufgefaßt wurde. Muslimisches Leben in einem solchen Staat erschien unter dieser Perspektive als Widerspruch in sich:

„Ob du unter dieser (Staats-, GS) Ordnung deinen Kopf bedeckst oder nicht, ob in den Schulen Gebetsräume eröffnet werden oder nicht, was macht das für einen Unterschied?“[9]

Die ‚Partei der Muslime‘ hatte sich auf die Führer der traditionellen religiösen Gemeinschaften gestützt und danach getrachtet, die beamtete Ulema für die Islamisierung der Gesellschaft zu benutzen. Für die radikale islamische Jugend hingegen verloren diese Autoritäten, die sich entweder in der bestehenden ‚nicht-islamischen Ordnung‘ einrichten oder gar

,im Auftrage des Staates tätig sind', jegliches Recht, im Namen des ,wirklichen Islam' zu sprechen: „Das traditionelle Verständnis von Religion ist gleichzeitig das beste Mittel, den Fortbestand des Bestehenden zu sichern und das Volk an der Seite des Staates zu halten. Die Religionsbehörde, die Predigergymnasien und die Korankurse sind doch die besten Beispiele dafür. Das Regime stellt Leute wie Hüseyin Hilmi Işık in den Vordergrund, damit das (religiöse, GS) Gesetz im täglichen Leben ohne Folgen bleibt. Wir sind dagegen. In Grabstätten Kerzen aufstellen, heißt das etwa Islam?"[10]

Die Wendung, die die Radikalen vornahmen, war eine vom religiösen Ritual zur religiösen Doktrin. In ihrer Auffassung von islamischem Leben verlagerte sich die Betonung von einer geregelten Anbetung und einer durch Religion legitimierten traditionellen Sittlichkeit, die sich politisch in einem allgemeinen Konservatismus zu äußern pflegt, hin zur Etablierung einer mit der Religion begründeten politischen Theorie, die statt der früher angesagten Konservierung der Verhältnisse ihren Umsturz predigte. Es war primär der ,heilige Text', der sich zur Ableitung einer solchen Theorie anbot, und so erhielt der Koran jetzt über die Zurückweisung von traditionellen Formen religiösen Lebens eine Zentralität, die er im Alltag der Gläubigen allein deshalb nicht hatte, weil kaum einer seinen Inhalt kannte. „Erweisen wir dem Koran wirklich Achtung, wenn wir ihn an einem gut sichtbaren Ort aufstellen, wenn wir ihn freitags und feiertags sowie zur Totenehrung öffnen und vortragen lassen und wenn uns die Stimme des Rezitators einen wohligen Schauer über den Rücken jagt? ... Was heißt es, den Koran zu ehren? Es heißt, keine andere Quelle als Gesetz und Ordnungsfaktor für das Leben anzuerkennen."[11]

Damit war nicht mehr konservative Frömmigkeit Ausdruck idealen Muslimentums, sondern das Leben in einem islamischen Staat. Der bestehende Staat ruhte auf anderen, auf ,nicht-islamischen' Prinzipien, und nach dem Verständnis der islamistischen Jugend hinderte er deshalb die Muslime daran, ihren Glauben zu leben. Die Leute an seiner Spitze konnten keine aufrechten Muslime sein und wurden folgerichtig zu

Ungläubigen erklärt. Gegen die Herrschaft der Ungläubigen haben die Muslime jedoch nur zwei Alternativen: die Auswanderung oder den Heiligen Krieg (Dschihad). Mit der Verketzerung der herrschenden (nominell muslimischen) Clique und mit der Legitimierung selbst des bewaffneten Kampfes gegen sie gelangt das radikale islamistische Denken zu einem vollkommen neuen Ergebnis. Wo, wie in der traditionellen Lehre, das Hervorrufen von Zwietracht – und damit von politischen Fraktionen – unter den Gläubigen als eines der schlimmsten Vergehen gegolten hatte, entschied jetzt im Prinzip der einzelne Muslim selbst über die Angemessenheit der Herrschaft, gegen die er sich notfalls mit religiöser Legitimation erhob. Deshalb zentrierte sich die Diskussion der Radikalen um einen verengten Begriff von Dschihad, und die Konnotation des Terminus, der die spirituelle Anstrengung und das Bemühen des einzelnen Gläubigen um eine sittliche Lebensführung meint, trat in den Hintergrund. Denn der islamischen Theologie ist der bewaffnete Kampf nur der ‚kleine Dschihad'. Als ‚großer Dschihad' gilt die Auseinandersetzung des Menschen mit der eigenen, triebhaften Seele.

Die Partei des Nationalheils präsentierte sich hinsichtlich ihrer inhaltlichen Orientierungen und der von ihr gelebten und favorisierten Sozialstruktur als das getreue Abbild der Weltansicht der türkischen Gesellschaft. Die neue islamistische Diskussion und ihre Träger hingegen fallen mit dieser Weltansicht nicht mehr vollkommen zusammen. Um den Grad und die Qualität der Differenz herauszuarbeiten, braucht es eine nähere Betrachtung des Phänomens Islamismus.

Die ‚Totalität' des Islam

Wenn es um islamische Bewegungen in der politischen Sphäre geht, dann sind sich außenstehende Beobachter und die im Zentrum der Aufmerksamkeit stehenden Aktivisten oft in einem Punkt einig. Man teilt gerne die Meinung, daß der Inhalt der islamistischen Ideologie und die Organisations- und Aktionsformen der Bewegung direkt mit ‚dem Islam' zu tun hätten, der letztendlich die Gestalt beider Phänomene bestimme. Das impliziert, daß neben der Religion in der muslimischen Welt nichts wirkliche Bedeutung habe und diese damit alle Sphären des menschlichen Lebens ausrichte. Diese Perspektive, die Edward Said als Produkt der westlichen, besonders der englischen und französischen Orientalistik herausgearbeitet hat, taucht, wenn auch in gegensätzlicher Bewertung, als Grundannahme der Islamisten auf, die mit der Kenntnis und der Anwendung des Islam glauben, den Schlüssel für die Lösung aller gesellschaftlichen und politischen Probleme gefunden zu haben.

Weil nach dieser Lesart in der islamischen Welt nicht zwischen Diesseitigem und Jenseitigem unterschieden wird, muß das Jenseitige, über das die Religion Auskunft gibt, zwangsläufig das Diesseitige bestimmen, und folgerichtig gilt alle Säkularisierung als zum Scheitern verurteilt. Das ist auch der Ausgangspunkt für die Diskussion der Islamisten. Einer, der sich selbst mit dem Nimbus des islamistischen Radikalen umgibt, meint dazu: Natürlich könne es keinen säkularen Islam geben. Der Islam regele die weltlichen Dinge. Eine Religion zu haben und davon auszugehen, daß sie mit der Welt nichts zu tun habe, das sei doch widersinnig. Wie könne es denn angehen, fährt er fort, daß ein Rechtssystem sich mit dem Strafrecht beschäftigt, mit dem Handelsrecht hingegen nicht.

Wie in dieser Stellungnahme ist es in der Regel das islamische Recht, die Scheriat, die als Beweis dafür herangezogen wird, daß sich in den muslimischen Ländern kein Bereich des sozialen Lebens der Herrschaft der Religion entziehen könne und damit keinerlei Verweltlichung möglich sei. In einem zweiten Schritt wird dann mit dem so gefolgerten ‚totalen Charakter des Islam' auch die Allumfassendheit seines Rechtssystems ‚belegt'. Beide Annahmen jedoch, sowohl die von der buchstabengetreuen Geltung des religiösen Rechts in den muslimischen Gesellschaften als auch die von der Existenz der alles regelnden und in sich geschlossenen Scheriat, sind falsch.

Tatsächlich stellte die Ausarbeitung eines einheitlichen, in sich geschlossenen Rechts die muslimischen Länder vor „unüberwindbare Schwierigkeiten". In den jungen muslimischen Nationalstaaten erfolgte die systematisierende Kodifizierung des islamischen Rechts nach dem Vorbild der europäischen Gesetzbücher, und man kam und kommt nicht umhin, immer wieder auf Hilfskonstruktionen zurückzugreifen, die dem europäischen Recht entlehnt sind. Die ‚islamischen Lösungen', die auf diese Weise entwickelt wurden, finden sich häufig in keiner der traditionellen islamischen Rechtsschulen und widersprechen bisweilen den niedergelegten islamischen Vorschriften diametral. Beispiele aus dem Familienrecht sind die Polygamie, die, obwohl traditionell erlaubt, heute stark eingeschränkt ist, und die Adoption, die, obwohl traditionellerweise verboten, heute erlaubt wird.[12] Im Bereich des Vermögensrechts wird das nur wenig entwickelte islamische Recht in der Praxis nahezu vollkommen beiseite gelassen. Die arabischen Länder übernahmen in großem Maße weitgehend nach französischer Vorlage in Ägypten entwickeltes positives Recht, und der Iran hat selbst nach der islamischen Revolution das ebenfalls stark französisch beeinflußte Zivilgesetzbuch in Geltung belassen. Da auch vom islamischen Strafrecht nicht als von einem in sich geschlossenen Gesetz gesprochen werden kann, ist offensichtlich, daß die Scheriat als Rechtssystem noch ihrer Ausformulierung harrt, und auch, daß, so es zu einer solchen kommen sollte, es nicht bei einer Version bleiben wird.

Auch die fehlende Institutionalisierung der Scheriat verbietet es, sie mit positivem europäischem Recht gleichzusetzen. Denn die Scheriat ist an keine Institution, wie etwa eine hierarchisch strukturierte Kirche, gebunden, die Entscheidungen, welche sich nicht direkt aus den heiligen Texten herbeiführen lassen, ein für allemal verpflichtend und damit zu unhinterfragbaren Ausgangspunkten für alle folgenden machen könnte. Die islamischen Gutachten (Fetwas) gelten immer nur für das Hier und Heute, können von anderen religiösen Autoritäten jederzeit aufgehoben werden, und selbst den Schiiten, deren Ulema als Klasse am geschlossensten auftritt, gilt die Entscheidung eines anerkannten Religionsgelehrten nur Zeit seines Lebens als unumstößlich.

Von einer Deckungsgleichheit des politischen und religiösen Bereichs im Islam kann nur für die ersten 30 Jahre seiner 1300 Jahre langen Geschichte gesprochen werden. Während der gesamten übrigen Zeit hat sich die sunnitische Ulema mit der Autonomie der politischen Macht der Herrscherhäuser, Sultane und Emire von der Religion, sprich: von der Gemeinschaft der Muslime, abgefunden und hat sich damit begnügt, die Gültigkeit der Scheriat in den nicht mit der Herrschaft verflochtenen Bereichen der ‚zivilen Gesellschaft' zu bewahren. Nur in diesem, der politischen Macht parallel gelagerten, Feld waren die Beziehungen der Gläubigen untereinander und ihr Verhältnis zu den Ungläubigen von der Scheriat bestimmt, deren Gültigkeit jedoch gleichzeitig verhinderte, daß der politische Pol, dessen Einmischung in diesem Bereich als Willkür aufgefaßt wurde, zur Quelle eines positiven Rechts werden konnte. Deshalb bestand im Islam zwar eine „dem Staat gegenüber indifferente zivile Gesellschaft, jedoch kein orientalischer Despotismus"[13]. Es war im Gegenteil das so gelagerte Verhältnis zwischen politischem und zivilem Bereich, das dafür sorgte, daß Totalitarismus „im Sinne der vollständigen Einnahme des gesellschaftlichen Raumes durch die Politik (die Herrschaft, GS)" in der islamischen Geschichte unbekannt war.

Der islamistische Staat 1: Die Einheit von Glauben und Leben

Ziel des politischen Wirkens der Islamisten ist der islamische Staat, den der Pakistaner Maudûdî offen als einen ideologischen Staat bestimmt: „Ein Charakteristikum des Islamischen Staates ist, daß er ein ideologischer Staat ist. Eine sorgfältige Prüfung des Korans und der Sunna zeigt, daß der Staat im Islam auf einer Ideologie ruht, und daß er danach strebt, diese Ideologie durchzusetzen. Der Staat ist Mittel zur Reform und muß entsprechend handeln. Aus dieser Natur des Islamischen

Staates folgt zwingend, daß er nur von denen regiert werden sollte, die an die Ideologie glauben, auf der er ruht, und an das Göttliche Recht, dessen Anwendung vorgesehen ist."[14]

Auch in der Schia wurde der Islam als Auftrag zur Veränderung interpretiert, und auch hier wird unbedacht die Grenze von Religion und Politik überschritten: „Der Kampf für Freiheit und Gerechtigkeit verfolgt seinen Weg, so wie ein Fluß sein Bett. Abraham, Moses, Jesus und Muhammed, Ali, Hasan und Huseyn und wie viele auch noch folgen mögen bis zum Ende der Zeiten, es wird kein Ende haben, bis diese Bewegung (der Befreiung, GS) auf der ganzen Welt gesiegt hat. ... diese Bewegung wurde von den Propheten begonnen, auf sie folgte der letzte der Propheten (Muhammed, GS), dann die Imame und während der langen Perioden ihrer Entrückung schließlich die Wissenschaft."[15]

In dieser Argumentation erfüllen Religion und moderne Wissenschaft die gleichen Aufgaben – sie erläutern die Gesetze des sozialen Mechanismus Gesellschaft, und sie sind beide gleichermaßen Wegweiser der modernen politischen Bewegung, ihre Ideologie. Folglich wird auch in der Schia der Islam als Ideologie definiert:

„Es gibt heute zwei herrschende Imame, zwei Imamate, heute existieren zweierlei Schia, zweierlei Islam. Der eine ist der Islam als Ideologie, ... der andere ist der Islam als Kultur. ... als Ideologie bringt der Islam Glaubenskämpfer hervor, als Kultur hingegen Erneuerer der Lehre."[16]

Wo der Islam wie hier als Ideologie und als Kultur bestimmt wird, da verschwindet er als Religion. Bedingung für die Entstehung politischer Ideologie ist deshalb die Schwächung der religiösen Gewißheiten, die mit dem Ausbruch der Moderne in Europa und mit ihrem Einbruch als europäische in die islamische Welt erfolgt. Die islamischen politischen Bewegungen können mit ihrem Bestreben, die Religion als Ideologie „zu institutionalisieren", nur als Reaktion auf diese Schwächung verstanden werden.

Der Verlust gelebter Religiosität führt zur Konzentration auf die theoretische Gestalt der Religion, ihre Theologie. Deren Grundprinzip, die Einheit Allahs *(tevhid)*, die früher die (sinnhafte) Einheit der Gemeinschaft widerspiegelte, wird nun zum Fokus der politischen Ideologie, die die verlorengegangene (sinnhafte) Einheit auf neuer, gesellschaftlicher Ebene wiederherstellen will. Die ideologische Haltung präsentiert sich als Glaubensvorschrift: „Der Glaube an die Einheit *(tevhid)* und die Souveränität Allahs ist die Grundlage des sozialen und sittlichen Systems, das von den Propheten verkündet wurde. Es ist der Ausgangspunkt der islamischen politischen Philosophie. Grundprinzip des Islam ist, daß die Menschen davon Abstand nehmen müssen, sei es als Individuen oder als Gruppe, über andere zu bestimmen, Gesetze zu erlassen oder Macht auszuüben.“[17]

Über den Zwischenschritt, daß der Glaube an Allah eine „politische Philosophie“ einschließe, die sich in einem sozialen und sittlichen System verwirkliche, wird die Grundaussage des Glaubens – die Einheit Allahs – zu der nach diesem Glauben absolut notwendigen – heute wieder zu schaffenden – Einheit der Gesellschaft. Das Diesseitige und das Jenseitige tauschen die Plätze. Was notwendige Eigenschaft Allahs ist (die Einheit), wird jetzt der Gesellschaft zugeschrieben, und folgerichtig ist der Kampf für die Einheit der Gesellschaft in diesem Sinne der Kampf für den Glauben. Dabei erklärt der heilige Text, welche Form die Gesellschaft annehmen muß, die durch eine abhängige Modernisierung aus dem Lot gekommen ist.

Auf der anderen Seite jedoch ist die Gesellschaft jetzt (wenn auch in ihrer nach bewußter Veränderung durch die Gläubigen schreienden Negativität) die Matrix, vor der die Schrift allein zu verstehen ist, nämlich als Anleitung zum politischen Handeln.

Die jungen türkischen Muslime ziehen die Konsequenzen dieser Argumentation. Einer, der sich selbst als radikalen Islamisten bezeichnet, beruft sich für seine politische Orientierung auf Maudûdî: Dieser sei von der etymologischen Bedeutung des Wortes Allah ausgegangen. Das meine eben Gesetzgeber, Leiter, Herrscher. Und deshalb könne niemand anderer als Allah herrschen und könnten nur seine Gesetze gültig sein, und deshalb sei, was daneben besteht, nicht legitim. Auch der Mitarbeiter eines islamistischen Buchverlags argumentiert in die gleiche Richtung: Das ganze Elend (der islamischen Welt) rühre nur daher, daß der Mensch sich anmaße, nach seinen eigenen Gesetzen zu leben, wo es doch nur Gott zustehe, Gesetze zu erlassen. Wer so die Kompetenz Gottes anderen Menschen oder sich selbst zuspreche, der geselle dem einen Gott andere hinzu. Wer den Gesetzen anderer gehorche, der bete diese und nicht Gott an, der betreibe Vielgötterei, das nach der Scheriat schlimmste Verbrechen.

Das Volk: ‚Allah'

Das Verständnis des Wortes Allah bildet sich hier vor den Begriffen Legislative und Exekutive, und obwohl das Wort denjenigen meint, der die Staatsgewalt tatsächlich ausübt, wird Allah „als politischer Souverän" bezeichnet. Zwar werden alle politischen Rechte des Menschen verneint, doch die Proklamation des neuen politischen Souveräns ‚Allah' richtet sich gegen die tatsächlichen politischen Souveräne der muslimischen Länder, gegen ihre Regierungen, die im Namen von säkularen politischen Ideologien wie Nationalismus oder Sozialismus herrschen.

Mit dem Ziel, die Macht des Sultans zu brechen, haben bereits die Muslime des 19. Jahrhunderts damit begonnen, sich den Islam als Staatsmodell und die Scheriat als die Rechtsordnung dieses Staates vorzustellen. Auf doppelte Weise war Europa an diesem neuen Verständnis der Muslime von ihrer Religion beteiligt: Der europäische Konstitutionalismus lieferte das Modell der legitimen Beschränkung der Macht des Herrschers, und die kulturelle und politische Herrschaft Europas über die islamische Welt verunmöglichte eine begründende Bezugnahme auf die Werte (des Feindes), in deren Namen diese Modelle in Europa hervorgebracht wurden. „Beide Gruppen aber meinten das gleiche: Ein übergeordnetes Gesetz (Islam oder Naturrecht) mache den Menschen zum Souverän."[18]

Hinter ‚Allah', den die islamistischen Gruppen unserer Tage zum Souverän proklamieren, verbirgt sich nichts anderes als das Volk, oder besser die Vorstellung, die sich eine Gruppe vom ‚Volk' macht, die sich selbst in ihrem Alltagshandeln, ihrer religiösen Praxis und ihren politischen Überzeugungen von der traditionellen Bevölkerung gelöst hat. Wenn Islamisten „im Namen Allahs" handeln, dann handeln sie im Namen eines idealisierten Volkes, wie es Radikale sozialistischer und nationalistischer Provenienz ebenfalls tun. Der 24jährige Aktivist einer islamistischen Studentengruppe faßt das in folgende Worte: Wenn er nicht davon ausgehen könne, daß der Islam für die *musta'zafin* (die Schwachen) gegen die *müstekbirin* (die Unterdrücker) Partei ergreife, letztere verurteile und ihre Entmachtung fordere, weshalb solle er dann glauben?

So sehr man sich im Namen ‚Allahs' auf das Volk beruft, so wenig ist man bereit, die Autoritätsfixierung des Volkes zu teilen. Auch heute ist die islamistische Orientierung den jungen Muslimen Mittel, sich den Anforderungen der für sie illegitimen staatlichen Gewalt zu entziehen und den Sinn ihres Lebens und Handelns autonom zu setzen, unabhängig von den Vorgaben, die Staat und Tradition setzen. Beispiel dafür ist die Haltung eines ihrer Aktivisten zum ‚Dienst am Vaterland':

Die radikalen Islamisten täten alles, um nicht zur türkischen Armee eingezogen zu werden, um dort nicht die „kemalistischen Gebete" aufsagen zu müssen und nicht in die Lage zu kommen, gegen die muslimischen Kurden kämpfen zu müssen. In den ländlichen Gebieten Anatoliens dagegen, in denen ein traditionelles Islam-Verständnis die gesellschaftlichen Hierarchien heiligt, ist der junge Mann, der nicht zum Militär eingezogen wird, für sein Leben gezeichnet. Er gilt nicht als vollwertig, und entsprechend flehen Ausgemusterte darum, in die Truppe aufgenommen zu werden.

Für die islamistische Avantgarde, die sich selbst als der ‚politisch bewußte Teil' der gläubigen Bevölkerung versteht, wird das Merkmal dieser Bevölkerung – der islamische Glaube – zur Legitimation der eigenen Gruppe, die vorgibt, im Sinne der wohlverstandenen Interessen dieser Bevölkerung zu handeln: Im Namen der alleinigen Souveränität Allahs wird das Volk (unter Leitung der Islamisten) zum Handeln gerufen. Jenseits aller theo-ideologischen Denunzierung menschlicher Rechte ist es nämlich auch in ihren Augen allein das Volk, das zur notwendigen Verbesserung der Verhältnisse in der Lage ist.

Was die politische Strategie der Radikalen zur Gewinnung des Volkes betrifft, offenbart das als Vorbild genommene „Goldene Zeitalter des Islam" dem islamistischen Suchenden nicht nur die (nach der Lehre notwendige) Kontinuität der Problemlagen, die es ihm erlaubt, ‚aus der (islamischen) Geschichte zu lernen', sondern er findet auch Handlungsmodelle von nur für den Ungläubigen erstaunlicher Aktualität: Daß die Moscheen voll sind und die Leute alle fasten, so der interviewte Aktivist, das seien keineswegs Zeichen dafür, daß sie auch bereit wären, sich für islamistische Entwürfe zu begeistern oder sich zu engagieren. Angesichts dieses Stands der Dinge plädiere er dafür, marginal zu bleiben und über einen Kampfes- und Leidensprozeß dem Volk Vorbild zu sein und auf diese Art und Weise Anhänger zu gewinnen. Die Propheten seien, wenn sie mit ihrer Botschaft hervortraten, in aller Regel nicht nur auf das Unverständnis der Bevölkerung, sondern gar auf ihre Feindschaft gestoßen. Wesentlich sei, daß die Propheten in ihrer Verkündigung nicht zurückgegangen wären, keine Abstriche gemacht, sondern sich gegen die Gesellschaft behauptet hätten. So müßten auch die Islamisten handeln, und nach einer Zeit der Opfer, der Leiden und der Selbstbehauptung würde ihr Beispiel Schule machen.

In dieser Argumentation ist das Volk die eigentlich entscheidende Größe. Es zu gewinnen und zum von ihm anerkannten Vertreter zu werden, ist quasi die Erlangung der göttlichen Gnade und rechtfertigt deshalb Leiden und Verlust. Der Begriff Volk erhält hier einen der etymologischen Bedeutung des Wortes entgegengesetzten Charakter. *Halk* (das Volk, das Schaffen [Gottes = *halik*], das [von ihm] Geschaffene, [seine] Geschöpfe = *mahlukat)* hat eine sehr unterschiedliche Konnotation zu Volk als Träger von Rechten, als Summe der politischen Subjekte. Die Anklänge an linke Guerilla- und Stadtguerillatheorien in der islamistischen Diskussion sind denn auch nicht zu überhören. Die islamische Avantgarde verzichtet ob ihrer Volks-Orientierung sogar darauf, ihre inhaltliche Autorität zu einer formalen zu machen, wo doch die inhaltliche Vorgabe – den Islam richtig leben – theoretisch den ganzen Kampf zu begründen hat. Statt dessen herrscht eine Atmosphäre von „dem Volke dienen“, so der Titel einer chinesischen Zeitschrift in den siebziger Jahren. Dabei weiß man natürlich besser als das Volk, was diesem dienlich ist, und ist keineswegs bereit, die nationalistisch-staatstreue, rechtskonservative Orientierung der traditionell lebenden Muslime zu übernehmen. Obwohl man die eigene politische Haltung, die zu der traditioneller Muslime konträr ist, theo-ideologisch zu begründen weiß, wird eine Herrschaft der ‚islamistischen Vorhut‘ über das Volk oft abgelehnt:

Wesentlich sei jedoch, daß eine solche (s.o.) Verweigerung der Integration in die Gesellschaft auf keinen Fall heißen dürfe, daß diese Gruppe die Wahrheit für sich alleine beanspruche. Vielmehr müsse sie nach wie vor kritisierbar und offen bleiben. Auch dafür gebe es Vorbilder in der islamischen Geschichte: Der zweite Kalif, ‘Umar, eigentlich ein unduldsamer und gewalttätiger Mensch, habe sich gefragt, was denn geschehe, wenn er falsch entscheide und keiner sich traue, gegen ihn aufzustehen und ihn zu korrigieren. Ein Gefährte des Propheten habe daraufhin seine Hand ans Schwert gelegt und gesagt: „Mach’ Dir keine Sorgen, wenn Du vom rechten Pfade abweichst, dann bringen wir Dich mit dem Schwert auf diesen zurück.“

Was heute aus den Texten als bereits immer und unabhängig von aller Entwicklung in ihnen Enthaltenes ‚heraus‘- tatsächlich jedoch in sie ‚hinein‘-gelesen wird, wie hier Ideen von direkter Demokratie und von Kontrolle der politischen Macht durch die ihr Unterworfenen – sogar die Idee allgemeiner Volksbewaffnung klingt an –, ist unabhängig von den Theorien der linken Bewegungen des Zentrums und der antikolonialistischen und antiimperialistischen Befreiungsbewegungen der Peripherie nicht zu entschlüsseln.

Bis hierher erscheint Islamismus als Ergebnis von gesellschaftlicher Differenzierung und als Bemühen um ihre theoretische Reflexion. Als Ergebnis, weil sein intellektueller Träger, der in säkularen Schulen erzogene und ökonomisch mangelhaft integrierte akademische Nachwuchs, eine in ihrer Qualität und Quantität neue soziale Gruppe darstellt, als Reflexion, weil seine theoretischen Entwürfe ein ‚Wieder-Lesen' der Texte unter dem Eindruck umbrechender sozialer Verhältnisse sind. Islamismus ist jedoch gleichzeitig ein Versuch, die in Unordnung geratene soziale Welt neu zu formen. Die Notwendigkeit dieser Formierung spricht aus den Ausführungen Hasan al-Bannâs:

„Lange haben Demokratien die Welt regiert, und die Menschheit pries ihre Erfolge: Freiheit des Individuums, Freiheit der Nationen, Gedankenfreiheit, Gerechtigkeit und Freiheit auch für die menschliche Seele, Freiheit des Wollens und Handelns und Gerechtigkeit für das einfache Volk, das zur Quelle der Macht wurde. Die Siege im Ersten Weltkrieg verstärkten diese Überzeugungen, aber bald stellte die Menschheit fest, daß ihre kollektive Freiheit Schaden genommen hatte, daß individuelle Freiheit schnell in Anarchismus umschlagen kann und daß die Volksherrschaft nur in wenigen Fällen nicht zu einer verdeckten Diktatur geworden war und sich frei von der Kontrolle der Justiz der Verantwortung entzog. Laster und Gewalt führten zum Niedergang von Völkern und Nationen, zum Zusammenbruch von institutionellen und familiären Strukturen und zur Errichtung von diktatorischen Regimen. So kamen der deutsche Nazismus und der italienische Faschismus auf die Bühne; Mussolini und Hitler brachten ihren Völkern Einheit, Ordnung, Wiederaufstieg, Macht und Glorie. In kürzester Zeit sicherten sie die Ordnung im Innern und verschafften sich durch Stärke und Kraft Achtung im Ausland. Ihre Regime gaben wirklich Anlaß zur Hoffnung, zu Vorstellungen von Treue und Beständigkeit und zum Gedanken einer Neuordnung der durcheinandergeratenen Menschheit rund um die Begriffe ‚Chef' und ‚Ordnung'."[19]

Es ist der Zerfall der hierarchisch gegliederten Gemeinschaften, der die planmäßige Neugestaltung der Sozialbeziehungen notwendig macht. Wenn er von den Voraussetzungen für die neue Ära der Muslime spricht, macht Hasan al-Bannâ nebenbei deutlich, wie das Konzept für die Neuformung der Verhältnisse aus der von diesen Verhältnissen geprägten Wahrnehmung des Textes folgt:

„... das islamische (Ritual-)Gebet, das wir fünfmal am Tag verrichten, ist nichts anderes als ein tägliches Einüben von Sozialorganisation, ein Einüben, das die Charakteristika des kommunistischen Regimes mit denen des diktatorischen und des demokratischen Regimes verbindet.“[20]

Die gesellschaftlichen Ordnungsprinzipien, die Hasan al-Bannâ während und durch das Ritualgebet eingeübt sieht, sind folgende: die prinzipielle Gleichheit der Gläubigen untereinander und vor Gott (dies der Aspekt des Kommunismus), ihr absolutes Sich-Fügen in die gemeinsame Aktion (dies der Aspekt der Diktatur, des Faschismus) und das Recht zur Kritik an der Leitung, wenn diese die Regeln verletzt (dies der Aspekt der Demokratie).[21] Eine so im Weltlichen ruhende religiöse Aktivität findet in der Wiederherstellung einer aus dem Lot geratenen Gesellschaftlichkeit ihre eigentliche Triebkraft. Es geht um die Restaurierung von sozialer Ordnung, und Religiosität, die sich bisher in der Relativierung des Diesseits gefiel, erschöpft sich heute zunehmend in seiner Gestaltung. Im gleichen Sinne argumentiert ein türkischer Aktivist:

Der Islam verlange keinen Glauben. Nicht „gläubig sein“ werde verlangt, sondern „Muslim sein“. Nicht die Vorstellungen würden vorgeschrieben, sondern die Handlungen. Nicht eine zwangsweise Übernahme von Gedanken sei Thema, sondern „sich überantworten, sich einfügen“ in die Gemeinschaft der Gläubigen. „So, wie man nicht an die Demokratie glauben, sondern nur ihre Regeln befolgen muß, so muß man auch im Islam nicht glauben, sondern seine Regeln befolgen“.

Das Wort Islam (Unterwerfung) meint nach dieser Lesart nicht mehr Fügung unter den göttlichen Willen und die göttlichen Forderungen, sondern Einordnung in die menschliche Gemeinschaft, in die Gesellschaft und in ihre entscheidende

Größe, ‚das Volk'. Deutlicher läßt sich nicht herausstellen, daß eine neue ‚Wirklichkeit', die säkulare Gesellschaft, an die Stelle der ‚göttlichen Wirklichkeit' getreten ist und daß das Handeln des Gläubigen sich heute auf das Diesseits und nicht mehr auf das Jenseits ausrichten muß, wie es doch zu jedem originär religiösen Bewußtsein gehört. Weil die Religion in den neuen Erfordernissen auf ihre Regeln hin befragt wird, treten diese hervor und bilden jetzt (dem politischen Gebrauch gemäß) ein Regelsystem, dem es im Prinzip nicht mehr auf die intellektuelle und emotionale Einbindung des einzelnen ankommt, und das deshalb intellektuellen Pluralismus anerkennen kann. Eine Ansicht, die trotz des immer wieder beschworenen Gesetzescharakters des Islam die Dinge insofern auf den Kopf stellt, als sie das Bezeugen des einen Gottes negiert, das im Zentrum der Religion steht.

Der politisierte und ideologisierte Islam, der ab Mitte der achtziger Jahre auch in der Türkei zu starkem Einfluß kam, stellt die Legitimität der politischen Herrschaft in Frage, indem er sie verketzert. Er wendet sich gegen die Herrschaft von Dynastien und modernen Eliten, die den Staat als Privatbesitz betrachten, und lehnt auch eine im Namen säkularer Ideologien ‚verstaatlichte Gesellschaft' ab. Unter Berufung auf die heiligen Texte formuliert der Islamismus eine Ideologie, die einerseits politische Partizipation ermöglicht, jedoch andererseits das Ziel des politischen Engagements vorgibt: die formierte, sittliche Gesellschaft. Deren Grundlage ist die theologisch legitimierte gesellschaftliche Einheitlichkeit, die auf allen Ebenen aufscheinen soll, in der Anbetung wie in der Politik, in der Wirtschaft wie im Privatleben.

Zwar ist es zum wiederholten Male im Verlauf der muslimischen Geistesgeschichte die Zeit der muslimischen Urgemeinde unter dem Propheten, die idealisiert wird. Doch der Unterschied zu allen vorhergehenden Rückbesinnungen zeigt sich an folgenden Punkten: Zum einen dient dieses Modell – anders als bei seiner Nutzung durch die Islamisten des 19. Jahrhunderts, welche sich gegen koloniale Herrscher wandten – heute dazu, die Legitimität der einheimischen und muslimischen politischen Herrschaft zu verneinen. Zum zweiten soll die in der islamischen Geschichte faktisch immer vorhandene Autonomie des Herrschers von der Gemeinschaft der Gläubigen aufgehoben werden und damit der Trennung des politischen Feldes von der Scheriat, die die Ulema zugestanden hatte, ein Ende bereitet und Allah an die Stelle des Herrschers gesetzt werden. So alt der Ruf nach einem gerechten Herrscher ist, so neu ist die Verneinung menschlicher Herrschaft überhaupt. Zum dritten sind es die begrifflich in sich geschlossenen politischen Theorien des Westens, die die Ausarbeitung der Scheriat zum Rechtssystem und des Islam zur Ideologie ermöglichen. Es sind darüber hinaus die Institutionen (Verwaltungen, Schulen, Sicherheitsapparate, Medien) des modernen Staates, die zur Erreichung dieses Ziels in der nur in Ansätzen modernisierten Gesellschaft benutzt werden sollen.

Die Scheriat verliert auf diese Weise ihre beiden oben festgestellten ‚Mängel', ihre inhaltliche Inkonsistenz und ihre fehlende institutionelle Verankerung, die dafür sorgten, daß sich der politische Bereich nie zum absoluten Herrscher der privaten Beziehungen machen konnte, eine Aufgabe, die ihm jetzt als Betreiber der allgemeinen Versittlichung zugeschrieben wird. Es sind damit die Strukturen der modernen politischen Theorien, die den Islam zur Ideologie machen, es ist das Vorbild des positiven Rechts in Europa, das die Scheriat zum Rechtssystem gestaltet, und es sind die institutionellen Mittel des modernen Staates, die den muslimischen Staaten heute den Weg zu einer totalitären Entwicklung öffnen.

Eine neue islamische Ästhetik

Da die Bedeutung, die der politisierte Gläubige seiner Religion zuschreibt, mit deren Umarbeitung zur Ideologie eine grundsätzlich andere wird und sich ihr ‚Gebrauch' ändert, werden im Verlauf dieses Prozesses auch religiöse Überzeugungen und Zugehörigkeiten gänzlich neu dargestellt. Neue Symbole geben neuen Inhalten Ausdruck, die neue Formen sozialer Organisation legitimieren sollen. Islamisten lehnen das ‚überkommene' Religionsverständnis der Bevölkerung ab, und ihnen erscheinen dessen Ausdrucksformen als unbrauchbar, aber auch als ‚nicht schön'. Doch die Hervorbringung einer neuen Ästhetik geschieht nicht im luftleeren Raum, und es sind westliche Muster im weitesten Sinne, die sich in den kulturellen Produktionen der Islamisten durchsetzten. Beispiel für die Geschmacksänderung ist der Redakteur einer islamistischen Zeitschrift: *İlahiler* (religiöse Lieder in ausgefeiltem alttürkischen Stil) und *halk müziği* (Folklore mit oft alewitisch geprägten Texten) findet er ebenso wie *arabesk* (schnelle arabisierte Rhythmen) überhaupt nicht schön. Er schwärmt für klassische europäische Musik und für anglo-amerikanische Popmusik. Wenn Islamisten selbst Musik machen, dann meist gezähmten Beat mit kämpferischen Texten. Um die religionsgesetzliche Zulässigkeit ihrer propagandistischen Marsch- und Popmusik streiten sie sich mit den religiösen Autoritäten, denen sie Beweise aus den Texten und Dogmata für deren Ächtung ihrer Musik abverlangen.

Weil die traditionelle Symbolisierung der Religion in den Augen der Islamisten mit heute ungültigen Perspektiven und Handlungsbereitschaften durchdrungen ist, müssen sie ihre neue Interpretation des Islam mit Hilfe neuer Symbole ausdrücken. Und weil der Islamismus mit säkularen politischen Ideologien in Wettstreit tritt, sind seine Ausdrucksweisen denen säkularer Ideologien nachempfunden: Man produziert Revolutionssymbolik. In einem der Außenbezirke Istanbuls veranstaltet eine Gruppe von Radikalen einen ‚Solidaritätsabend': Der Saal ist martialisch geschmückt. Auf riesigen Plakaten halten Unterarme und Hände, die sich wie die Wurzeln eines Baumes zu einem Stamm vereinigen, die grüne Fahne mit dem ersten Satz des Glaubensbekenntnisses gegen einen feindlichen Sturmwind aufrecht. Schriftbänder an den Wänden rufen zur Befreiung Jerusalems, zur Solidarität mit den Muslimen in Bosnien und zur Vereinigung aller Muslime der Welt im Namen des Imams auf. Aus den Lautsprechern ertönt im Marschrhythmus schwere Synthesizermusik.

Die Hände (Arbeitersymbolik), die die Fahnen hochhalten, machen deutlich, daß die Zugehörigkeit zur Gruppe sich auch über Klassenkomponenten realisiert. Diese klassenspezifische Bestimmung der eigenen Gruppe wird jedoch nicht durchgehalten. Die Wurzeln, zu denen die Arme auslaufen, erinnern an Blut-und-Boden-Ideologien, die alles Getrennte vereinigen wollen, und die Vereinigung dessen, was die Moderne trennt, die Aufhebung von sozialer Partikularität und von Interessengegensätzen, ist die Mission der Aktivistengruppe. Im Zentrum der Botschaft stehen die Begriffe „Befreiung, Vereinigung, Solidarität", das sine qua non im Vorstellungsreservoir aller modernen Bewegungen, die immer vereinigen müssen, weil die Moderne die Mitglieder der Gemeinschaften getrennt hat.

Das geschlossenste Bild islamistischer Ästhetik bot sich mir auf einer Gedenkfeier, die im Istanbuler Stadtteil Fatih für einen türkischen Freiwilligen ausgerichtet wurde, der bei der Verteidigung Bosniens fiel. Veranstalter war eine Iran-orientierte Hisbullah. Nach dem obligatorischen Koranvortrag und mehreren Ansprachen wurde eine Art islamistisches Ballett aufgeführt, dessen Choreographie von jeder antiimperialistischen Gruppe übernommen werden könnte: Acht junge Männer betreten die Bühne, ihre Hände sind mit Ketten aneinander gefesselt, kein Zweifel, sie symbolisieren die ‚unterdrückten Muslime'. Ihnen gegenüber steht ein Soldat im NATO-Kampfanzug, der die ‚letzten Endes vom Westen gestützte' Herrschaft nicht-islamistischer Regime repräsentiert. Die acht wenden sich ab, ducken sich ängstlich vor ihm. Dann jedoch hebt einer stolz sein Haupt, und die anderen tun es ihm nach. Musik setzt ein, die ‚Kettengruppe' umringt den Soldaten – so wir gemeinsam handeln, sind wir stark, heißt das – und wirft ihn schließlich zu Boden. Anschließend knien die Helden mit einem Bein nieder, setzen das andere Bein angewinkelt auf den Boden und werfen als Zeichen des Sieges die Arme in die Luft. Danach wird das Licht im Saal gelöscht. Die acht beginnen (im *Playback)* zu singen. Rhythmus und Arrangement der Musik erinnern stark an die Stücke (westlicher) ‚christlicher'

Popgruppen. Es ist eine einfache und eigentlich zarte Melodie, und viel Schlagzeug muß diese Zartheit ausgleichen. Wie zum Tode bereit stehen die acht vor dem Publikum. Während des Refrains ihres Liedes werden Lichtbilder auf eine Leinwand projiziert, die verschiedene Kriegs- und Kampfsituationen aus der islamischen Welt zeigen: der Erste und Zweite Golfkrieg, die Kriege in Afghanistan und Palästina, Demonstrationen in Istanbul, Polizisten, die gegen Islamisten vorgehen, daneben viele Bilder aus dem Iran. Während des zweiten Liedes bleibt das Bühnenarrangement dasselbe. Beim dritten und letzten Lied steht einer der Sänger, der kleinste, in der Mitte und hält den Koran auf Brusthöhe vor sich. Die anderen stehen im Halbkreis um ihn herum. Sie haben ihre der Mitte zugewandten Hände übereinander auf den Koran gelegt. In der jeweils anderen Hand halten die Kämpfer Maschinengewehre, die während des Liedes emporgehoben werden. Immer häufiger erschallen jetzt Parolen aus dem Publikum, und der Vortrag der Gruppe wird nahezu unhörbar.

Mit dem Arrangement führt die Gruppe nicht nur ihre Propaganda auf, sondern sie zeigt gleichzeitig, *wie* sie zu ihrem Weltbild gekommen ist: Auf dieser Ebene repräsentiert die Musik im Dunkel das selbstvergessene, unreflektierte Leben der eigenen (islamischen) Kultur. Unter dem Eindruck einer hereinbrechenden chaotischen Welt (Dia-Projektion) gruppieren sich die Menschen um einen sicher gewußten Punkt, den Glauben, genauer die Schrift, deren Aussagen jetzt die isolierten Individuen miteinander verbindet (Hände auf dem Koran) und sie (in welcher Richtung und in welcher Qualität auch immer) handlungsfähig macht (Maschinengewehre).

Es ist indessen keine Seltenheit, daß diejenigen, die die Religion primär als politischen Aktionismus leben, nicht mehr religiös im engeren Sinne sind. Wo die Religion ständig in politischen Parametern gemessen wird, da bleibt im Bewußtsein der Menschen wie in den Spalten ihrer Zeitschriften wenig Raum für ihr Begreifen in den ihr eigenen Zusammenhängen. In den Zeitschriften der Islamisten finden sich keine Beiträge mehr, die zu individuellem sittlichen Verhalten anleiten oder zu einem tieferen theologischen Verständnis der Religion führen wollen und Überschriften tragen wie „Die Wahrheit im Lichte der Worte Muhammeds“, „Erzieher des Herzens“ oder „Fragen des islamischen Rechts“ – Kolumnen, die in den Zeitschriften der konservativen Orden ihren festen Platz haben. Selbst die „Poesie-Seite“ gibt es nicht mehr. Der Redakteur einer islamistischen Zeitschrift sagt dazu: Die Religion sei für die Betrachtung und Beurteilung weltlicher Ereignisse ausschlaggebend, sie präge jedoch nicht mehr das Verhalten der Menschen, die sich auf sie berufen. Die ganze Tradition löse sich auf, und im täglichen Leben spiele die Religion keine große Rolle mehr. Er versäume sogar des öfteren das Freitagsgebet. Heute hätten in der ganzen Redaktion nur der Herausgeber der Zeitschrift und sein Bruder das Gebet verrichtet, die anderen nicht. Das sei keineswegs ungewöhnlich.

Entsprechend wird in den eigenen Reihen darüber geklagt, daß über die Erfüllung der politischen Pflichten des Islam die religiösen Pflichten häufig vergessen würden: „Was für ein Widerspruch, daß die Muslime, die kein Gebet (mehr, GS) verrichten, nur der Teilnahme an den Demonstrationen wegen zum (kollektiven) Freitagsgebet (in die Moschee) gehen.“[22]

Religion und Kommerz: Gläubige Geschäftsleute

Über ihre ausschließlich politische Betrachtung gewinnt die Religion vollkommen neue Züge und wird zur politischen Theorie. Gleichzeitig jedoch verflüchtigt sich die Tradition, und mit ihr gehen originär religiöse Gefühle und Frömmigkeit verloren. Doch nicht nur die Radikalen nutzen die Religion für ihre Zwecke, sondern auch der geschäftstüchtige konservative Mittelstand. Es zeigt sich, daß ein ähnlicher Wandel im Verständnis der Religion und in ihrer Funktion im Alltagsleben zu beobachten ist, wenn sie für den Kommerz funktionalisiert und mit ihr Geschäft gemacht wird. Auch in diesem Fall wird Frömmigkeit zur Theorie – jetzt zur Anleitung für die wirtschaftliche Entwicklung des Landes.

Die ökonomische Basis der religiösen Neubesinnung in der Türkei bildet neben dem Staatshaushalt, der in bisher nicht dagewesener Weise Gelder und Stellen zur Verfügung stellt, der expandierende anatolische Mittelstand, der mittlerweile auch in den Zentren vertreten ist. Das Kleinunternehmertum weist eine besondere Affinität zum oppositionellen religiösen Diskurs auf, denn religiöse Ideologie ermöglicht es ihm, seine Forderung nach Änderung der (ökonomischen und politischen) Verhältnisse in einer Art und Weise zu stellen, die die eigene ökonomische Stellung unberührt läßt. Mit dem „Unabhängigen Industriellen- und Unternehmerverband" (MÜSİAD) hat sich der gläubige Mittelstand eine eigene ökonomische Organisation geschaffen, und somit ist auch die Aufteilung der türkischen Wirtschaft in das Großunternehmertum, vertreten durch den „Türkischen Industriellen- und Unternehmerverband" (TÜSİAD), und den Mittelstand zu einer weltanschaulich und religiös konnotierten geworden. Tatsächlich streben die Mitglieder dieser Mittelstandsvereinigung Unabhängigkeit nicht nur vom Staat bzw. vom Großkapital an: „Wie der Name unseres Vereins schon sagt, ist es nicht sein Ziel, sich irgendwo anzubinden, sondern unabhängig zu bleiben. Bindung gibt es nur an das Eine, dem man letzthin Rechenschaft ablegen wird. Heute sind die Menschen ans Geld, an ihre Bedürfnisse, an die Politik und an die Bürokratie gefesselt. Deshalb haben wir uns für die Unabhängigkeit entschieden."[23] Die Unternehmerfraktion der Muslime nimmt die gesellschaftlichen Verhältnisse und ihre eigene Lage in ihnen mit Hilfe religiöser Symbolik wahr, und sucht deshalb das Heil in einer Besinnung auf personale Sittlichkeit. In einem von Skandalen, Korruption und dem Recht des Stärkeren bestimmten Wirtschaftsleben scheint es die Reproduktion von Gemeinschaftsstrukturen zu sein, die dem freien Unternehmer die von staatlichen Kontrollinstitutionen wie der Justiz nicht gewährleistete Sicherheit im Wirtschaftsleben verschafft. Das Geheimnis des Verbandes besteht denn auch in der Reaktivierung personaler Strukturen: „Wenn Sie heute Ware kaufen, dann akzeptiert niemand Ihren Scheck. Sie zahlen entweder bar oder

Sie reichen Ihren Scheck zusammen mit einer Bankbürgschaft ein. Bei uns gibt es so etwas nicht. Wir erhalten die Ware eines jeden MÜSİAD-Mitglieds ohne irgendeine Sicherheitsleistung, exportieren die Ware und zahlen, sobald der Importeur leistet. Hier herrschen Vertrauen, Aufrichtigkeit und Brüderlichkeit.“[24]

Weil kein sonstiger unternehmerischer Zusammenschluß eine solche Atmosphäre zu schaffen in der Lage ist, kann es die Mitgliedschaft im Verband und bei etwaigem Fehlverhalten die Drohung mit dem Ausschluß allein nicht sein, die diese effektive Sozialkontrolle gewährleistet. Der Verband, in dem auf persönliche Nähe gegründetes, sprich aus persönlicher Kontrolle erwachsendes Vertrauen herrscht, ruht selbst auf Gemeinschaften religiöser Art, in denen sich weite Bereiche des sozialen Lebens ihrer Mitglieder abspielen. Hinweis darauf ist die atemberaubende Schnelligkeit, mit der der Verband sich nach seiner Gründung in Istanbul bis in die letzte Ecke Anatoliens ausbreitete, ein Erfolg, der stark an die Organisations- und Reorganisationsphasen der ‚Partei der Muslime‘ erinnert. Die Einbindung des einzelnen Unternehmers in eine sittliche Gemeinschaft relativiert die Partikularinteressen, und religiös legitimierte Geschäftsregeln führen zur Herausbildung einer gemeinsamen Handelsethik. Was firmenübergreifend funktioniert, ist wert, auch firmenintern zur Anwendung zu kommen. Über die Betonung der gemeinsamen sittlich-religiösen Orientierung von Firmeninhaber und Mitarbeiter sucht man ‚Betriebsgemeinschaften‘ zu bilden, in denen ein in religiösen Begriffen gefaßtes gemeinsames Interesse der Betriebsangehörigen (an der Existenz eines muslimischen Unternehmens, das ein von allen geteiltes sozialmoralisches Milieu reproduziert) die Sonderinteressen von Unternehmern und Arbeitern ausbalancieren soll: „Ich finde das kapitalistische System, in dem wir uns heute befinden, nicht richtig, und ich möchte kein Chef sein, der diesem System entspricht. Soweit es mir möglich ist, setze ich das im eigenen Betrieb um. Ich bemühe mich, mit den Leuten, die bei mir arbeiten, so oft wie möglich auch außerhalb der Arbeit zusammenzusein und aus uns allen eine Einheit zu bilden. Seit Beginn dieses Jahres gilt bei mir ein Prämiensystem, das sich mit der Parole ‚arbeite, verdiene, werde Teilhaber' an die Mitarbeiter wendet. Ich habe mir dafür ein religiöses Gutachten ausstellen und die Rechts- und Auslegungsbücher des Islam prüfen lassen. Es besteht keine gegenteilige Vorschrift."[25]

Die Mitglieder des Verbandes unterstützen über ihren Werbeetat die verschiedensten islamistischen Publikationen und geben sie teilweise selbst heraus. Sie lassen sich jedoch nicht ohne weiteres auf die Linie der Refah Partei festlegen. Partei- und Verbandsmitglieder treffen sich aber in der Ablehnung des „kapitalistischen Systems", das ob seiner Tendenz zur Ausbildung monopolistischer Strukturen von beiden als mit einer am Markt orientierten Wirtschaft in Widerspruch stehend und als den Starken begünstigend gewertet wird. Partei und Verband sehen die Lösung der wirtschaftlichen Probleme des Landes in einer verstärkten geistig-moralischen Erziehung, die über die Versittlichung der Menschen sowohl den produzierenden und Handel treibenden Unternehmer als auch die Leute an den Schalthebeln der Macht dazu befähigt, bei allen ihren Tätigkeiten das ‚wohlverstandene Interesse der Gemeinschaft der Muslime' im Auge zu behalten. Partei und Verband propagieren damit eine organische Sozialethik, fördern eine Ethik, wie sie geschlossenen Gemeinschaften eigen ist.

Die islamische Version einer solchen Ethik reflektiert das in muslimischen Gemeinschaften herrschende und primär über die Trennung der Geschlechter charakterisierte sozialmoralische Milieu, und der Unternehmerverband bemüht sich um dessen Reproduktion. Man ist zurückhaltend in der Beschäftigung von Frauen und trachtet danach, für das gesellschaftlich neue Phänomen Freizeitgestaltung islamische Lösungen zu finden: „In dem Feriendorf, das (extra für die Mitglieder, GS) errichtet wird, kann man sowohl nach Geschlechtern getrennt baden gehen als auch den Familienstrand nutzen, der beiden Geschlechtern offensteht."[26]

Allgemein hat der muslimische Mittelstand bei der Verbindung von Religion und Geschäft wenig Schwierigkeiten. Religion dient mehr als Mittel, Zugehörigkeiten zu bestimmen und d.h. hier, Geschäftsverbindungen zu erleichtern, als daß die Gebote der Religion sich wirklich geschäftsschädigend auswirken könnten. Das für den Islam in ökonomischer Hinsicht zentrale Verbot des Zinses wird von den Verbandsmitgliedern zwar wirtschaftstheoretisch begründet, gilt jedoch keineswegs uneingeschränkt. Auf eine Ausweitung des sozialmoralischen Milieus über die Gemeinschaft hinaus verzichtet man, sobald sich dies nachteilig für das Geschäft auswirken könnte. Das zeigen Eindrücke von einem abendlichen Fastenbrechen *(iftar)*, ausgerichtet von einer islamistischen Zeitschrift: Das Hotel, in dessen Speiseräumen sich die circa dreihundert Gäste versammeln, ist noch neu. Die Empfangshalle wird von einer Kupfertreibearbeit beherrscht, die das Panorama einer türkischen Stadt zeigt, deren Silhouette von Moscheen und Minaretten bestimmt ist. Ich frage, ob das Schriftbild eine Bedeutung habe. Ja, ist die Antwort, der Spruch sei arabisch und bedeute in etwa „Unsere Kraft kommt von Gott". Darüber hinaus herrscht in dem Hotel keinerlei religiöse Atmosphäre. Die Bedienungen tragen Miniröcke, und die Bar ist gut bestückt. Als sich der Saal mit den konservativen Gästen füllt und die verhüllten Frauen in einer Ecke Platz nehmen, sind die Bedienungen im Minirock, die eben noch die letzten Vorbereitungen tätigten, mit einem Male verschwunden.

Wesentlich im muslimischen Geschäftsleben ist allemal die Stärkung des eigenen kulturellen Lagers, und es herrscht oft nur geringes Bewußtsein davon, daß den Anforderungen moralischer Lebensführung nicht allein damit gedient ist, daß es Muslime sind, die wirtschaftlich erfolgreich sind. Tragikkomisches Beispiel dafür ist es, wenn der islamistische Fernsehsender den religösen Spielfilm für die Reklame genau an der Stelle unterbricht, an der der Vorbild-Derwisch seinem Schüler die Segnungen der Genügsamkeit erklärt.[27]

Daß eine solche kommerzielle Nutzung der Religion keineswegs unumstritten ist, zeigt folgende Passage aus einer Diskussion mit religiös gebundenen jungen Männern im Café. Ich gebe sie deswegen in aller Länge wieder, weil sie als Exempel für die Auflösung der Selbstverständlichkeiten religiösen Verhaltens und als Beispiel für den daraufhin entstehenden Wunsch nach der Bewahrung eines heiligen, nicht beliebig ausbeutbaren Bereiches, das heißt als Wunsch nach dem Erhalt einer nicht von jedermann für das Fortkommen in dieser Welt nach Belieben nutzbaren Religion gelesen werden kann:

Über A., der für den Fernsehsender TGRT tätig ist, kommt die Rede auf die İhlas-Holding, der der Sender gehört. Der Konzern importiert u.a. Fahrzeuge des koreanischen Kia-Werkes. In Zukunft soll, so heißt es in der Runde, in der Türkei ein Werk errichtet werden, das Fahrzeuge für den europäischen Markt produzieren wird. Ich sage: „Na toll, das trägt zum wirtschaftlichen Aufschwung bei." Daraufhin meint B.: „Wir haben die großen Konzerne Koç und Sabancı, was brauchen wir noch die?" Ich sage: „Ich glaube, die İhlas-Holding betreibt eine sehr energische und aktive Politik und ist sehr erfolgreich. Sie ist jetzt auch in den Tourismus eingestiegen, organisiert Pilgerfahrten nach Mekka, verkauft außerdem Fernkopiergeräte und was weiß ich noch alles." B. sagt laut in die Runde, er könne es überhaupt nicht leiden, daß diese Holding sich einen islamischen Anstrich gebe und sich darüber Kunden verschaffe. In den Betrieben der Holding würden die Beschäftigten nach japanischem Vorbild jeden Morgen versammelt und dann würde aus der Mittelseite der Türkiye Gazetesi, die der Holding ebenfalls gehört, ein Gebet vorgelesen, und anschließend müßten die Beschäftigten dem Abteilungsleiter Gehorsam und der Firma Treue schwören und versichern, daß sie ihre Kraft zum Nutzen des Konzerns einsetzen würden. Er finde es widerlich, daß die Firma, die außerdem vom Staat bevorzugt werde, sich islamisch verkaufe, wo es doch nur darum gehe, höhere Gewinne zu machen. Er sagt, er habe die vom konzerneigenen Verlag (er heißt ebenfalls İhlas) herausgebrachten Bücher gelesen und sei darüber, daß er gleichzeitig die Praxis der Leute dieses Konzerns beobachtet habe, zum Laizisten geworden. Der Betreiber des Cafés hakt ein und bedankt sich bei B. für dessen Worte. Er (der Betreiber) halte sich ja im allgemeinen zurück und mische sich nicht ein, aber er denke genauso wie B. Der sagt trotzig: „Ich sage, was ich denke!“ C. jedoch verteidigt die Firma. Er sagt, die Türkei brauche einige große Betriebe wie die Holding für die Entwicklung ihrer Wirtschaft. Es sei vollkommen normal, daß man seine Produkte und seine Firma so darstelle, daß beides beim Kunden ankomme. Jedes Produkt werde im Hinblick auf eine bestimmte Käuferschicht produziert und dargeboten. D. unterstützt ihn und sagt, wenn die Leute der Firma ihr Handeln mit ihrem Islam-Verständis vereinbaren könnten, dann sei das in Ordnung, wenn B. das nicht könne, dann sei das sein Problem. D. erzählt von einem Bekannten, der den Sender TGRT lobt, und sagt, dank des Kanals könne er seiner Familie erlauben fernzusehen und müsse keine Angst haben, daß deren Sittlichkeit Schaden nehme. B. ereifert sich und sagt, daß die Sittlichkeit solcher Muslime nur über die Geschlechtsorgane definiert sei. Er wiederholt seine Position, daß es eine Ausnutzung des Islam sei, wenn in dessen Namen Waren verkauft würden. Bei der Produktion von Parfüm etwa, das viele Männer vor dem Gebet auftragen, wiesen die Anbieter groß darauf hin, daß kein Alkohol als Lösungsmittel verwendet worden sei. Das solle heißen: Wir sind Muslime, du bist Muslim, also kaufe unsere Produkte. Dabei sei es doch vollkommen egal, ob da Alkohol drin sei oder nicht, weil das Parfüm ja nicht getrunken werde. Die Türkiye Gazetesi habe in ihren Kolumnen für religiöse Gutachten erst Coca Cola wegen seines geringen Alkoholgehaltes als nicht koscher erklärt und sei anschließend in die Limonadenproduktion eingestiegen. C. lobt die Holding. Es sei doch gut, wenn dank der Firma Leute Arbeit finden und die Wirtschaft entwickelt werde. Die Firma gehe von einem Islam-Verständnis aus, das die Tätigkeit der Muslime in dieser Welt anstachele. Das sei notwendig. Was B. denn gegen Gewinn habe? Schließlich sei doch auch der Prophet Händler gewesen. Jetzt wird B. wütend. Der Prophet habe mit Stoff gehandelt, er habe jedoch seinen Stoff nicht als islamischen Stoff verkauft. Es ist offensichtlich, daß B. so etwas wie ein Stück Heiligkeit, Transzendenz der Religion bewahren will, das nicht einfach in das geschäftige Heute eingebaut werden kann und soll. In dieser Beziehung ist er Idealist. C. und D. dagegen sind vollkommen pragmatisch. Für sie ist die Form von Religion gut, die dem Land nützt. Sie meinen, die Muslime müßten wirtschaftlich aktiv werden, wenn sie heute als Gesellschaft überleben wollten. A. sagt, es sei eine Schande, daß sie in meiner Gegenwart so übereinander herfielen. Ich sage, daß das in einem Land, in dem sich so viel so schnell ändere, unausweichlich sei, und weiter, daß nach meiner Auffassung B.s Religionsverständnis konservativ, im Sinne von bewahrend, sei, daß C. dagegen bereit sei, den Islam zur Entwicklung einer Art protestantischer Arbeitsethik zu benutzen. C. gibt mir recht und sagt, in diesem Sinne müßten die Muslime protestantisch werden, es gebe keine andere Möglichkeit für sie.

Tatsächlich ist Max Webers diesbezüglicher Aufsatz[28] in der Türkei ein Klassiker. In der Auseinandersetzung der siebziger Jahre wurde Weber gegen die Marxisten ins Feld geführt, und wiederum in Verkennung seines theoretischen Ansatzes und seiner ethischen Orientierung sollen Webers Schriften heute Argumente dafür liefern, daß eine Modernisierung des Landes innerhalb des einheimischen, islamischen Symbolsystems möglich sei. Die einheimische Kultur soll bewußt dafür genutzt werden, die Erschütterungen, die der Modernisierungsprozeß mit sich bringt, abzufedern und die (so die Protagonisten dieser These) ‚von einer langen Tradition der Gottergebenheit geprägten Muslime' zur Konversion ins kapitalistische Gewinnstreben zu ermuntern. Denn das kemalistische Modernisierungsbemühen, das sich selbst in fremden Wertsetzungen präsentierte und ausschließlich diesseitige Zielvorgaben formulieren konnte, gilt – vor dem Hintergrund der rasanten wirtschaftlichen Entwicklung in Ostasien – allgemein als gescheitert: „‚Wenn das Land sich ökonomisch entwickelt, dann lebst Du sicherer und angenehmer.' Damit kann man einem Muslimen, der über den jahrhundertelangen asketischen Einfluß der mystischen Orden die Welt in erster Linie als vergänglich und seinen Aufenthalt in ihr als notwendige Prüfung ansieht, nicht motivieren."[29] Aktivität in dieser Welt zeige ein Muslim (als gläubiger Mensch) nur, wenn diese Aktivität über die Religion vermittelt und damit über das Jenseits sinnhaft gemacht worden sei. Es beständen zwei Möglichkeiten, gedanklich eine Verbindung des Diesseits mit jener für den beschriebenen Muslimen eigentlich wichtigen Sphäre zu konstruieren. Die eine bestehe darin, die Wichtigkeit wirtschaftlichen Wachstums und daraus resultierender ökonomischer Stärke der Gemeinschaft der Muslime, sprich der muslimischen Gesellschaft oder des islamischen Staates, zu betonen und zu argumentieren, daß sich die Muslime nur so der Ungläubigen, ihrer potentiellen Feinde, erwehren könnten. Die zweite Möglichkeit, eine Verbindung von Diesseits und Jenseits zu konstruieren, bestehe darin, wirtschaftliche Aktivität und ihre Sekundärtugenden, Fleiß und Sparsamkeit, als der Religion ureigenste Gebote zu präsentieren.

Im Grunde ergänzen beide Wege einander, und heute werden tatsächlich beide von den verschiedenen Akteuren des islamistischen Lagers mit jeweils unterschiedlicher Schwerpunktsetzung genutzt. Die Partei der Muslime stellt oft die erste Methode in den Vordergrund, die zweite, als Webersche bezeichnete Strategie, ist dagegen von nahezu der gesamten ‚zivilen muslimischen Gesellschaft' akzeptiert worden. Auch im muslimischen Unternehmerverband sieht man die Muslime als leidende und unterdrückte, vom Feinde umzingelte Gemeinschaft und die Rettung im gläubigen Unternehmer, der dem Lande einen neuen Geist einhauchen müsse: „Die Türkei braucht neue Unternehmer und einen neuen unternehmerischen Geist. Nur ein solcher Geist kann die Türkei retten."[30]

Die am stärksten in der Tradition verhafteten Gruppen, die bisher keine Analyse der Moderne und ihrer ökonomischen, sozialen und mentalen Muster zu leisten vermochten, schwenken am leichtesten auf die Strategie einer ‚einheimischen Moderne' ein, welche die Religion, so die Vorstellung, gleichsam unangetastet lasse. Heute predigen die islamischen Orden, denen die Kemalisten immer noch den Traum von der Rückkehr ins Mittelalter unterstellen, die Mystik als Mittel für die Erziehung der Menschen zu Sparsamkeit und Verzichtbereitschaft, die für die Herausbildung eines türkischen Industriekapitals als notwendig erachtet werden. Es sind einige wenige islamistische Intellektuelle, die sich infolge ihrer modernismuskritischen Orientierung einer solchen „Verprotestantung des Islam“ entgegenstellen, in der sie das Niederreißen der letzten antimodernistischen Bastion auf dieser Welt erblicken.

Welche Meinung sich auch durchsetzen mag, die, welche Religion als etwas anerkennt, was jenseits des weltlichen Treibens angesiedelt ist, oder die, welche Religion bewußt zur Beförderung der muslimischen Aktivitäten in dieser Welt einsetzen will – wo solche Diskussionen über die einzunehmende Haltung zur Religion und über ihr Verhältnis zu Welt geführt werden, da lebt man bereits in einer säkularen Welt. An der Frage, ob sich heute über den Islam die Entwicklung und Verbreitung einer Haltung der innerweltlichen Askese vollziehe, wird das Dilemma der islamistischen Diskussion insgesamt deutlich. Nähert sie sich dem Thema pragmatisch, auf die zu erzielenden Ergebnisse im Diesseits hin, gesteht sie ein, daß das, was sie legitimiert, nur eine abhängige Variable ist. Beharrt sie darauf, daß die Religion ein vom diesseitigen Treiben der Menschen getrennter Bereich ist, der bei der Vermengung dieser beiden Sphären nur verlieren kann, ist sie auf rein theologische und individuell sittliche Fragen beschränkt. In beiden Fällen gesteht die islamistische Diskussion den Verlust der immer wieder vorgetragenen These von der Einheit von Religion und Staat im Islam ein und ist damit ihrer legitimatorischen Voraussetzungen beraubt. Weil dies nicht sein soll, und weil die entstandene soziale Struktur der islamischen und islamistischen Kräfte ein Interesse an ihrer eigenen Existenz entwickelt hat, kann nicht sein, was nicht sein darf, und unermüdlich dreht sich die Diskussion darüber, was der Islam zur Moderne und ihren Problemen sagt, im Kreise.

Die Stadt: Quelle einer modernen islamischen Kultur

So unergiebig die islamistische Diskussion in theoretischer Hinsicht ist, so wichtig ist – in einem soziologischen Sinne –, *daß* diskutiert wird, d.h. daß Menschen sich mit ihrer neuen, städtischen Situation auseinandersetzen. Zum Städter werden und städtische Verhaltensweisen entwickeln, kann für die an ihre Religion gebundenen Migranten nur heißen, aus der eigenen Kultur solche Vorlagen und Verhaltensmuster zu kreieren, die es erlauben, den Anforderungen eines auf Konkurrenz, individueller Mobilität, Sachlichkeit und Zweckrationalität gründenden Lebens zu entsprechen und gleichwohl Muslim zu bleiben. Da Entwürfe für ein solches islamisches Leben in der modernen Stadt nicht existieren, muß sich die muslimische Bildungselite an ihre Produktion wagen, d.h. Schritte zum Aufbau eines islamischen Kulturlebens unternehmen. Die Produktion einer religiösen Kultur unter den Bedingungen moderner Urbanität gestaltet sich jedoch aus mehreren Gründen schwierig:

Religiöse Weltansicht begreift den Menschen ausschließlich in seiner Beziehung zum Göttlichen und macht alle Erlebnisse und Erfahrungen der einzelnen über ihre Rückbindung an das religiöse Symbolsystem bedeutsam. Das heißt, daß das originär religiöse Denken durch den Versuch geprägt ist, alle Erscheinungen (einschließlich persönlicher Gefühle und Erlebnisse) in den der Gemeinschaft bekannten und akzeptierten und mit der religiösen Grundüberzeugung verwebten Symbolen auszudrücken. Auf diese Weise wird die Mannigfaltigkeit und Vielfältigkeit der Phänomene in akzeptierte und bekannte Muster zurückgeführt. Man kann von *communal art* sprechen und meint damit nicht nur eine Ästhetik, die sich gemeinschaftlicher Symbole bedient, sondern eine, die das Individuelle als Gemeinschaftliches wahrnimmt und das die verschiedenen Gruppen und Institutionen Verbindende betont, Unterschiede zu negieren trachtet und so gesellschaftliche Einheit sichert.[31] Diese Rückführung aller, auch außeralltäglicher Erfahrungen und Erlebnisse auf das Eine erzwingt einen „Monismus der Inspiration", der nur eine „Quelle legitimer Enthusiasmen" anerkennt und kennzeichnend für alle ‚mittelalterliche Kultur' ist.[32]

Während Religion auf diese Weise bestrebt ist, das Chaos der Welt dadurch zu überwinden, daß sie alle Erfahrungen der Individuen auf einen Punkt zurückführt, das religiös symbolisierte Bewußtsein der Gemeinschaft von sich selbst, macht moderne Kulturproduktion menschliche Erfahrungen auf die Weise sinnhaft, daß sie sie als Chance zur Ausweitung eines sich individuell verstehenden Bewußtseins begreift. So steht moderne Kulturproduktion in einem unauflöslichen Spannungsverhältnis zur Religion, die letzte Sinnstiftung verspricht und jede von sich getrennte Sinnsetzung als Angriff empfinden muß.

Religiöse politische Ideologie jedoch wird – wie jede politische Ideologie – Kunst in erster Linie als Propagandainstrument gebrauchen. Das einer *politisierten Religion* angemessene Kunstverständnis bringt der Vorsitzende der Refah-Partei, Necmettin Erbakan, auf den Punkt. Er zeigt, wie eine religiös verstandene Kunst die Gemeinschaft nicht nur sich ihrer selbst versichern läßt, sondern sie gleichzeitig zur politischen Aktion ruft: „Die Kunst ist etwas sehr Wertvolles. Wir werden die Kunst unterstützen. In der heutigen Türkei kann man keine Kunst machen. Laßt erst mal die Refah Partei an die Regierung kommen. Wir bringen euch die Eroberung Mekkas (z.Zt. des Propheten) auf die Bühne, da staunt ihr nur. Da könnt ihr euere Tränen nicht zurückhalten und begreift, was Menschsein heißt. Das ist mehr als eine Million Stunden Unterricht. Wir bringen euch die Eroberung Istanbuls (durch die Osmanen) auf die Bühne, dann seht ihr, was Kunst ist. ... Das muß man erleben und fühlen."[33] Die bisherige Kulturpolitik der Refah-Stadtverwaltungen zeigt ernsthafte Bemühungen, die Vorgaben des Parteiführers zu verwirklichen. In der Provinz Kocaeli (İzmit) wurde das traditionelle Goldene-Kirsche-Fest zu einer religiösen Schau, deren ‚säkularstes' Element noch die osmanische Janitscharenkapelle war. Daneben kamen traditionelle geistliche Lieder und religiöse Märsche zur Aufführung, ein

Lichtbildervortrag zeigte die Leiden der Muslime unter der kemalistischen Einparteienherrschaft, und auch die Theateraufführungen drehten sich um den Islam. Im Februar 1995 wurde in Istanbul der erste Fastenmonat (Ramadan) unter der Regie der im März 1994 an die Macht gelangten RP-Stadtverwaltung begangen. Die Trommler, die die Gläubigen vor Sonnenaufgang zur Morgenspeisung weckten, wurden in traditionelle Gewänder gesteckt, und Anfang und Ende der täglichen Fastenfrist wurden wie im Osmanischen Reich mit Kanonenschlägen kundgetan. Die Bezirksverwaltungen der Wohlfahrtspartei (und einige der AnaP) richteten außerdem alltäglich öffentliche Fastenbrechen, insbesondere für Alleinstehende und Arme, aus, bei denen auf die Trennung der Geschlechter geachtet wurde.

Wo sich – wie in diesen Fällen – kulturelle Aktivität im Zusammenschweißen der Gemeinschaft erschöpft, hat es eine Kunstauffassung schwer, die eine urbane, d. h. eine vielfältige und mit sich selbst im Widerstreit liegende Realität sinnhaft machen will. Hinzu kommen Beschränkungen, die aus dem sozialmoralischen Milieu resultieren, das dem Islam eigen ist. So müssen die Stücke, die der ehemals sozialistische und jetzt islamistische Theaterregisseur Ulvi Alacakaptan mit Unterstützung der RP-Stadtverwaltung von Istanbul aufführt, ohne Schauspieler*innen* auskommen.

Tatsächlich ist der Ort der Frau in der Gemeinschaft, ihr Ausschluß aus dem öffentlichen Bereich der Männer, der springende Punkt im islamischen sozialmoralischen Milieu. Doch die (ideologische) Verteidigung dieses Milieus geschieht heute über Medien, die sich als solche an einen öffentlichen Raum richten. In diesem öffentlichen Raum wird für verschiedene Modelle richtigen Lebens gestritten, indem diese Modelle jeweils präsentiert werden. Die islamische Fraktion muß deshalb für die Verteidigung ihrer sozialen Ordnung (in welcher Form auch immer) die Frau präsentieren, für deren Abschließung sie eigentlich eintritt. Sie muß kulturelle Werke vorlegen, in der die Frau, wenn auch bedeckt und damit relativ geschützt, auftritt, und sie muß sie in einer städtischen Welt auftreten lassen, die keineswegs nur aus der Gemeinschaft der Gläubigen besteht.

Trotz all dieser Schwierigkeiten in der Produktion einer modernen islamistischen Kultur: Der Anfang ist gemacht. Nachdem islamistische Romane hohe Auflagenzahlen erzielten, spricht man in der Türkei seit einigen Jahren auch vom islamistischen Kino und vom islamistischen Theater. Selbst eine Schauspielschule für den islamistischen Film ist bereits eröffnet, an deren Unterricht auch Frauen teilnehmen.

Die Art von Filmen, für die sie ausgebildet werden, möchte ich kurz anhand dreier Streifen darstellen und dabei einige Mechanismen der islamistischen Kulturproduktion sowie die Funktionen, die ihre Produkte für die Gläubigen erfüllen, aufzeigen. Es handelt sich um die Filme „Bis ans Ende gehen“ *(sonsuza yürümek)*, „Die dänische Braut“ *(Danimarkalı gelin)* und „Hodscha Atıf aus İskilip“ *(İskilipli Atıf Hoca).* Alle drei Filme spielen in der Stadt, und ihre Helden sind nicht anatolische Muslime, sondern Städter, und doch müssen sich alle ihre Helden gegen die Stadt bewähren, den individuellen Kampf für ihren Glauben führen und ihre Religiosität in einer nichtreligiösen Umwelt bewußt leben. Daß die Stadt zum Handlungsrahmen wird, ist ebenso einsehbar wie die Tatsache, daß in ihr um den Glauben gekämpft werden muß. Warum aber tauchen Anatolier nur am Rande auf?

„Bis ans Ende gehen“ hat die Auseinandersetzung der ‚Kopftuchstudentinnen‘ mit den Universitätsverwaltungen zum Thema. Die Heldin, ein gebildetes Mädchen aus einer säkularisierten und wohlhabenden Familie, kommt mit ihrer Umwelt in Konflikt, nachdem sie zum Islam gefunden und sich ihrem Glauben gemäß verhüllt hat. In dem Streifen taucht die provinzielle, kleinbürgerliche Schicht, aus der viele der sich bewußt bedeckenden Mädchen kommen, nicht auf. Das Kopftuch der Heldin entspricht eher modernen arabischen (ägyptischen) Vorlagen als türkischen. Das Handeln der Heldin ist eher Modell für politisches Handeln in modernen Gesellschaften, als daß es auf die Situation der bedeckten Mädchen Bezug nehmen würde. Die Hauptfigur agiert nicht mit den Mitgliedern einer traditionellen Gemeinschaft oder einer religiösen Gemeinde, sondern direkt mit ‚der Gesellschaft', die von ihren Institutionen wie Universität, Verwaltungen, Gericht und Massenmedien repräsentiert wird. Es sind deren Vertreter, die die handlungstragenden Rollen spielen. Außer der Hauptdarstellerin kommen Gläubige in profilierten Rollen nicht vor. Der Film ist so eine Anleitung dafür, wie mit eben diesen Institutionen umzugehen ist, wie man sich gegen sie wehrt, aber auch, wie sie für die Verfolgung der eigenen Interessen zu nutzen sind.

„Hodscha Atıf aus İskilip" beschäftigt sich vordergründig mit der Republikgeschichte, besonders mit den ‚Revolutionsgerichten' der kemalistischen Bürokratie zur Zeit des Unabhängigkeitskrieges und der heißesten Phase der laizisierenden Reformen. Gezeigt wird das historische Schicksal des religiösen Gelehrten gleichen Namens, der sich in einer Schrift gegen die Übernahme westlicher Moden durch die Muslime wandte. Er wurde für dieses Buch, das er vor dem „Gesetz zur Hutreform" *(Şapka İnkılabı)* von 1925 veröffentlichte, erst nach dem Erlaß des entsprechenden Gesetzes verurteilt und schließlich hingerichtet. Eigentlicher Held des Films ist jedoch nicht der Hodscha und auch kein armer Muslim aus dem heutigen Anatolien, sondern ein wohlhabender, in die intellektuelle Szene Istanbuls integrierter Rechtsanwalt. Er ist Vorsitzender einer „Vereinigung Junger Juristen" und Chef einer gutgehenden Kanzlei, hat neben seiner Frau eine Freundin (seine Frau verhält sich nicht anders), doch ist er ein guter Mensch und hängt sehr an seiner Mutter. Anfänglich aus einer rein demokratischen Haltung heraus rollt er den Prozeß gegen den Hodscha nochmals auf und gerät bei seinen Nachforschungen im Kreise der Verwandten und Bekannten des Hodschas in Anatolien in den Zauber islamischen Lebens. Er kommt in Kontakt mit einfachen, ‚reinen' Muslimen, mit ‚natürlichen' Menschen, die freilich in der modernen Welt der Gerichte und Verwaltungen auf seine Hilfe angewiesen sind. Bei seiner Rückkehr nach Istanbul wird ihm durch die ablehnende Haltung seiner Frau und seines Umfeldes auf sein Engagement bewußt, daß seine Familie und seine Freunde ihre eigenen Werte wie Demokratie,

Toleranz und Rechtsbindung der staatlichen Gewalt nicht ernst nehmen, und daß überhaupt das Leben, das er führt, inhaltslos und leer ist. In dem Film erscheint die Aufhebung der Grenzen zwischen der modernen, primär auf materielle Effizienz ausgerichteten Stadt und dem unverfälschten, frommen Anatolien als die einzige Rettung für den Helden, aber auch für das Land und seine Bevölkerung. In der Figur des Rechtsanwalts findet der junge Gläubige ein Vorbild dafür, wie er seine Kenntnisse der modernen Welt zum Wohle seines Glaubens und der gläubigen Gemeinschaft einsetzen, wie er also modern und städtisch und doch fromm und volksverbunden sein kann. Auch in diesem Film kommt die Lebenswelt der Landflüchtigen an den Rändern der Großstädte nicht vor.

„Die dänische Braut“ hat die Ehefrau eines türkischen Studenten zur Hauptfigur. Auf Wunsch ihres Mannes konvertiert sie zum Islam und siedelt mit ihm in die Türkei über, wo sie sich aus eigener Anstrengung heraus näher mit ihrer neuen Religion auseinandersetzt und beginnt, ein islamisches Leben zu führen. Ihr Mann und seine Familie, für die die Religion nur ein fragloser Teil ihres Alltags ist, die aber nicht wirklich islamisch leben, reagieren darauf äußerst ablehnend. Als die Dänin zu dem Schluß kommt, daß sie ihre Religion bei ihrem Mann nicht leben kann, kehrt sie zusammen mit ihrer Mutter, die in der Türkei zu Besuch weilte, nach Europa zurück. Doch ihr reuiger Mann reist ihr nach. Die Hauptfigur propagiert hier den Aufstand der Frau gegen den Mann, der dann gerechtfertigt ist, wenn es um die Religion geht. Ihr Handeln richtet sich gegen eine fromme Lebensführung, die nur aus dem Vollzug der Tradition besteht, d.h. gegen eine unreflektierte Religiosität, die kein Bewußtsein von sich selbst entwickelt und deshalb zum Untergang verurteilt ist. Der Film ist eine Verurteilung der nur noch ‚kulturellen Muslime‘, die sich den Einflüssen, welche eine säkulare Umwelt auf ihre Lebensführung hat, nicht widersetzen.

Allen drei Filmen ist die für eine religiöse Kunst notwendige Rückführung aller Erfahrungen auf eine innerhalb der Religion formulierte Sinnhaftigkeit gemeinsam. In allen Filmen vernetzt sich die Handlung über die Entdeckung der Religion, die Entdeckung dessen, was die menschlichen Erfahrungen letztlich ordnen und sinnhaft machen soll. Doch damit sind die Gemeinsamkeiten dieser Filme nicht erschöpft. Die Hauptfiguren aller Filme kommen aus begüterten Kreisen (Ländern) und aus einer säkularen Kultur und finden erst im Verlauf der Handlung zum Glauben, zum Islam. Die Filme drehen damit die real vorfindbaren Verhältnisse um! Nicht Menschen traditioneller Herkunft werden, so sie auf die Moderne treffen, bewußt fromm, entwickeln individuelle Religiosität, sondern – so behaupten die Filme – die Religion tritt als wirkende Kraft in der Stadt auf, in dem Felde, das ihr nur scheinbar zu schaffen macht. Die Filme versöhnen auf diese Weise ihre Zuschauer mit ihrer Situation. Beim Kontakt von traditionellem Leben (Islam) mit säkularem Leben (Stadt), so suggerieren sie, sei es die Stadt, die sich verändere. In allen Filmen sind die Helden städtisch und verweltlicht und werden fromm. Da können sich die Frommen ohne Angst auf das Eis des städtischen Lebens begeben. Daß alle Filme ihre Identifikationsmodelle (Hauptdarsteller) in verwestlichten oder aber aus dem Westen kommenden Menschen finden, verweist auf das Reaktive der islamischen Kulturproduktion und damit auf die tragische Lage, in der sich die Muslime befinden.

Von der Tradition zur Theorie, vom Land in die Stadt: Die ‚Partei der Muslime' 3

Als sich nach 1980 die islamistische Diskussion entfaltete, lag das politische Feld der Türkei brach, denn Parteien waren entweder noch verboten oder sie befanden sich gerade in der Aufbauphase. Konservative und Liberale, Sozialdemokraten und Nationalisten, all die politischen Gegner der Islamisten waren demnach in einer mißlichen Situation, und ihre Konkurrenten auf religiösem Feld waren zersplittert wie eh und je. Die staatliche Religionsbehörde genießt eher formale als inhaltliche Autorität, und ob seiner Zersplitterung in Konfessionen, Orden und Sekten hatte (und hat) der traditionelle türkische

Islam keine natürlichen Führer. So fand die städtische islamistische Diskussion ideale Bedingungen für ihre Ausbreitung vor, und Beobachter sprachen bereits davon, daß die zukünftigen Führer des türkischen Islam aus Gruppen kommen würden, welche die traditionellen Hierarchien ebenso in Frage stellten wie überkommene politische Zielvorstellungen.

All die jetzt neu herauskommenden Zeitungen und Zeitschriften und auch die beeindruckenden Auflagenzahlen ihrer Bücher konnten jedoch die organisatorische Schwäche dieser neuen Strömung nicht wettmachen, die zwar die Masse der Gläubigen als ihre Zielgruppe bestimmte, sich von dieser jedoch durch ihre politische Orientierung getrennt sah. Diese Isoliertheit der Radikalen von der gläubigen Bevölkerung führte dazu, daß sich einige ihrer Intellektuellen und viele ihrer jungen Rezipienten in der am 19. Juli 1983 gegründeten Refah Partei engagierten. Sie taten dies trotz ihrer Kritik an der intellektuellen Schwerfälligkeit, an der legalistischen Strategie und an der traditionellen Orientierung der Kader, die die ‚Partei der Muslime' seit deren Gründung in den Händen halten, und versuchten eine Änderung der Partei von innen heraus. Die beiden so entstandenen Flügel der Partei repräsentieren die gegensätzlichen sozialen Milieus ihrer Mitglieder. Denn es sind in Stadt und Land unterschiedliche Gründe, die die Menschen zur Unterstützung der Wohlfahrtspartei veranlassen: „Während die ‚Modernisten' mit einer linken oder zumindest sozialdemokratischen Politik, die sich auf die Armen ausrichtet, in den Metropolen beachtliche Erfolge erzielen, konkurrieren die ‚Traditionalisten' in der Provinz auf dem Felde von Ordnung und Sittlichkeit mit den rechten Parteien."[34]

Mehr als die Begriffe ‚Modernisten' und ‚Traditionalisten' machen die türkischen Bezeichnungen für beide Gruppen die Unterschiede zwischen ihnen deutlich. Die ‚Modernisten' werden als *öze dönüşçüler*, als die „Rückkehrer zum Ursprung" des Islam, bezeichnet. Sie legen mehr Wert auf die *ümmet*, die Gemeinschaft der Muslime, als auf das Türkentum und grenzen sich den Nationalisten gegenüber stärker ab. Wichtiger als die große Tradition der Osmanen sind ihnen

Regelungen aus der Zeit der ersten Kalifen, dem Goldenen Zeitalter des Islam. Sie stehen in ökonomischen Streitfragen eher auf der Seite der Besitzlosen und sind insofern eher liberal, als sie die Stellung des Individuums der Gemeinschaft und dem Staat gegenüber betonen. Sie verteidigen moderne Formen der Organisation und der Auseinandersetzung, leben eher in der Stadt als auf dem Lande und zeigen sich sowohl von der politischen Diskussion des Westens als auch von islamistischen Theoretikern anderer muslimischer Länder beeinflußt. Die ‚Traditionalisten' gelten in der Partei als die *kuvayi-i milliye*, die „Nationalwehr". Sie halten die nationale islamische Tradition und die nationalen Werte hoch. Sie betonen die gegenseitige Ergänzung – in ihren Augen ist es eine ideale – von Türken- und Muslimentum. Sie richten das Augenmerk auf die Rechte der Gemeinschaft und des Staates und vernachlässigen die des Individuums. Sie entsprechen eher dem Bild von der politischen Rechten und leben eher auf dem Lande als in der Stadt. Gegen die in der Partei lange gültige Gleichsetzung von türkischer und islamischer Identität, von Tradition und Frömmigkeit, dagegen, daß Unterordnung unter die Hierarchie der jeweiligen Gemeinschaft und Fügung in Gottes Willen ein und dasselbe seien, argumentieren in der Partei vor allem die jungen Leute, die sich in modernen Parametern religiös definieren. Bei ihrer Kritik an der traditionellen Religiosität haben die Islamisten einen mächtigen Verbündeten: die sich wandelnden Lebensverhältnisse. Tatsächlich fällt es den Gläubigen zunehmend schwerer, im neuen urbanen Lebensumfeld nur auf die Tradition gestützt zurechtzukommen. Die Diskussion der Islamisten konfrontiert die übrigen Muslime mit dem Vorwurf, daß sie ihre Religion nicht ‚politisch bewußt' und deshalb nicht richtig leben würden. Die Islamisten formulieren diese Kritik in einem Augenblick, da die von der Tradition bestimmten sozialen Formen des Zusammenlebens über die Wanderung in die Stadt ohnehin einen Großteil ihrer Funktionalität für die Regelung des Alltagslebens verlieren. Zwar realisiert sich die Migration in der Regel mit Hilfe der Herkunftsgemeinschaft und transportiert auf diese Weise die Tradition in die Städte, doch die alten Hierarchien, die auf Grundbesitz, Abstammung und besonderer (mystischer) Frömmigkeit beruhen, werden in der Stadt bald zunichte, und es werden neue soziale Verwebungen notwendig. Entsprechend erscheint in dem Entwurf von Islam, den die Islamisten präsentieren, das Festhalten an der guten alten Zeit nicht als Ausweg aus der Krise, sondern als Grund für sie. Der Redakteur einer islamistischen Zeitschrift äußert sich in diesem Sinne:

Ihm sei mit der Zeit bewußt geworden, daß die traditionelle Religiosität nicht die perfekte islamische sei. Leute, die die Tradition lebten, hätten den Vorteil, daß sie bestimmte Vorschriften der Religion, wie das Gebet, quasi automatisch verrichten würden. Sie würden sich jedoch von der Gesellschaft abgrenzen und seien gerade deshalb den Einflüssen der Moderne wie Zeitungen und Fernsehen wehrlos ausgesetzt. Deshalb gelte es, aus der Tradition auszubrechen.

Für das Leben in der modernen Stadt stellt die Tradition keine Deutungen bereit, und das Beharren in ihr kann nur dazu führen, daß sie – spätestens für die Angehörigen der zweiten Generation – unwirklich wird. In der modernen Welt Muslim bleiben – und damit den Glauben retten – heißt, in ihm (neue) Deutungen zu finden, die eine veränderte ‚Welt' als sinnhaft und richtig und damit als lebbar erfahren lassen. An die Stelle der Tradition muß eine Neukonstruktion von Beziehungsformen und politischen Verhältnissen treten, die unter steter Benutzung der Quellen abgesichert wird. Die Aufhebung von Religion als Tradition und die Neuformulierung von Religion als Theorie gehen deshalb Hand in Hand.

Die Entstehung der neuen islamistischen Diskussion unter der Jugend der Städte und die tendenzielle Verlagerung der Wählerschaft der ‚Partei der Muslime' vom Land in die Stadt sind – so sehr auch von einer (inhaltlichen) Beeinflussung der Partei durch die islamistische Diskussion gesprochen werden kann – parallele Entwicklungen. Es ist das Bedürfnis nach sinnhafter (mentaler und psychischer) Verortung im neuen Lebensumfeld, das die Radikalen zur Auseinandersetzung mit ihm und damit zum Wieder-Lesen der Texte zwingt, und es ist dieselbe soziale Situation, welche die von ihnen ausgearbeiteten Entwürfe für viele der Landflüchtigen plausibel macht. Geographische und mentale Wanderung führen dazu, daß beide Gruppen aus der Tradition heraustreten. Die scheinbare Permanenz des religiösen Symbolsystems ermöglicht den radikalen jungen Leuten die Neugestaltung – und den Häuptern der landflüchtigen anatolischen Gemeinschaften die Erweiterung – ihrer sozialen Beziehungen: Jenen erlaubt sie die früher nicht mögliche kritische Distanz zu den Autoritäten des traditionellen Lebens im Namen von Werten, die beide Gruppen teilen, und diese befähigt sie zur Integration in eine moderne Institution, die Partei, ohne daß die Kriterien ihrer traditionellen Autorität sofort entwertet würden. Für sunnitische Muslime erleichtert die Übernahme des islamistischen Diskurses die Einbindung der Migrationsgemeinschaft in das politisch-ökonomische Gewebe der Stadt. Wer sich weigert, die Tradition fallenzulassen und die Religion auch modern zu verstehen, der ist im urbanen Lebensumfeld zum Ghetto-Dasein verurteilt und damit nahezu jeglicher politischer Einflußnahme beraubt.

Wie Migrationserfahrung und Politisierung der Religion ineinandergreifen und welche Funktionalität die Neuinterpretation von Religion hat, machen folgende Beobachtungen aus dem Istanbuler Viertel Şirinevler deutlich, das zum Stadtteil Bahçelievler gehört. Sie zeigen weiterhin, wie wirtschaftliche Ausgrenzung (ansatzweise) mit Hilfe einer Solidarität überwunden wird, die sich religiöser Symbole bedient, und sie zeigen, wie der Islam im Wechsel der Generationen von einer Religion zu einer Matrix für politische Identität wird:

Nach einer Umfrage, welche die DYP in Auftrag gegeben hatte, liegt die Refah Partei in Bahçelievler in der Gunst der Wähler vorne. Ich kenne den Stadtteil und raffe mich zwölf Tage vor der Kommunalwahl (vom März 1994) zu einem Sonntagnachmittagsspaziergang auf. Die Mehrzahl der Frauen in Şirinevler trägt ein Kopftuch, die meisten von ihnen allerdings in der bäuerlichen Form, bei der das Tuch einfach unter dem Kinn zusammengebunden wird, und nur eine Minderheit ist darauf bedacht, das Tuch so zu legen und mit Nadeln zu befestigen, daß es den Vorschriften der Verhüllung voll entspricht und kein Haar zu sehen ist. Schwarze und braune Tschadors nach der Art der Orden sind nur sehr wenige zu sehen. Die Bevölkerung scheint nicht die reichste zu sein; gleich hinter den Hauptstraßen beginnt die Flachbebauung. Circa sechs bis acht Wochen vor der Wahl eröffnen die türkischen Parteien in den einzelnen Stadtteilen Wahlkampfbüros, die die Propaganda organisieren und Informationsveranstaltungen ausrichten. Die Wohlfahrtspartei hat das ihrige in einer Seitenstraße eröffnet, in der sich die Marktstände kilometerweit hinziehen und die die Hauptgeschäftsstraße mit der noch im Bau befindlichen neuen großen Freitagsmoschee verbindet. DYP und AnaP sind mit ihren Büros – wie das ihrem Charakter als Zentrumsparteien entspricht – direkt auf der Hauptgeschäftsstraße präsent. AnaP wirbt mit Popmusik, Refah mit einem türkischen Marsch. Die neue Moschee ist ein Riesenbau, der von einem extra dafür gegründeten ‚Moscheebauverein' finanziert wird. Die Umgebung um die neue Moschee ist fest in der Hand der Refah-Anhänger. Von der Moschee schräg gegenüber dröhnt aus einem gewaltigen Lautsprecher, direkt über einem Gemüsestand, eine Propagandarede der Partei. Während ich den Markt entlanggehe, badet der Refah-Kandidat gerade in der Menge der Marktbesucher, schüttelt Hände, beantwortet Fragen, und als er an dem Wahlkampfbüro seiner Partei vorbeikommt, stürzen die circa 20 Jugendlichen, die sich dort gerade ein Video ansehen, das die Stimmenzuwächse der Partei bei den vorausgegangenen Wahlen zeigt, heraus und applaudieren kräftig. Die Wahlkampfbüros der anderen Parteien sind gähnend leer. Der Refah-Kandidat drückt jedem seine Visitenkarte in die Hand. Neben seinem Konterfei steht seine Telephonnummer, unter der jedermann mit ihm Kontakt aufnehmen kann. Aus seinem Lebenslauf, der auf der Rückseite der Karte abgedruckt ist, geht hervor, daß er 1954 im ostanatolischen Nevşehir geboren wurde und drei Kinder hat. Ferner ist vermerkt, daß er Absolvent der Gazi-Universität von Ankara ist, am dortigen Pädagogischen Institut in Türkischer Sprache und Literatur ausgebildet wurde und daß er

Französisch spricht. Er wird nicht einfach als Pädagoge, sondern als „Erziehungsfachmann“ vorgestellt. Zur Zeit arbeitet er als Lehrer am Necip-Fazıl-Kısakürek-Gymnasium in Bahçelievler. Auf der Marktstraße rufen die Refah-Anhänger folgende Parolen: „Refah kommt, und die Unterdrückung hat ein Ende. Dienst am Bürger, nicht am Parteifreund. Refah kommt, und die Bestechung hat ein Ende.“ Im Unterschied zu den anderen Parteien macht Refah den Eindruck einer Volksbewegung.

In dieser kurzen Beschreibung finden sich einige Symbole, deren selbst flüchtige Betrachtung entscheidende Hinweise auf die Triebkräfte der islamischen Erneuerung und auf die Politisierung des Islam geben: Das *bäuerliche Kopftuch* der Frauen zeigt ihre Herkunft als Landflüchtige, in deren Bewußtsein traditionell-religiöse Vorstellungen bei der Beurteilung von richtigem und falschem Verhalten, von guten und schlechten Zuständen eine entscheidende Rolle spielen. Nur wenige haben bisher ihre Identität bewußt mit Hilfe religiöser Vorstellungen konstruiert und stellen sich nun mit deren Hilfe dar, nämlich als vollbedeckte Muslima, die die Vorschriften der Verhüllung kennt und sie beachtet. Diesen (noch) wenigen liefert die anderweitig wie selbstverständlich gelebte Religion das Material zu einer entwickelten, sie von der Masse abhebenden, distinguierenden Identität. Die *Flachbebauung* ist Hinweis auf eine planlose, wilde, im rechtsfreien Raum vor sich gegangene Besiedelung, und damit auf (zumindest ursprüngliche) Rechtsunsicherheit und Ausgrenzung aus der städtischen Gesellschaft. Das *Büro der Refah Partei in der Straße der Marktstände* steht für den Kontakt der Refah mit den Gruppen, die sozial randständig sind und ihre ökonomische Reproduktion bedroht sehen. Der *türkische Marsch*, mit dem die Refah im Unterschied zur Popmusik der AnaP wirbt, ist ein Hinweis darauf, daß die Refah kulturelle Symbole benutzt, die als einheimische, als der eigenen Kultur zugehörige, erlebt werden, und daß sie sich damit als die eigentliche Vertreterin der „Menschen dieses Landes“, so eine weitverbreitete Wendung, präsentiert. Der *Moscheebauverein* zeigt, daß die glückliche Verbindung, die

die Religion im Islam mit dem Händlertum eingeht, von den Neubürgern der Stadt genutzt wird. Im Souterrain der neuen Moschee wird man Läden eröffnen, und ein neuer kommerzieller Mittelpunkt wird sich gegen die Hauptgeschäftsstraße etablieren. Es ist die religiöse Bindung der Neuankömmlinge, die den Aufbau dieses neuen Geschäftszentrums ermöglicht. *Jugendliche* mit zukunftsweisenden und Veränderung versprechenden Parolen auf die Beine bringen können in der heutigen Türkei nur noch die religiöse und die nationalistisch-kurdische Bewegung. Die anderen Parteien sind eher Aufstiegskanäle für entschlossene einzelne als Ausdruck kollektiver Veränderungswünsche. Das *Video* steht für die Bereitschaft der Partei, alle Segnungen der Moderne (nicht nur elektronische Geräte, sondern Medien generell, effektive Organisation und Werbung) zu gebrauchen und für die Fähigkeit, sie zu nutzen. Was technische Ausstattung und Organisation betrifft, ist die Refah die modernste Partei des Landes. Die Herkunft des Kandidaten aus dem ostanatolischen und religiös-konservativen *Nevşehir* verweist einmal mehr auf die Herkunft seiner Wähler und zeigt, daß er in dieser Beziehung ihr Schicksal teilt. Seine Ausbildung an der *Gazi-Universität* unterstreicht die Bedeutung, die der Vermassung von Bildung für die politische Partizipation von peripherer Bevölkerung im allgemeinen und der ideologischen (religiös-konservativen) Ausrichtung der neuen anatolischen Universitäten im besonderen zukommt. Der Name des Gymnasiums, an dem der Kandidat tätig ist, *Necip Fazıl Kısakürek,* ist ein Hinweis darauf, wen sich türkische Schüler nach den Vorstellungen des Erziehungsministeriums heute zum Vorbild nehmen sollen – denn Kısakürek gilt als einer der bedeutendsten Lyriker des religiös-konservativen Spektrums, dessen Zeitschrift „Großer Osten" *(Büyük Doğu)* zu seinen Lebzeiten des öfteren wegen Verstoßes gegen die laizistischen Gesetze beschlagnahmt worden war. Zusammen stehen *Gazi*-Universität und *Kısakürek*-Gymnasium für die jahrzehntelangen Bestrebungen des Staates, über die Islamisierung des Bildungswesens den Einfluß linker Ideologien in der nachwachsenden Generation zurückzudrängen. Selbst die harmlos klingende Angabe *Französisch* ist bedeutsam. Sie zeigt zum wiederholten Male die provinzielle Herkunft des Kandidaten. Denn Türken, die heute Französisch (oder Deutsch) als einzige Fremdsprache sprechen, sind in der Regel Angehörige der Provinz und/oder der unteren Schichten, die mehr oder weniger zufällig in die entsprechenden Fremdsprachenklassen ihrer Schule geraten sind. Kinder von Eltern, die die schulische Plazierung ihres Nachwuchses zu regeln in der Lage sind, und allgemein Leute mit Kontakten ins Ausland sprechen (zumindest auch) Englisch. Die *Parolen* bringen einmal mehr das Gefühl des Ausgegrenztseins und den Wunsch nach sozialer Gerechtigkeit (eher als den nach einem islamischen Staat) zum Ausdruck.

Im Zuge der Aneignung städtischen Lebensraumes durch die Landflüchtigen spielen die Bande der Herkunftsgemeinschaft und ihre kulturellen Ausdrucksformen, in denen der Zusammenhalt symbolisiert wird, eine wichtige Rolle. Es ist der sunnitische Islam, der für die Mehrzahl der Landflüchtigen diese Ausdrucksformen bereitstellt. Die pro-islamische Partei nimmt diese Symbole des Zusammenhaltes und der gegenseitigen Unterstützung auf und integriert mit ihrer Hilfe die Neuankömmlinge in das politische System der Stadt. Die ‚Partei der Muslime' bringt die Landflüchtigen damit politisch in die Zentren der Städte – manchmal auch geographisch: Ein Eindruck von einer Wahlkampfveranstaltung der RP im Istanbuler Touristenviertel Sultanahmet, direkt vor der Hagia Sophia: Versammelt waren die Armen Istanbuls, die Provinz. An vielen Mänteln und Jacken sah man lose Knöpfe oder aufgetrennte Nähte, kaputtes Schuhwerk, löchrige Strümpfe. In der Regel billige Kleidung vom Straßenbasar mit viel Kunstfaser.

Dieser Teil der Bevölkerung kann über Politik nur reden, wenn darüber in islamischen Vokabeln diskutiert wird und die Menschen sich (scheinbar) innerhalb des ihnen vertrauten, religiös-konnotierten Diskurses bewegen. Das erlaubt ihnen die Überschreitung emotionaler und institutioneller Barrieren und ebnet ihnen damit den Weg zu politischer Partizipation. Ein Beispiel dafür ist eine Podiumsdiskussion der Refah Partei im Istanbuler Stadtteil Beyazid: Der Saal ist überfüllt, circa 500 Leute, wieder viele Leute aus den *gecekondu*-s, alte Männer und ganz junge, am schwächsten vertreten sind die 35–50jährigen. Immer wieder verstärkt sich der Eindruck, daß die Refah die Leute aus den Randgebieten der Stadt in die Stadtmitte holt. Sicher sind einige der älteren Männer das erste Mal in ihrem Leben in einem Kinosaal. Zum Ende der Veranstaltung können Fragen gestellt werden. Noch bei keiner Podiumsdiskussion habe ich solche Stöße von schriftlich vorgelegten Fragen gesehen. Der Diskussionsleiter lobt die Zuhörer ausdrücklich, daß sie sich jetzt so der Belange des Landes annehmen. Dazu hätte das Volk ja früher keine Möglichkeit gehabt. Auch der Vertreter der AnaP riecht den Braten und sagt: „Alle haben sehr gute Fragen gestellt." Fragen staats- und gesellschaftspolitischer Art, auf die traditionelle Religiosität und jenseits-orientierte Frömmigkeit keine Antwort haben.

Diese Erfahrungen verstärken für alle Gläubigen den Drang, neue islamische Regeln für neue Verhältnisse zu formulieren, und auch für die Partei entsteht die Notwendigkeit, sich anstelle der jetzt verblassenden Tradition auf eine islamistische Theorie, eine Ideologie, zu berufen.

Die Partei machte sich also auf die Suche nach einer vom Islam inspirierten Theorie von Gesellschaft und fand einen Entwurf, der in den frühen achtziger Jahren in einem muslimischen Arbeits- und Lebenskollektiv entstanden war. Dort hatte man Kapitalismus und Sozialismus als „monopolistische" und „zentralistische" Systeme kritisiert, die jeweils die Herrschaft einer gesellschaftlichen Gruppe über andere rechtfertigen würden. Der Entwurf einer „Gerechten Ordnung" stellte diesen „auf Unterdrückung beruhenden Systemen" die „auf dem Recht beruhenden Systeme der Propheten" entgegen, in denen sich die Menschen über freiwillig eingegangene Verträge miteinander vernetzen sollten.[35] Die Partei hat diesen Entwurf einer idealen Gesellschaft gründlich umgestaltet und insbesondere dem planenden und lenkenden Staat eine zentrale Rolle zugebilligt. Eine der Partei nahestehende Zeitschrift stellt die

‚Gerechte Ordnung' folgendermaßen vor: „Die Gerechte Ordnung ist eine neue Präsentation und eine originäre Bestimmung des universellen islamischen Systems." Sie ist notwendigerweise neu, denn: „Es ist offensichtlich, daß die islamischen Modelle, die nach den vor Hunderten von Jahren herrschenden Bedingungen gestaltet waren, heute nicht genau in der gleichen Form angewandt werden können ..."[36]

Doch daß die ‚Gerechte Ordnung' „islamisch" ist, macht sie allein noch nicht *gültig*: „Die Gerechte Ordnung ist eine Gesamtheit aus ernsthaften wissenschaftlichen Programmen und Projekten, die alle von Spitzenwissenschaftlern im Range von Professoren und Dozenten, jeder auf seinem Gebiet eine Koryphäe, vorbereitet, anschließend von Stiftungen geprüft und überarbeitet und letztendlich der gesamten Öffentlichkeit, einheimischen und ausländischen Fachleuten, zur Kenntnisnahme und zur Diskussion vorgelegt worden ist."[37]

Der Autor wendet sich an potentielle Kritiker des Konzepts, und daß er diese als *alimler* (Schriftgelehrte) bezeichnet, zeigt, daß er sie in der traditionellen Ecke vermutet:

„So da Schriftgelehrte sind, welche an der Gerechten Ordnung etwas entdecken, was dem Islam widerspricht oder falsch ist, und die dies nicht mit unanfechtbaren Beweisen öffentlich machen, schaden sie den Muslimen und der gesamten Menschheit auf das Äußerste. Notwendig ist allerdings, daß sie ihre Warnungen nicht beim Tee und in privaten Versammlungen aussprechen und einfache Muslime verwirren, sondern daß diese Einwände in Zeitungen und Zeitschriften publik gemacht werden und die ganze Öffentlichkeit von ihnen profitiert. Die Würde und die Ernsthaftigkeit des Islam erfordern dies. ... In einer Zeit, da kein Schriftgelehrter, kein Scheich und kein Poet, in einer Zeit, da überhaupt kein einzelner in der Lage ist, die Muslime zu organisieren und zu stärken, in einer Zeit, da keine Rede davon sein kann, daß wirksame und in sich stimmige Bemühungen um Organisation und Disziplin unternommen werden, beginnt einer damit, dieses Manko auszugleichen. Da kommen sie hervor und schreien, das ginge nicht per Partei, damit ließe sich dieses Ziel nicht verwirklichen."[38]

Die Diskussion islamischer Gesellschaftstheorie – das zeigt dieses Beispiel – führt dazu, daß auf *neue* Art und Weise argumentiert wird: gegen blindes Vertrauen in Autoritäten und für positive Wissenschaften, gegen die Orientierung an der Tradition und für die Anpassung von islamischen Modellen an die Gegenwart, gegen elitäre Führungszirkel und für öffentliche politische und fachliche Auseinandersetzung, gegen Passivität und für individuelle Verantwortlichkeit. Gültig soll hinfort nicht mehr das sein, was traditionell gebildete Autoritäten ihren Anhängern mitteilen und was diese wiederum in ihren Kreisen weitergeben. Als islamisch richtig soll fürderhin gelten, was sich in der öffentlichen, nach rationalen Kriterien und über moderne Kommunikationsmittel geführten Diskussion, mit anderen Worten in der muslimischen öffentlichen Meinung, durchsetzt.

Wie die Auseinandersetzung um die ‚Gerechte Ordnung' zeigt, entsteht jetzt ein islamistischer Diskurs, der prinzipiell unabhängig von den einzelnen traditionellen Gemeinschaften existiert, der sie übergreift und der in seiner Form als (muslimische) öffentliche Meinung gar als Schiedsrichter angerufen werden kann. Auf symbolischer Ebene ist die Existenz eines solchen Diskurses die Voraussetzung für eine von den Orden unabhängige Etablierung der Partei und damit für die Schwächung des traditionellen Islam. Die Partei verfügt jetzt nahezu autonom über einen neuen Text, auf den sich Erlösungshoffnungen richten, und eben nicht nur diesseitige. Dadurch wird die Partei auch religiöse Autorität, sie dringt in die Domäne der Orden und religiösen Gemeinschaften ein, und die Konkurrenz auf diesem Feld muß früher oder später zu Konflikten mit den traditionellen Autoritäten führen, deren auf konservativer Frömmigkeit aufgebautes Erlösungskonzept jetzt ernsthaft bedroht ist.

Zum Aufbau ihrer Organisation hatte sich die Partei in großem Maße des Netzes bedient, das die verschiedenen Zweige der *Nakşibendiyye* und der *Nurculuk* in Zentral-, Ost-, und Südostanatolien gewebt hatten: „Für die Propaganda der Partei in Dörfern, Nachbarschaften und Moscheen bediente man sich örtlicher religiöser Führer – Muezzine, Imame oder Wanderprediger."[39] Nach dem Aufbau von Parteibüros, parteieigenen Stiftungen und parteieigenen Zeitschriften und nach der Etablierung eines von den traditionellen Gemeinschaften unabhängigen Diskurses ließen Konflikte zwischen den beiden unterschiedlichen Institutionen des Islam, der Partei und ihrem Orden, nicht lange auf sich warten. Mehmet Zahid Kotku, Scheich der İskender Paşa Loge der *Nakşibendiyye* hatte die Gründung der Partei entschlossen vorangetrieben.[40] Sein Nachfolger Esat Coşan jedoch sollte sich bald erbittert darüber beklagen, daß Erbakan ihm, dem neuen Scheich, nicht die gleiche Achtung zollte wie seinem Vorgänger. Die Partei sei, so Coşan, „in die Hände eines Undankbaren gefallen".[41]

Auch wenn überaus profane Dinge bei diesem Streit im Mittelpunkt gestanden haben sollen, es ist von der Konkurrenz um Spendengelder die Rede, wurde der Zwist darüber, ob der Scheich oder der Parteiführer die oberste Autorität sei, natürlich unter Anrufung islamischer Lehrsätze ausgetragen. An der Argumentation des Parteiführers zeigte sich die Wirkung des von den Radikalen entwickelten Diskurses. Es war der Dschihad-Begriff in der Deutung der Radikalen, um den sich die Argumentation des Parteivorsitzenden Erbakan damals zentrierte. Er bestimmte die Tätigkeit der Muslime für die Partei als Dschihad: „Wer wirklich für die Refah arbeitet, der geht ein ins Paradies. Warum? Weil Refah heißt, die Ordnung des Korans zur Herrschaft zu bringen. Du bist verpflichtet, zum Nutzen anderer zu arbeiten. Und das tut der am vollkommensten, der den Dschihad kämpft."[42] Der Kampf für die Ordnung des Korans in dieser Welt, so wird der Begriff Dschihad hier gebraucht, steht jetzt nicht nur auf gleicher Stufe mit der Anbetung, sondern ist gar die *Voraussetzung* für die Annahme der Anbetung durch Allah: „Wenn du der Refah nicht dienst, wird auch deine Anbetung keine Anerkennung finden, und du bist (darüber hinaus, GS) für die Menschen verantwortlich, die die anderen Parteien unterstützen und im Sumpfe landen. Denn *es gibt kein anderes Muslimentum*, keine andere Rettung."[43]

Mehr noch, zwar kann die Anbetung die Arbeit für die Refah nicht ‚ersetzen', die Arbeit für die Refah ist jedoch ihrerseits durchaus geeignet, nicht erfüllte Anbetungspflichten zu kompensieren: „Freitagspredigt, das ist Anleitung zum Dschihad, doch heute sind die Freitagspredigten davon weit entfernt. So wie wir für ein versäumtes Freitagsgebet das *Zuhr-i Ahir* (Ersatzgebet) verrichten, so ist jede Ansprache, die wir in einem Wahlbezirk halten, eine *Hutbe-i Ahir* (Ersatzpredigt)." Wenn so der Kampf im Diesseits für das politische Modell des Islam die eigentlich wichtige Form der Anbetung ist, steht selbstverständlich der Leiter dieses Kampfes, der Kommandant der Dschihad-Armee, über dem Scheich, der ‚nur' theologisches Wissen weitergibt. „Der Scheich ist der Führer des Ordens. Er ist dafür da, Unterricht zu erteilen. Auch die Scheichs müssen sich dem Dschihad-Befehl fügen. Im Dschihad gibt es die Soldaten und den Kommandanten. Auch der Scheich ist ein Soldat."

Weil die Politisierung des Islam auf diese Weise die Fundamente der traditionellen Gemeinschaften erschüttert, sind deren *Führer* heute die erbittertsten Gegner der Partei. Doch immer mehr *Mitglieder* der traditionellen Gemeinschaften entscheiden sich zumindest an Wahltagen für die Refah Partei. Vor die Alternative gestellt, sich entweder für die Partei oder den Orden zu entscheiden, votiert man in der Regel für die Partei, die aus der Auseinandersetzung mit ihrem Gründungsorden gestärkt hervorging, während der Orden seine politische Bedeutung weitgehend eingebüßt hat.

Es ist kein Zufall, daß in der Konkurrenz von Orden und Partei die moderne Organisationsform, die Partei, das Rennen machte. Denn die Orden, die über ihrer größere Sichtbarkeit in den letzten Jahren zunehmend ins Zentrum des Interesses rückten, sehen sich in der modernen Türkei Entwicklungen ausgesetzt, die mittelfristig an dem nagen, was die Mitglieder im Orden hält – das Charisma des Ordensscheichs und die Hierarchie personaler Beziehungen. Hinweis auf diese Schwächung ist paradoxerweise gerade die Aktivität der Orden im gesellschaftspolitischen Bereich, ihre soziopolitische Aktivität, die gerne als Beweis für ihren Einfluß und ihre Stärke gewertet wird. So traten beispielsweise auch die Orden nach 1980 in eine Phase der schnellen Medialisierung ein, und heute gehört es für einen Orden fast zum guten Ton, über Zeitschriften und Zeitungen und bisweilen gar über einen Radio- oder Fernsehsender zu verfügen. Die mediale Form der Kommunikation jedoch schwächt notwendig die personale, auf der die Struktur der Orden gründet. Eine zunehmend über Medien vermittelte Bindung des Novizen an seinen Scheich und Lehrer gewährt ersterem ungleich mehr Möglichkeiten, sich reflektierend und damit distanziert zu den Inhalten der Unterweisungen zu verhalten, die er vom Lehrer empfängt. Als Kolumne abgedruckt, wird das Wort des Scheichs, das früher alles entschied, zu einer Stellungnahme unter vielen, daß es an herausgehobener Stelle im Heft steht, ändert daran nichts. Den Schüler hingegen verwandelt die mediale Kommunikation aus einem gläubigen Zuhörer im Kreis der anderen zu einem Konsumenten, der prinzipiell frei am Kiosk auswählt. Im Vergleich zur Situation in der mündlichen Gruppenunterweisung sind die Worte des Lehrers im Heft dem Leser, der sie nach Belieben hervorheben und streichen, sie von ihren Nachbarn trennen und mit fremden verbinden und sie so in ganz anderen Zusammenhängen betrachten kann, schutzlos ausgeliefert. Die mediale Kommunikation hat zur Folge, daß an den Worten des Scheichs vor allen Dingen ihre Inhalte wichtig werden. Damit geht der Verlust von Dimensionen einher, die die Worte des Scheichs früher nahezu unabhängig von ihrem Inhalt zu absolut gültigen machten. Es sind dies Dimensionen wie die Unterwerfung des Schülers unter den Lehrer im Ritual, die unter Anleitung vor sich gehende kollektive Anbetung bzw. die mystische Praxis. Mediale Kommunikation raubt der Beziehung zwischen dem Schüler und dem Lehrer gerade jene Dimensionen, auf denen sich die hierarchische Struktur der Orden erheben konnte. Es ist der Übergang von der ‚Partizipation am Strom geistiger Gaben' des Lehrers zum ‚Verbrauchen', ein durchgelesenes Heft zur Seite legen, der unausweichlich mit der Medialisierung der Kommunikation erfolgt. Mit der Ausweitung ihrer Aktivität in dieser Welt wird darüber hinaus im religiösen Betrieb der Gemeinschaft der moderne Manager immer wichtiger, und immer fremder wird dem jungen überzeugten Muslimen der Asket, der religiöse Weise, kurz der Muslim, der sein Handeln primär auf das Jenseits, das Transzendente, und erst in zweiter Linie, wenn überhaupt, auf die moderne Gesellschaft ausrichtet.

Die Refah Partei hat sich mittlerweile eine von den Orden und religiösen Gemeinschaften vollkommen unabhängige Organisationsstruktur geschaffen, auf die die anderen politischen Parteien nur mit Neid blicken können. Die Organisation findet ihr Ende nicht auf der Provinz- oder Stadtebene, sondern geht hinunter bis zu Straßen- und Wohnblockversammlungen. „Parteilehrer" übernehmen die parteiinterne Fortbildung, und „Wahllokalbeobachter" harren zur Vorbeugung von Wahlfälschungen an den Urnen aus. „Wahllokalverantwortliche" sind für die Motivierung der Wähler zur Stimmabgabe, falls nötig, auch für ihren Transport zum Wahllokal zuständig. Damit sie ihre Arbeit erfüllen können, haben die Wahlkommissionen alle Parteimitglieder und -sympathisanten, aber auch diejenigen, die es in nächster Zeit werden könnten, mit einer Reihe persönlicher Daten im Computer gespeichert. Doch weil nach den Worten Erbakans im Grunde alle Einwohner der Türkei Anhänger seiner Partei sind und viele (bis heute die meisten) es nur noch nicht wissen, trägt die Partei unterschiedslos alle Wähler in ihre Register ein und gelangt so zu einer nahezu lückenlosen Erfassung der Bevölkerung. In jedem der 32 Bezirke der Provinz Istanbul arbeiten außerdem aus jeweils 14 Frauen bestehende „Frauenkommissionen", die sich um den Aufbau von „Stadtteil"- und „Straßen-Frauenkommissionen" und um die Bestimmung von weiblichen „Wohnblock"- und „Appartementverantwortlichen" bemühen. Sie sichern die Propaganda der Partei unter den Hausfrauen, die für männliche Agitatoren nicht erreichbar sind.

Für ihre Propaganda, die sich zu einem großen Teil an untere Volksschichten ländlicher Herkunft richtet, bevorzugt die Partei Medien, die es erlauben, die orale Tradition der

Kommunikation fortzuführen: Zur Agitation und Schulung zirkulieren Tonkassetten und Videos mit Ansprachen von Führungskadern. Darüber hinaus sendet Radio Üsküdar FM aus Istanbul die Refah-spezifische Beurteilung aktueller Ereignisse ins Marmara-Gebiet, und in der gesamten Türkei, aber auch in ganz Europa, kann man sich über Kanal 7 per Fernsehen aus Refah-Perspektive informieren.

Das meiste Aufsehen erregt Refah heute mit ihren Erfolgen in den großen Städten. In Istanbul konnte sie ihren ersten Triumph anläßlich der Parlamentswahlen vom 20. Oktober 1991 feiern und die *gecekondu*-s waren ihr Sprungbrett in die Zentren der Städte. Bei den jüngsten Kommunalwahlen vom März 1994 hat sich der Trend der Partei zur primär städtischen Bewegung fortgesetzt. Ihr Ergebnis in Istanbul, das früher dem Landesdurchschnitt zu entsprechen pflegte, lag jetzt mit 25 Prozent sechs Punkte darüber. Die Partei gewann nicht nur die Bürgermeisterposten von Istanbul und Ankara, sondern von insgesamt sechs der 14 Großstadtverwaltungen des Landes, so daß sie jetzt außerdem in Konya, Kayseri, Diyarbakir und Erzurum regiert. Heute hat statistisch jeweils eine von 2,5 Großstädten des Landes einen islamistischen Bürgermeister, hingegen wird nur eine von neun Kreisstädten des Landes von der Refah Partei regiert.

Die zumindest in den Großstädten lückenlose Organisation der Partei spielt bei der Integration der Landflüchtigen in das politisch-ökonomische Gewebe der Stadt eine wichtige Rolle. Rekrutierte die Partei früher nahezu ausschließlich Mitglieder religiöser Gemeinschaften, seien es Orden, Schulen oder Moscheegemeinden, ist sie jetzt prinzipiell in der Lage, auch einzelne anzusprechen und aufzunehmen. War man früher erst Mitglied einer (religiösen) Gemeinschaft und dann Mitglied der Partei, hat sich diese Betonung heute umgekehrt, und zunehmend rekrutiert die Partei – wie zehn Jahre früher die verschiedenen Gruppen der radikalen Islamisten – auch ansonsten nicht eingebundene Individuen, die bisweilen nicht einmal besondere Nähe zur Religion zeigen.

Die politische Haltung der Refah Partei ruht tief in der Weltansicht der türkischen Gesellschaft. Die inhaltliche Beeinflussung der Partei durch die Islamisten und die Veränderung ihrer sozialen Basis haben jedoch zu einigen Veränderungen ihrer Positionen geführt, welche jetzt nicht mehr einfach als Äußerung des ‚Volksgemeinschafts-Bewußtseins' auftreten, sondern sich theoretisierend als ‚Weltanschauung' präsentieren.

Tatsächlich ist es für eine in die Vorstellungswelt ihres Glaubens eingebundene und autoritätshörige Bevölkerung die vielstimmige und gegensätzliche Diskussion dessen, was ‚Islam' politisch meint, die dem Staat die ihm bis heute in weiten Kreisen zugestandene religiöse Autorität und damit sein Recht entzieht, die Gesellschaft zu formen. Damit ist zum ersten Mal die Möglichkeit gegeben, daß die religiös gebundenen Teile der Bevölkerung in den ihr eigenen moralischen und politischen Kategorien am politischen Meinungsbildungsprozeß teilnehmen. Daß diese faktische Ausweitung politischer Partizipation umstandslos mit einer Demokratisierung des Landes gleichzusetzen ist, wird nicht behauptet. Jedoch ob das Ziel begrüßenswert erscheint oder nicht, in der islamistischen Diskussion kommt die Tendenz zum Ausdruck, daß in Zukunft weniger der Staat die Gesellschaft, als vielmehr die Gesellschaft den Staat formen wird.

Mit der Organisation von frommen Muslimen in der islamistischen Partei ist der beginnende Aufbruch eines weiteren Deutungsmusters verbunden, die Infragestellung personaler Beziehungsformen. Wie der unabhängig von einer konkreten Gemeinschaft bestehende islamistische Diskurs zur Rationalisierung der Weltsicht beiträgt, so die unabhängig von einer traditionellen Gemeinschaft bestehende Organisation der Partei zu einer Versachlichung der sozialen Beziehungen. Gegen alle traditionelle Orientierung gilt, daß da, wo die Führer gewählt werden, Status erworben wird und dieser damit hinterfragbar und veränderbar ist. Die Schwächung der traditionellen Autoritäten zeigt sich darin, daß ihre Worte nicht mehr ohne weiteres befolgt werden und ihr Einfluß auf die politischen Haltungen der Frommen schwindet. Wie beim Verhältnis der Frommen zur staatlichen Autorität, ist es also auch bei ihrem Verhältnis zu überkommenen religiösen Autoritäten der islamistische Diskurs, der die kritische Distanz ermöglicht und einem Bewußtsein für individuelle Verantwortung Raum geben kann. Der Prozeß ist weniger paradox, als es scheinen mag, denn nirgends wird individuelle Handlungs- und Entscheidungsfreiheit über die kompromißlose Ablehnung der Werte derer, von denen man diese Freiheiten fordert, eingeklagt, sondern immer geschieht dies unter Berufung darauf, daß man selbst *eben diese Werte* in ihrem *eigentlichen* Sinne verwirkliche.

Die islamistische Partei und ihr Diskurs tragen so dazu bei, *das* Muster der sozialen Verwebung zu schwächen, zu dessen Schutz die Frommen aus sittlicher Sorge angetreten waren. Was die Stellung der Frau betrifft, so gilt: Während die Tradition den Frauen Einfluß in der ‚Öffentlichkeit der Gemeinschaft' abspricht, organisiert die Partei Frauen für ihren effektiven Einsatz in der ‚Öffentlichkeit der Frauen'.

3. Die Gestaltung des Geschlechterverhältnisses

Die Trennung der Geschlechter, die große Bedeutung, die der Ehe beigemessen wird, und der Ausschluß jeglicher Form von nichtehelichem Geschlechtsleben sind die einzigen Prinzipien islamischen sozialen Lebens, auf die sich alle Rechtsschulen, Orden, Sekten, philosophischen Strömungen und politischen Gruppen genauso wie die verschiedenen Flügel der religiösen Partei zu einigen in der Lage sind. Gleiches kann weder für grundlegende politische Orientierungen noch für die Haltung zu Wirtschaftsmodellen, weder für die Stellung zur Moderne und zu ihren Segnungen noch für die Beurteilung anderer Religionen und ihrer Angehörigen behauptet werden. Auch in den kulturellen Produktionen (Filme, TV-Serien, Romane) der neuen islamistischen Szene ist es allein die Trennung der Geschlechter, die durchgängig als soziale Konsequenz bewußten islamischen Lebens thematisiert wird. Die in diesem Sittlichkeitsverständnis für die Frau vorgesehene Rolle ist es, *mahrem* zu sein, d.h. abgeschieden von all den Männern zu leben, die nicht zur Verwandtschaft gehören. Es ist die Verteidigung dieser der Frau zugeschriebenen Rolle, in der sich noch heute ausnahmslos alle Organisationen des nichtamtlichen Islam treffen. Seiner Aufgabe gemäß, Zwietracht unter den Muslimen zu vermeiden, hat sich der amtliche Islam, die Religionsbehörde, bisher in dieser Frage bedeckt gehalten. Gleichwohl erstellte die Behörde ein Gutachten, das die Verhüllung als Pflicht jeder Muslima wertet. Frauen, die sich nicht verhüllten, versündigten sich danach zwar, doch könne man sie deswegen nicht als aus der Religion ausgeschieden betrachten. Ihrer Bedeutung für das muslimische Sittlichkeitsempfinden wegen ist die Stellung der Frau als der „Zentralcode muslimischer Sozialität" bezeichnet worden, und es ist die Verhüllung, die diese Stellung symbolisiert.

Die Aufrechterhaltung der Geschlechtertrennung

Den Schutz und die Ausweitung dieser Sittlichkeitsauffassung versucht der religiös-konservative Teil der Bevölkerung über drei Strategien zu erreichen:

Da ist zum einen der Widerstand gegen die Etablierung aller Räume, in denen sich die Geschlechter begegnen könnten. Die Parks, Boulevards und großen Plätze der türkischen Städte sind meist Produkte der Republik. Die muslimische Frau betritt sie selten allein. In der Moral einer patriarchal codierten Religion birgt das Betreten solch anonymer Räume durch Frauen die Gefahr in sich, Zwietracht hervorzurufen, was Gewalttätigkeiten der Männer untereinander und die Zerrüttung der Familien zur Folge hätte. Den Religiösen sind urbane Räume und Sittenlosigkeit eins. Für Melih Gökçek, seit März 1994 für die Refah Partei Bürgermeister in Ankara, brachte eine Frauenskulptur im Stadtpark das Verhältnis von öffentlichem Raum und Sittenlosigkeit auf den Punkt. Er sah in der

Skulptur eine Abbildung des Orgasmus, ließ sie prompt hinwegschaffen und meinte: „Die nennen Unsittlichkeit Kunst, auf so eine Kunst spucke ich."[44] Deshalb wendet sich die Refah Partei gegen Grünanlagen und wählt für neue Moscheen mit Vorliebe die Orte, die in den Bebauungsplänen für Parks vorgesehen sind. Öffentlicher Raum und Unsittlichkeit kumulieren im Bordell, und im anatolischen Çorum wurde das Freudenhaus nach einem feierlichen Akt und unter Anwesenheit des Refah-Bürgermeisters niedergerissen.

Die Beweggründe der Männer dafür, daß sie öffentliche Räume lieber nicht zusammen mit der Frau betreten, benennt Schiffauer, und wieder ergibt sich der Eindruck, daß das störungsfreie Zusammensein von Männern an den Ausschluß der Frauen gebunden ist: „An diese Orte kann man sich (mit der Frau zusammen, GS) nicht gefahrlos begeben, weil man in einem anonymen Kontext nicht darauf setzen kann, daß Grenzen respektiert werden, daß die eigene Frau oder Tochter – und damit man selbst – nicht belästigt oder provoziert werden."[45] Aus diesem Grund war die Republik bei der Einrichtung öffentlicher Räume dazu gezwungen, ihnen ihren allzu öffentlichen Charakter zu nehmen und Grenzen zu wahren. In den von ihr favorisierten Teegärten ist deshalb immer eine Hälfte für Familien reserviert, und die andere Hälfte ist für Männer, die allein kommen. Den Kemalisten war diese Aufteilung des öffentlichen Raumes in einen rein männlichen Teil und einen, den auch die Frau betreten konnte, Mittel dazu, öffentlichen Raum überhaupt zu etablieren. Auch die Religiösen sind für die Trennung des öffentlichen Raumes; aber ihnen dient sie dazu, die Entstehung gemeinsamen Raumes für die Geschlechter zu verhindern.

Dies macht die Strategie Nummer zwei aus. Wenn sich weder die Entstehung öffentlicher Räume noch deren Nutzung durch die Frau vermeiden läßt, bevorzugen die Religiösen die strikte Trennung dieser Räume nach dem Geschlecht. Man wendet sich gegen die Koedukation und hat dies zumindest in den Predigergymnasien und an den Theologischen Fakultäten durchgesetzt. Die von religiösen Gemeinschaften gegründeten

Privatschulen sind von vornherein als reine Knabenschulen konzipiert. Im zentralanatolischen Konya mußte der Refah-Bürgermeister gesonderte Busse für Studentinnen nur von der vorhergehenden AnaP-Stadtverwaltung übernehmen. Weil die abhängige Stellung der Frau in der religiös symbolisierten Moral die Norm ist, sind keineswegs nur die Refah Partei und andere islamistische Gruppen auf die Perpetuierung dieser Situation aus, sondern diese Haltung findet sich in weiten Kreisen der rechten Parteien. Daß bei öffentlichen Veranstaltungen der Wohlfahrtspartei und anderer religiöser Gruppen Frauen und Männer getrennt sitzen, ist seit einigen Jahren selbstverständlich.

Nahezu vollkommen verwirklichen läßt sich die Geschlechtertrennung, wenn sich die Frau auf die Hausfrauenrolle einläßt, und deren Propagierung ist Strategie Nummer drei. Zwar haben die islamistischen Studentinnen bei ihren Aktionen für das Recht, auch mit dem Kopftuch an den Vorlesungen der Universitäten teilzunehmen, im konservativen Lager große Unterstützung gefunden. Doch bei ihrem Einsatz für die außerhäusliche Berufstätigkeit der muslimischen Frau wurden sie nicht nur alleingelassen, sondern stießen bei den muslimischen Männern auf große Ablehnung. Entsprechend beklagt sich eine Aktivistin in der Tageszeitung der Partei: „So sehr das Thema Erziehung (der Frau, GS) im Vordergrund stand, so dicht besetzt mit Zweifeln und Zurückhaltung ist (das Thema, GS) Arbeitsleben."[46] Doch für die von den jungen Islamistinnen als Voraussetzung für ihre Berufstätigkeit geforderte ‚islamische Gestaltung des Arbeitsplatzes' fällt ihnen selbst – neben den Pausen für das Gebet – ebenfalls nur die Geschlechtertrennung ein: „Zu Hause halten wir uns an die Vorschriften zur Trennung der Geschlechter. Das zeigt sich sogar am Verhalten des Milchmanns, der bis an unsere Tür kommt. … Aber geht das im Arbeitsleben? Mein Kollege ist ein Mann, mein Vorgesetzter ist ein Mann. Vielleicht können wir uns sogar vor denen zurückziehen – aber wie ziehe ich mich, wenn ich Lehrerin bin, von meinen Schülern zurück?" [47]

Die Konkurrenz alter und neuer Muster der Lebensführung

Doch in der Türkei konkurrieren heute alte und neue Muster der Lebensführung, und die Frauen und Mädchen des gläubigen Teils der Bevölkerung sehen sich einer Vielzahl von Erwartungen gegenüber, die sich oft diametral widersprechen: Sie sollen den öffentlichen Raum meiden und doch als ‚Kopftuchstudentinnen' die Unterdrückung der Gläubigen durch die ‚gottlosen Verwestlicher' im politischen und damit im öffentlichen Raum symbolisieren. Sie sollen, wie allen importierten Ideologien, dem frauenrechtlerischen und feministischen Diskurs des Westens widerstehen und doch – angesichts der Universalität, die der Grundsatz von der Gleichheit der Geschlechter gewonnen hat – durch ihre außerhäuslichen Erfolge das negative Image der Muslima widerlegen[48] und beweisen, daß der Islam die Religion ist, die der Frau den größten Wert beimißt. Sie sollen sich der Disziplin der religiösen Partei beugen (in ihren Leitungsgremien sind sie nicht vertreten) und doch deutlich machen, daß diese Partei die politische Aktivität von Frauen fördert. Sie sollen der Tradition entsprechend folgsame und sittsame Tochter und doch anziehendes und prinzipiell erlangbares Objekt autonomer Gattenwahl sein. Sie sollen sich ihrem Manne unterordnen, sich primär über ihre Familie und Kinder definieren und doch eine persönliche, ihre Eigenverantwortung unterstreichende Ethik entwickeln. Die zur Tradition konträren und in sich selbst widersprüchlichen Erwartungen machen sich im Erleben der jungen Frauen als Selbstzweifel bemerkbar: „Es gab eine Zeit, da war ich mit mir selbst im Einklang, ich war stundenlang unterwegs, vom Glauben an die Zukunft erfüllt und sicher, die Welt zu verändern. ... Diese Hausarbeit, immer derselbe Trott. Ich habe Angst davor, mich eines Tages selbst nicht mehr zu kennen."[49]

Als Rettung vor einem solchen Persönlichkeitsverlust erscheint auch den islamistischen jungen Frauen die außerhäusliche Erwerbstätigkeit: „Das Wichtigste ist, daß die außerhäusliche Arbeit die Frau aus der Monotonie befreit und sie aktiviert. Bis zu einem gewissen Grad hängt es vom Arbeitsleben ab, ob sich eine Frau selbst entwickelt, ob sie gesellschaftliche Kontakte hat und ob sie (in materieller und geistig/moralischer Hinsicht) produktiv ist.“ [50]

Die jungen Frauen sollen und wollen mit einem Wort den öffentlichen Raum betreten, ihn gestalten und sich selbst nach ihm gestalten – und ihm doch fernbleiben. Wie oben deutlich wurde, resultiert die Gefährlichkeit des öffentlichen Raumes daraus, daß er die Kontrolle über die (Sexualität der) Frau aufhebt. Die widersprüchlichen Anforderungen, mit denen die Frauen konfrontiert sind, lassen sich demgemäß auf folgenden Satz reduzieren: ‚Geh' in den öffentlichen Raum – aber verdecke deine Sexualität!‘ Im Modell der ‚Kopftuchstudentin‘ gelangt dieser Befehl zu seiner Ausführung. Positiv gewendet klingt das so: „Ich trage den Schleier freiwillig, ... nicht um meine Vernunft zu bedecken, sondern weil ich den Menschen damit sagen will: ‚Seht in mir nicht die schönen Attribute der Frau, sondern die rational denkende Persönlichkeit, den Menschen, der denkt und eine Meinung hat.‘“ [51]

Wenn die Verhüllung – wie bei den politisch bewußten islamistischen Studentinnen – frei gewählt ist, symbolisiert sie die Entschlossenheit der Frau, den Platz, der ihr zugewiesen wird, nämlich zu einem Mann zu gehören, nicht zu verlassen, und ermöglicht ihr gerade damit die Ausweitung, ja die qualitative Umgestaltung ihres Aktionsfeldes. An die Stelle der gelebten Beziehungsform selbst tritt ihre Präsentation. Als bedeckte Muslima, die mit ihrer Kleidung zeigt, daß sie auf ihre Ehre achtet und so das Ansehen ihres Mannes (bzw. des Vaters oder der Brüder) schützt, kann die Frau ihren Aktionsradius erweitern, ohne Gefahr zu laufen, deshalb schlecht angesehen zu werden. Die Bedeckung ermöglicht ihr damit, ihre Rolle innerhalb der Rolle zu wechseln und neuen Anforderungen zu entsprechen.[52] Dies gilt besonders für junge Frauen, denen die Bedeckung das Betreten neuer sozialer Räume wie Universitäten und urbane Arbeitsplätze ermöglicht, ohne daß sie sich mit der Überschreitung der räumlichen Grenzen von Familie und Nachbarschaft auch sozial von diesen verabschieden müßten.

Mehr noch, nicht die Familie kann sie jetzt im Namen von Sitte und Religion für den Bruch mit der traditionellen Hausfrauenrolle verurteilen, sondern sie selbst sind in der Lage, die Eltern, die sich nicht vorschriftsmäßig kleiden, einer nichtislamischen Lebensführung zu bezichtigen. Die junge gläubige Generation kann sich damit über die alte erheben, wie das die Jugend in modernen Gesellschaften tut.

Das grundsätzlich Neue, das sich mit dem Wechsel der Rolle in der Rolle durchsetzt, machen die lobenden Worte deutlich, die eine islamistische Zeitung über die bedeckten Frauen und Mädchen verliert: „Diejenigen, die die Geschäfte (für islamische Bekleidung, GS) betreten, sind bereit, sich mit den Symbolen einer neuen Identität, mit den Symbolen der Grundwerte ihres Glaubens zu schmücken."[53] Gerade daß eine persönliche Entscheidung für ein gläubiges Leben getroffen wird und eine solche Entscheidung jede für sich selbst zu fällen hat, macht jetzt den Glauben der Frauen lobenswert. Jetzt wird ihr Körper zum Symbolträger für die prinzipiell individuell gewählte kulturelle Stellung. Die Gestaltung des Körpers drückt die Orientierung an einer Bezugsgruppe aus, die prinzipiell unabhängig von Ort und Zeit besteht. Die individuell gewählte Verhüllung in ihrer reinen Form fußt damit auf Beziehungsformen, die das genaue Gegenteil von traditionellen Verhältnissen sind.

Die Verinnerlichung der von der Religion geforderten sittlichen Normen, die sich in der individuellen Entscheidung zur Verhüllung ausdrückt, hat Konsequenzen für die Haltung der Frau zu ihrer Sexualität. Wo die soziale Verwebung der Gemeinschaft über die Kontrolle der Frau geschieht, da ist die öffentliche Sphäre männlich – in den muslimischen Gemeinschaften genauso wie in der Katholischen Kirche. Und wo Ungleichheit auf der Geschlechtlichkeit aufbaut, da entsteht Gleichheit auf Kosten ihrer Verdrängung. Wenn Frauen als Gleiche in männliche Sphären eintreten, sind sie gezwungen, ihre Sexualität zu verleugnen.

Die Frauen der einzelnen gesellschaftlichen Schichten werden jedoch zu unterschiedlichen Zeiten in den öffentlichen

Raum integriert. Diesen Schritt machten die Frauen des Bürgertums über ihre Identifikation mit der kemalistischen Ideologie. So wandelte sich in den frühen Jahren der Republik das Frauenbild der kemalistischen Kader von der ‚Verführerin' zur ‚Kameradin': „... in diesem Blick gab es nicht das Geringste, was einen an Mann oder Frau, an Geschlechtliches erinnert hätte", pries die Schriftstellerin der neuen Türkei, Halide Edib Adıvar das neue Frauenbild.[54] Als die Linke in den siebziger Jahren begann, Frauen in ihre Reihen zu integrieren, zogen damit Teile des Kleinbürgertums und der Alewiten nach. Damals drückten die Männer dieser Frauen die neue Ethik in einer sozialistisch-alewitischen Formel aus und sagten: „Mein Volk ist meine ganze Liebe und alle Mädchen sind mir Schwestern."[55] Mit der Kopftuchbewegung vollzieht sich dieser Prozeß heute innerhalb der konservativen und religiös gebundenen sunnitischen Bevölkerung.

Sicherte früher die patriarchalische Gemeinschaft ihren Zusammenhalt über den Ausschluß der ‚Zwietracht stiftenden Frau', d.h. über die Verbannung der Sexualobjekte, so wird die soziale Verwebung jetzt darüber aufrechterhalten, daß beide Seiten den Willen zur Kontrolle ihrer Sexualität artikulieren. Konkret jedoch erfolgt die Entsexualisierung der Beziehungen über die Entsexualisierung der Frau. Das graue Kostüm der kemalistischen Professorin, der weite Pullover der linken Studentin und das Kopftuch der Muslima gehören in eine Kategorie. Der Prozeß zeigt sich noch heute an den Röcken Tansu Çillers, die mit ihrer Wahl zur Ministerpräsidentin ein gutes Stück länger geworden sind.

Immer dient das Verstecken der Weiblichkeit der Stützung der männerdominierten Ordnung, und selbst das Heraustreten der Frau aus dem Harem wurde mit dem Nutzen für die Gesellschaft begründet. So sagte Mustafa Kemal für die Republik: „Die Frauen müssen gut ausgebildet werden, damit sie der kommenden Generation all das vermitteln können, was diese braucht, um in der heutigen Zeit und in unserer neuen Gesellschaft zu bestehen."[56] In den religiösen Kreisen ist es heute wiederum die Erziehung der Kinder – diesmal zu bewußten

Muslimen –, die das ausschlaggebende Argument für das Studium der Mädchen abgibt. Das Motiv der ‚Kameradin', das Bild der Frau, die im öffentlichen Bereich an der Seite des Mannes kämpft, findet sich auch bei den Muslimen wieder, wenn die Bedeutung der *tebliğ* (der politisierenden Glaubensverkündung unter den Muslimen) unterstrichen wird, die für Frauen nur von Frauen geleistet werden kann.

Wenn die Frau auf diese Weise in die öffentliche Sphäre tritt und vollkommen neue Qualitäten gewinnt, ist die konstatierte Trennung von Liebe und Sexualität nicht länger aufrechtzuerhalten, und die Sehnsucht des Mannes richtet sich auf die ‚Frau mit Persönlichkeit'. Auch in dieser Beziehung gingen die osmanischen Intellektuellen, die das Reich verwestlichten, den heutigen Muslimen voran: „Mag er noch so vernünftig, wohlhabend und angesehen sein, kann ein Mann glücklich sein mit einer ungebildeten Frau?" schrieb der osmanische Schriftsteller Şemseddin Sami.[57] Die gleichen Gefühle beschreibt ein junger Mann aus dem konservativen Spektrum. Wieder ist es die westliche Frau, vor derem Bild die Frauen des eigenen Landes verblassen: Er sagt, daß ihn die türkischen Frauen wenig ansprächen, daß er dagegen in den Gesichtern von westlichen Frauen einen gewissen Zauber, eine gewisse Atmosphäre fände und daß er sich in diese verlieben könnte, auch wenn sie nicht so extra schön seien. In den Gesichtern der türkischen Frauen gebe es da häufig nichts, so daß er schon glaube, in diesem Land sei keine Frau für ihn.

Das zeigt, daß neue Muster von gültigen und richtigen Beziehungen der Geschlechter die traditionellen Gewißheiten überlagern und auflösen, und daß das Nachdenken über neue Formen des Verhältnisses begonnen hat. Gefangen zwischen der politisch formulierten Ablehnung des Westens und seiner kulturellen Vorgaben und gleichzeitig aus der Tradition geworfen, bleibt nur die Nutzung indigener Begriffe und Vorstellungen für die Gestaltung von Beziehungen, deren Anlage früher die Tradition vorgab.

Die Verhärtung der Regeln für die Geschlechtertrennung, die immer wieder herausgestellt und beklagt wird, genügt allein diesem Klima nicht, und tatsächlich findet sich daneben auch die relativierende Interpretation und die schöpferische ‚islamische' Neugestaltung des Geschlechterverhältnisses. Eine solche Neugestaltung ist Produkt der Lebenswelt der gläubigen jungen Leute, die sich der Kontrolle der Gemeinschaft ledig, aber auch ihrer Leitung verlustig, in den Metropolen wiederfinden. Wie kommen Mann und Frau in der Stadt zueinander? Ein Beispiel aus einer Gruppenunterhaltung: Eine religiöse Stiftung richtet regelmäßig Wochenendseminare für junge Leute aus. Einer der Referenten sagt, die Seminarstunden hätten auch die Funktion, die jungen Leute zwecks späterer Heirat zusammenzubringen. Ich sage, daß in England muslimische Frauen Kontaktclubs gegründet hätten, in denen die ansonsten getrennten Geschlechter sich mit dem gebilligten Ziel der späteren Eheschließung kennenlernen könnten. Das findet er gut.

Die Seminare konstruieren „Räume kontrollierten Fremdseins"[58], in denen einerseits Begegnung und Kontakt stattfinden können, in denen die Beteiligten jedoch andererseits als Mitglieder von islamischen Gruppen einer Sozialkontrolle unterliegen und bei Fehlverhalten belangbar sind. Unter Nutzung islamischer Vorstellungen und während der Festigung islamischen Bewußtseins, die durch die Seminare erreicht werden soll, vollzieht sich ein grundsätzlicher Wandel in der Eheanbahnung, der nicht ohne Auswirkungen auf das Geschlechterverhältnis selbst bleiben kann. Denn in welchen Begriffen sie sich auch ausdrückt und mit welchen Inhalten sie sich auch legitimiert, wo für die Aufnahme oder Nichtaufnahme von Beziehungen die Entscheidung des einzelnen und nicht die der Gemeinschaft bzw. ihrer Patriarchen ausschlaggebend ist, da ist es im Prinzip die Entscheidung der einzelnen, das Zusammensein fortzuführen oder es zu beenden.

Im Islam ist die Eheschließung kein heiliger Akt, sondern ein zivilrechtlicher Vertrag, der für seine Gültigkeit nur der zweifachen muslimischen Zeugenschaft bedarf. Das machen sich heute religiös gebundene junge Leute zunutze, die versuchen, unter den Bedingungen städtischen Lebens zu einer schöpferischen Neugestaltung des ‚islamischen' Geschlechterverhältnisses zu gelangen. Sie verbinden dabei moderne Elemente wie die Selbstbestimmung der Frau, ihren gleichberechtigten Zugang zum öffentlichen Raum, ihre Befreiung von der Herrschaft der Eltern und ihr Recht auf Sexualität mit ‚islamischen Konzepten': Mitglieder des Lehrkörpers verschiedener Universitäten berichten, daß islamistische Aktivisten bisweilen ohne Wissen ihrer Eltern inoffizielle Ehen, sogenannte Imam-Ehen, eingingen, und dann mit ihren auf diese Weise erlangten Ehepartnern zusammenlebten.[59] Dieselbe Entwicklung geht in der muslimischen Diaspora in Europa vor sich: „Weil diese Art der Eheschließung keinen rechtlichen Wert hat, scheint es angebracht, sie als eine Form religiöser Sanktionierung eines Lebensstils und nicht als eine Eheschließung im eigentlichen Sinne des Wortes zu verstehen. Primäres Motiv dafür ist die Vermeidung vorehelichen Geschlechtsverkehrs, der im Islam scharf verurteilt wird. Diese Art von ‚Ehe' gibt den muslimischen Jugendlichen die Möglichkeit, mit Angehörigen des anderen Geschlechts zusammenzuleben, wie das holländische Jugendliche auch tun."[60]

Diese neue islamistische Praxis kehrt die Funktion und die Bedeutung, die die Eheschließung in traditionellen Gemeinschaften hat, ins Gegenteil. Dort wird die Ehe vor den Augen der gesamten Gemeinschaft (und in diesem Sinne vor Gott!) gestiftet, und die durch die Heirat geschaffenen neuen Zugehörigkeiten werden über die Hochzeitsfeier in die Gedächtnisse der Gemeinschaftmitglieder eingeschrieben und auf diese Weise dokumentiert. Die Sexualität der Gemeinschaftsmitglieder wird darüber kontrolliert, daß die Eheleute vor der Gemeinschaft (vor Gott) Eheleute und damit für andere tabu sind. Im neuen Modell schließen die jungen Leute die Ehe in eigener individueller Verantwortung oder unter der begrenzten Öffentlichkeit ihrer Gruppe (vor ihrem Gott): Auf diese Weise bestimmen entweder sie selbst oder aber ihre Gruppe über ihre

Sexualität. Solche Ehen unterliegen keiner offiziellen Registrierung und sind dementsprechend leichter auflösbar.

Auch wenn diese ‚islamistische Ehe' noch selten vorkommt, tritt in ihr die Funktion islamistischer Aktivität, nämlich aus der Tradition gefallene Jugendliche in von ihnen selbst entwikkelten Konzepten und in von ihnen gestalteten Strukturen miteinander verkehren zu lassen, deutlich zu Tage. Verallgemeinerbar ist, daß islamistische Gruppen ihren Mitgliedern die schrittweise Entwicklung von Verhaltensformen und -normen für neue und bisher unstrukturierte Bereiche sozialen Lebens ermöglichen. Denn der traditionelle Weg der Partnerfindung, die Brautschau durch Anverwandte oder ‚Spezialistinnen', funktioniert nur in überschaubaren Gemeinschaften, in die die einzelnen so stark eingebunden sind, daß sie sich zwar den Entscheidungen der Alten fügen müssen, die künftigen Eheleute sich jedoch in der Regel aus ihrer Kindheit kennen oder zumindest über ihre Umgebung verläßliche Informationen über einander erhalten.[61] In der städtischen Gesellschaft droht der Gemeinschaft der Verlust der Nähe und Überschaubarkeit, die diese Sozialkontrolle ermöglichte, sie aber auch erträglich machte. Mit der islamistischen Gruppe reproduzieren junge Leute der Peripherie die sittliche Gemeinschaft, stiften diese jedoch in weitgehend anonymen Verhältnissen als eine mit (relativ) individuellem Zugang, mit wirtschaftlicher Unabhängigkeit ihrer Mitglieder, mit der Betonung prinzipieller Gleichheit und mit daraus resultierender weitgehender Entscheidungsfreiheit des Individuums. An die Stelle der alles kontrollierenden traditionellen Gemeinschaft tritt damit eine Gruppe/Gemeinde, deren Werte qua Mitgliedschaft wohl verinnerlicht werden, die aber selbst nicht mehr in der Lage ist, ihre Normen wirklich verbindlich zu machen, das heißt ihre Erfüllung (im Leben außerhalb der Gruppe/Gemeinde) zu überwachen. Aus *normgeleitetem* Verhalten wird *wertorientiertes*. Nur eine solche Transformation in der Verhaltensregulierung ermöglicht die Aufrechterhaltung ‚sittlichen' Verhaltens in einer ‚unsittlichen' Welt. Die Ausbildung neuer Handlungsformen und als deren Schnittpunkt auf der Ebene der Person die Ausbildung neuer Identitäten sind jedoch nur unter steter Bezugnahme auf sicher Gewußtes möglich, hier: auf die fortdauernde Geltung des scheinbar unveränderten religiösen Entwurfs.

Während die studierende Jugend ‚unter dem Kopftuch' Formen des selbstgestalteten Umgangs miteinander erprobt, ist die islamistische Parteipolitik nach wie vor auf die absolute räumliche Trennung der Geschlechter fixiert. Islamistische Jugend und frommes Alter sind zwar über die religiösen Symbole miteinander (und gegen den laizistischen Teil der Gesellschaft, gegen die Besitzer der Städte) vereint. Ihr jeweiliges konkretes Verhalten differiert jedoch stark.

Von personaler Sittlichkeit zu individueller Ethik

Die Veränderungen im Verhältnis der Geschlechter, die sich in den Beziehungen der islamistischen jungen Leute ausdrücken, spiegeln Trends wider, wie sie allgemein in sich modernisierenden Gesellschaften zu beobachten sind. Doch die jungen Leute, die sich im Namen des Islam politisieren, würden die Behauptung, sie ahmten lediglich das Verhalten der westlichen Jugend nach, harsch zurückweisen und darauf bestehen, daß sie ihr Handeln ihrem Glauben gemäß gestalten. Tatsächlich sind es in die religiöse Weltansicht eingebettete Begriffe und Vorstellungen, in denen sie ihr Handeln verstehen, reflektieren und legitimieren. Wendet man diese Aussage anders, sind es religiöse Symbole, mit deren Hilfe sie über richtiges Handeln in neuen Situationen ringen. Weil dem so ist, reproduzieren sich ungeachtet aller graduellen Veränderungen im konkreten Verhalten aufs neue ‚islamische Beziehungsformen'; legt man beispielsweise auf die Verhüllung Wert, verteidigt man die Institution der Ehe und den Gedanken der prinzipiellen Trennung der Geschlechter auch dann, wenn sich der konkrete Inhalt dieser Überschriften ändert.

Weil die Stellung der Frau der Zentralcode der türkisch-islamischen Kultur ist, machen die Veränderungen, die die islamistische Diskussion in diesem Bereich im Alltag der Frommen abbildet, die allgemeine Richtung der gesellschaftlichen Entwicklung besonders deutlich. In traditionellen Verhältnissen hat die Geschlechtertrennung die Funktion, die Bindung der Frau an einen bestimmten Mann zu sichern. Zwar kann ihre Bedeckung in der Stadt mit gutem Grund als „symbolische Separierung“[62] der Geschlechter verstanden werden, doch tritt im Verlauf dieses Prozesses der Gedanke der Bindung der Frau an einen konkreten Mann (Muster 4) zugunsten einer Vorstellung von allgemeiner Sittlichkeit zurück. Auch Frauen, die um ihres beruflichen oder politischen Engagements willen auf die Ehe verzichten und sich bedecken, gelten als sittsam.

Ein Weiteres: in der traditionellen Gesellschaft geht die Trennung von Mann und Frau mit geschlechtsspezifischer Arbeitsteilung einher. So sehr sich in der Propagierung der Hausfrauen- und Mutterrolle der Gedanke geschlechtsspezifischer Arbeitsteilung (wenn auch modifiziert) fortsetzt, so sehr herrscht doch auch im traditionalistischen Milieu (wie einst beim Aufbau einer neuen Gesellschaft in der Republik) die Vorstellung, die spezifischen Fähigkeiten der Frauen für die außerhäusliche Erziehung und Bildung ihrer Geschlechtsgenossinnen zu nutzen, was den Frauen zwangsläufig Erwerbs- und Karrieremöglichkeiten eröffnen muß. In der Stadt ist es darüber hinaus die Bedeckung, die es den Frauen des traditionalistischen sozialmoralischen Milieus erlaubt, zu studieren und berufstätig zu sein, etwa als Krankenschwestern, Verkäuferinnen, Journalistinnen und – so das Verbot des Kopftuches in diesen Berufsfeldern aufgehoben wird – auch als Lehrerinnen und Rechtsanwältinnen, und eventuell gar in männlich dominierten Berufen Fuß zu fassen.

Die Beschäftigung mit dem öffentlichen Raum ist in der Türkei Männersache. Es ist der islamistische Diskurs und die in ihm erfolgende Re-Interpretation der Frauenrolle, die den Frauen des traditionalistischen Lagers den inhaltlichen Rahmen und die organisatorischen Bedingungen für die Teilnahme an der politischen Diskussion bereitstellt. Die ‚Partei der Muslime‘ profitiert gewaltig von der ‚von Frauen für Frauen‘ geleisteten Propaganda, und es war in der Tat das Beispiel der Refah-

Frauen, die die Parteiführung der anderen rechten Parteien dazu bewog, ‚ihre Frauen' zu mehr Aktivität zu ermuntern.

Die politische Öffentlichkeit im engeren Sinne, repräsentiert durch das Parteienleben, wird von den Männern zum großen Teil in der Form gestaltet, daß sie in ihm personale Hierarchien reproduzieren, wie sie aus gemeinschaftlichen Zusammenhängen bekannt sind (Muster 3). Der Bestand solcher Strukturen ist an den Ausschluß der Frauen aus diesem Bereich gebunden, die als politische Subjekte in solche Hierarchien nicht integrierbar sind. Damit ist nicht gesagt, daß die Refah Partei keine ausgesprochene ‚Männerpartei' sei, in der keine personalen Hierarchien beständen, im Gegenteil! Weil die Wohlfahrtspartei fast ausschließlich Männersache ist, benötigen Frauen für die Aktivität in ihr explizite theo-ideologische Begründungen und eine ausgeprägte Symbolisierung ihrer Unantastbarkeit. Für das traditionalistische Milieu gilt, daß beides, die Etablierung einer inhaltlichen Diskussion und die Integrierung von Frauen in die Politik, erst mit dem islamistischen Diskurs einsetzt. Es bedarf eines *Textes,* auf den sich prinzipiell alle beziehen können, um personale Autoritäten zu schwächen und damit die Organisation auf sachliche Auseinandersetzungen zu verpflichten. Es ist die islamistische Diskussion, in deren Verlauf aus der Ordenspartei (Deutungsmuster 5) eine Programmpartei wird, die erste Volkspartei der Türkei im europäischen Sinne.

Mit dem Betreten des öffentlichen Raumes überschreiten die jungen Frauen die Grenze des Stadtviertels, welche die geographische, soziale und intellektuelle Welt ihrer Mütter war. So wie die islamistische Kleidung, die Bedeckung, die geographische Grenzüberschreitung legitimiert, so legitimiert die islamistische Aktivität, die Politik, die soziale und der islamistische Diskurs, die Ideologie, die intellektuelle Grenzüberschreitung. Nicht die selbstverständliche Moral des Milieus, sondern die theoretische Diskussion einer oft nur medial vermittelten und daher stark imaginären Gruppe leitet jetzt tendenziell das Verhalten, das sich deshalb weniger nach Vorbildern als nach explizierbaren Regeln ausrichtet.

Der gemeinsame Nenner all dieser Veränderungen ist die Schwächung personaler Beziehungen, in denen die einzelnen mit dem ihnen zugewiesenen Status vorlieb nehmen müssen, und die schrittweise Etablierung von versachlichten Strukturen, innerhalb derer sich der einzelne seinen Status erwirbt. Nicht Herkunft und Beziehungen, sondern freie Konkurrenz bestimmt dann zunehmend die Stellung der Menschen zueinander. Zusammengefaßt geht die Richtung der Veränderung von *personalen* Rollen zu *funktionalen*, von der Mitgliedschaft in *konkreten Gemeinschaften* zu der in *imaginären Gruppen* und von äußerer, *direkter* sozialer *Kontrolle* des Handelns zu *indirekter*, verinnerlichter *Verhaltenssteuerung*. Es ist ein Übergang von der Sittlichkeit des Stadtviertels zur Ethik des modernen Menschen.

Der Wechsel von verliehenem zu erworbenem Status zeigt sich am augenfälligsten in den Ansätzen zu individueller Liebe und Partnerwahl. Individuelle Partnerwahl ist an die Aufhebung der äußeren Hindernisse des Kontakts der Geschlechter ebenso gebunden wie an die Entwicklung kultureller Muster für alltägliches zwischengeschlechtliches Verhalten. Die Angehörigen des traditionalistischen Milieus produzieren diese Muster nicht (wie die Kemalisten sowie die mittelständische und die alewitische Jugend der Siebziger) mit säkularen, sondern mit religiös konnotierten Konzepten.

4. Das Gesellschaftsprojekt der Muslime

Ihren gesellschaftspolitischen Vorstellungen nach lassen sich unter den türkischen Muslimen drei Strömungen unterscheiden, die nicht einfach mit bestimmten religiösen Gemeinschaften oder Zirkeln gleichgesetzt werden können, und auch in der Refah Partei finden sich Verfechter gegensätzlicher Positionen:

Da sind zum ersten die Bewahrer des politischen Status quo, die in sozialen und kulturellen Fragen konservative Positionen vertreten, jedoch nicht unbedingt in wirtschaftlichen. Sie sind in erster Linie gute Staatsbürger, haben keine Probleme mit der

Vereinbarkeit von Türkentum und Religion und mit deren Verwaltung durch den Staat. Sie sind in den großen rechten Parteien zu Hause und finden sich bei der Refah vorwiegend als Protestwähler. Wenn sie sich politisch äußern, erfolgt dies häufig in der Form eines politisierten ,Volksgemeinschafts'-Bewußtseins. Die einzelnen sind entweder in die überkommenen Organisationen des türkischen Islam, die Orden, integriert oder aber sie stehen einer der religiösen Schulen nahe, die erst in der Republik entstanden sind, den verschiedenen Gruppen der *Nurcu-s*, der *Süleymancı-s* oder der *Işıkçı-s.* So wie diese Organisationen heute im Unterschied zur ,Partei der Muslime' und den Zusammenschlüssen junger Leute als altehrwürdige bestehen, so sind auch die, die sich in ihnen geborgen fühlen, häufig bereits fortgeschrittenen Alters. Während die Bewahrer des Status quo darauf verzichten, ihre politischen Ziele islamisch zu benennen, bzw. zwischen einer gelenkten Demokratie und der Vorstellung vom Goldenen Zeitalter des Islam keinen Unterschied erkennen können, haben die beiden anderen Gruppen jeweils eigene ,islamische Gesellschaftsmodelle' entwickelt.

Sowohl auf der politischen Bühne als auch im Lebensalter jünger sind in der Regel die Angehörigen der zweiten Gruppe, die sogenannten Radikalen. Sie haben in den achtziger Jahren die öffentliche Diskussion entscheidend bestimmt und sich bemüht, zu allen politischen Feldern ,originär islamische Positionen' auszuarbeiten. Dies führte zu einem enormen Aufschwung der islamistischen Diskussion und politisierte nicht nur die Akteure, sondern das allgemeine Islam-Verständnis stark. Die Radikalen vertreten die *tevhid*, die islamistische Einheit von Staat und Gesellschaft, und die Wohlfahrtspartei hat sich, teilweise unter ihrem Einfluß, dem Projekt einer vom Staat zu errichtenden ,Gerechten Ordnung' verschrieben.

Bereits in den ersten Jahren ihres Kampfes mußten die Radikalen feststellen, daß ihre übermäßig politisierte Auffassung von Islam in vielen Bereichen konträr zum Religionsverständnis der gläubigen Masse stand, sie gehörig isolierte und daß sich die Gläubigen über einige politische Vorbildaktionen nicht mobilisieren ließen. Diese Erfahrung, aber auch der weltweite Niedergang eines jeden nicht-nationalistischen, sozialrevolutionären Radikalismus führte zu einer Ausdifferenzierung der islamistischen Aktivisten. Die militantesten, welche die direkte Konfrontation mit dem Feind suchten, gingen ins Ausland, nach Palästina, Afghanistan, Kaschmir, Bosnien und zuletzt in den Kaukasus, oder aber sie organisierten sich in paramilitärischen Gruppen wie der Hisbullah oder der İBDA-C. Ein anderer Teil schloß sich der Refah Partei an und vermittelte deren Kadern islamistische Theorie. Wer nicht auf die direkte Aktion setzte, der Refah distanziert gegenüberstand und sich doch im Namen des Islam politisch betätigen wollte, der geriet unter den Einfluß eines intellektualisierenden Diskurses, der unter Nutzung postmoderner Autoren die Moderne hinterfragte und in manchen Bereichen die Tradition rehabilitierte.

Die Träger dieser Diskussion bilden die dritte Gruppe, die uns hier interessiert. Ihre Mitglieder sammeln sich primär um einige Zeitschriften mit hohem theoretischen Niveau wie die in Istanbul erscheinende Bilgi ve Hikmet (Information und Weisheitswissen) und die in Ankara publizierte Tezkire (Attest). Diese ‚islamischen Postmodernisten' stellten, wie das vor ihnen die Radikalen taten, den Staat ins Zentrum ihrer Überlegungen. Im Gegensatz zu diesen jedoch bewerteten sie einen Staat äußerst kritisch, der einerseits die technische Entwicklung forciert und der andererseits bestrebt ist, seine Bevölkerung ideologisch zu beherrschen und an sich zu binden. Anders als die Radikalen betrachten sie alle traditionellen Kräfte mit (postmoderner) Sympathie und sehen sich als Verfechter eines *Zivilen Islam*, dem alle muslimischen Zusammenschlüsse der türkischen Gesellschaft zugehören: von den Orden und Schulen bis zu intellektuellen/theoretisierenden Zirkeln, vom islamischen Unternehmerverband bis zu den frommen Stiftungen. Einem so verstandenen *Zivilen Islam* stellen sie den offiziellen Islam oder *Staatsislam* gegenüber, der primär von der Religionsbehörde repräsentiert wird. Aber auch die Refah wird als Partei von vielen als dem Staatsapparat angegliedert wahrgenommen und damit dem *Staatsislam* hinzugerechnet. Der *Staatsislam,* das sei die staatliche Interpretation und Formung der Religion, mit welcher jeder Staat vor allem seine eigenen Interessen vertrete.

Die Radikalen und die Partei treffen sich in einem staatszentrierten Entwicklungsmodell. Die ‚islamischen Postmodernisten' hingegen setzen auf eine allmähliche Re-Islamisierung der muslimischen Gesellschaft, die Andersgläubige und Atheisten zumindest theoretisch nicht direkt tangieren soll, und propagieren eine weitgehende kulturelle und rechtliche Autonomie der verschiedenen religiösen Segmente der Bevölkerung. Für die Erreichung dieses ‚mulitkulturellen' Ziels und für den Aufbau einer ‚muslimischen zivilen Gesellschaft' will man die sogenannte ‚erste Verfassung des Islam' für das Heute fruchtbar zu machen. Die „Gemeindeordnung", ein im Jahre 622 von Mohammed in der Stadt Medina selbst formulierter Vertrag zwischen Gruppen unterschiedlicher Religion, soll die göttlich beeinflußten Regeln für ein friedliches Zusammenleben der einzelnen kulturellen Lager in der Türkei bereitstellen. Man will sich direkt den Propheten zum Vorbild nehmen, unter dessen politischer Führung damals auch Nicht-Muslime lebten.

Der islamistische Staat 2: Die Staatsvorstellungen der Wohlfahrtspartei

Auch das Modell der Refah sieht die Organisierung der Bevölkerung in einer Reihe von ‚Sittlichkeitsgemeinschaften' vor, in der sich Menschen gleichen Glaubens, gleicher Konfession oder sonst gleicher Lebensorientierung zusammenfinden. Doch obwohl diese Gemeinschaften Religion, soziale Sicherheit, Kultur, Erziehung und sogar Rechtsprechung in die eigene Hand nehmen sollten, spielt der Staat die entscheidende Rolle.

Obwohl das Programm der Partei dies nicht explizit ausführt, spricht vieles dafür, daß es sich bei diesen „Sittlichkeitsgemeinschaften" um nach der Religionszugehörigkeit getrennte Einheiten mit unterschiedlicher Rechtsstellung handelt, die gleichzeitig als politische Vertreter ihrer Angehörigen fungieren sollen. Denn die legitimierende Utopie der Refah Partei stammt aus dem religiösen Kontext. In ihrem Programm heißt es: „Die Verfassung wird dadurch, daß sie die Menschenrechte schützt, und dadurch, daß sie die Grenzen der Politik und die gerechten Prinzipien, die diese zu beachten hat, bestimmt, verhindern, daß der Staat zum Unterdrücker wird; sie wird eine Verfassung sein, die nicht der Macht, sondern dem Recht Priorität einräumt und damit die Grundlagen enthalten, die die Errichtung einer ‚Ordnung der Glückseligkeit' garantieren. Die politischen Parteien werden gleichzeitig Gemeinschaften gegenseitiger Hilfeleistung ihrer Mitglieder sein."[63]

Das Ziel des Refah-Staates ist demnach die ‚Ordnung der Glückseligkeit'. Der Name steht für die gesellschaftlichen Regelungen während des sogenannten Goldenen Zeitalters des Islam unter den vier rechtgeleiteten Kalifen, in dem die Scheriat vollkommene Anwendung gefunden haben soll. Deshalb steht der Begriff ‚Ordnung der Glückseligkeit' heute für den islamischen Staat, und deshalb sollen in ihm, auch wenn die Partei das nicht offen sagt, die Prinzipien, die die Politik begrenzen, aus der Scheriat abgeleitet werden. Erst in letzter Zeit werden einige Politiker der Partei und auch einige ihr nahestehende Intellektuelle deutlicher und scheuen sich nicht mehr, die Einführung der Scheriat als Ziel ihrer Politik zu benennen.

Eine Scheriatordnung kann nur eine muslimische Herrschaft bedeuten, und der Gedanke ist naheliegend, daß in diesem Modell die politischen Parteien sich auf verschiedene religiöse und konfessionelle Gruppen gründen. Damit sind diese Parteien Organisationen, welche die Staatsangehörigen – je nach ihrer Religion – in Gruppen mit unterschiedlichen politischen Rechten zusammenfassen. Dieser Eindruck verstärkt sich, wenn der vorstehend zitierte Text des Parteiprogramms (ohne Unterbrechung) weitergelesen wird: „Was die Entwicklung der politischen Parteien betrifft, werden alle gleich behandelt, und die Rechte, die den Parteien zugestanden werden, werden sich nach ihrer Stärke richten, und im Wahlkampf werden alle ausreichend Gelegenheit haben, der *millet* ihre Sicht der Dinge vorzutragen, und alle werden gleich behandelt."[64] Weil alle Parteien sowohl „gleich" als auch „nach ihrer Stärke" behandelt werden sollen, entsteht der Eindruck, der Satz sei bewußt undeutlich und widersprüchlich gehalten. Doch seine Auflösung ist einfach: Wenn sich die Mitgliedschaft in den politischen Organisationen und die Rechtsstellung des einzelnen nach seiner Religion richtet, dann sind – auch wenn alle Parteien „gleich" behandelt werden – die sunnitischen Muslime hinsichtlich ihrer „Stärke" im Vorteil. Sie haben faktisch das letzte Wort, worauf sie freilich nach der Scheriat auch ein Recht haben, weshalb es leicht ist, von einer Ordnung zu sprechen, in der nicht „die Macht", sondern „das Recht" den Ausschlag gibt.

Rein theoretisch verweist die Partei zur Legitimation dieses Modell von einem nach der Religion sich richtenden ‚Gemeinschafts-Mosaik' nach wie vor gerne auf das *millet*-System des Osmanischen Reiches. Praktisch spiegelt sich in dem Entwurf jedoch die gemeinschaftsorientierte Tradition des türkischen Soziallebens im allgemeinen und der religiösen Bevölkerung im besonderen wider. Deshalb läßt sich der Entwurf als *theoretisierende, moralische und theologische Rechtfertigung bestehender gemeinschaftlicher Sozialstrukturen* begreifen. Er ist darüber hinaus der Versuch, diese Strukturen in dem Augenblick, da sie immer mehr an Kohäsion verlieren, über die Politik zu stärken bzw. neu zu begründen. Dies soll über die politisch und rechtlich abgesicherte Etablierung von Institutionen geschehen (Sittlichkeitsgemeinschaften), die an die Stelle der heute in Auflösung begriffenen ‚relativ-natürlichen' Gemeinschaften treten sollen. Weil die neuen Institutionen jedoch – der Theorie nach – zwar im Auftrag der jeweiligen Gemeinschaft handeln, jedoch nicht (mehr) Gemeinschaft sind, tragen sie notwendigerweise auch den Charakter moderner Bürokratien und sind deshalb nur mehr dem Namen nach die alten Gesellungsformen wie die *ümmet*, die christlichen *millet-s* oder auf lokaler Ebene Moscheegemeinden, Orden, Sekten und Kirchensprengel. Trotz des bürokratischen Charakters dieser neu zu schaffenden Institutionen resultiert ihre Legitimation jedoch daraus, daß sie nicht gesellschaftliche Gruppen, sondern Gemeinschaften repräsentieren. Mit dieser Zwitternatur tragen die vorgestellten Institutionen genau den Charakter, der tatsächlich vielen Institutionen des öffentlichen Raumes in der Türkei heute anhaftet – gerade so, wie dies in der Beschreibung von Deutungsmuster 5: „Moderne Institutionen als verkleidete Gemeinschaften" deutlich geworden ist. Der Wandel, den dieses Modell repräsentiert, ist demnach einer von der ‚Gemeinschaft, die sich als moderne Institution verkleidet', hin zur ‚modernen Institution, die sich als Gemeinschaft verkleidet'. Weil der projektierte islamistische Staat auf diese Weise mit bürokratisierten Gemeinschaften zusammen gedacht wird (sich auf ihnen erhebt, sie organisiert oder aber über ihnen steht), kann gegen alles Hoffen der muslimischen Aktivisten und der islamistischen Intellektuellen zu allererst festgestellt werden, daß ihn sein bürokratischer Charakter entscheidend prägen wird.

In den Entwürfen von der Bevölkerung als ‚Gemeinschaftsmosaik' kommt die politische Sphäre nicht vor, und auch der Staat, den die Refah Partei anstrebt, kommt ohne die politische Partizipation seiner Bevölkerung aus. Auf den ersten Blick hat es den Anschein, als würde die Nostalgie nach dem prächtigen Reich der Osmanen das Denken der Partei bestimmen. Die Sehnsucht nach der Ordnung des untergegangenen Imperiums lugt aus allen konkreten Vorschlägen der Partei: aus der Einteilung der Bevölkerung nach Religionsgruppen und der Organisierung der Handwerker in Zünften, sie findet sich in der Untergliederung der Armee in ein schlagkräftiges Berufsheer und in der Mobilisierung einer gläubigen Bevölkerung in Kriegszeiten genauso wie in der von den Soldaten erwarteten Begeisterung, als Märtyrer zu fallen oder als islamischer Frontkämpfer erfolgreich zu sein und auf diese Weise die ‚Gerechte Ordnung' im Lande zu schützen. „Ziel und Pflicht der Armee ist es, die Heimat vor jeder Art von ausländischem Angriff und vor jeder Bedrohung zu schützen und zu verhindern, daß die hier herrschende und das Recht erhöhende ‚Gerechte Ordnung' niedergerissen – und durch ausländische Kräfte an ihrer Stelle eine Ausbeutungs- und Unterdrückungsherrschaft errichtet wird." Es ist die bekannte Trennung, die das islamische Staatsrecht zwischen *dar ül-İslâm*, dem „Land des Islam", und *dar ül-harb*, dem „Land des Krieges", macht, die hier angesprochen wird. Bei dieser Sehnsucht nach dem Reich handelt es sich ohne Zweifel um ein Beispiel für den in Deutungsmuster 2 besprochenen idealisierenden Blick in die Geschichte.

Doch tatsächlich ist es nicht das Osmanische Reich, sondern das Vorbild der Republik, das Modell des modernen Nationalstaates, der bestrebt ist, sich mit allen Mitteln des Nationenbaus eine homogene Bevölkerung zu schaffen, dessen Notwendigkeiten sich unter der osmanischen Nostalgie gerade so durchsetzten, wie sich der totalitäre Bürokratismus unter der Maske der Gemeinschaftlichkeit zu Wort meldet. Die konkrete politische Erfahrung in der Republik hat dazu geführt, daß besonders die religiös gebundenen Unterschichten und unteren Mittelschichten all die Bilder vom ‚Staat und seiner Gesellschaft', von der gemeinschaftlich strukturierten und ideologisch einheitlich ausgerichteten Gesellschaft (Deutungsmuster 7) und vom Staat als Religionslehrer (Deutungsmuster 8), als die einzig denkbare Form des Verhältnisses von Staat und Bürger verinnerlicht haben. Immer sind die herrschenden Verhältnisse und die Vorschläge zu ihrer Besserung strukturell miteinander verwandt. Sei es ihrer Meinung nach heute auch in entstellter Form verwirklicht, es ist das Bild von der staatlich bestimmten Gesellschaft, das den Radikalen das Konzept von der *tevhid* als Lösung aller Probleme erscheinen läßt, und es ist das gleiche Bild, das im Modell der Refahschen „Ordnung der Glückseligkeit" aufscheint. In beiden Fällen präsentiert sich die islamistische Staatsdiskussion als die Neuauflage republikanischer Verhältnisse mit islamischer Symbolisierung.

Auch der Refah-Staat gewährt seinen Bürgern die Menschenrechte – so wie er sie versteht. Doch Politik ist damit nicht zu machen: „Der Herrgott hat allen Menschen gleichermaßen fünf grundlegende Menschenrechte gewährt: 1. Das Recht auf Leben, 2. das Recht auf den Schutz des Nachwuchses und auf den Schutz der Ehre, 3. das Recht auf Eigentum,

4. das Recht auf den Schutz des Verstandes, 5. das Recht auf den Schutz des Glaubens."[65]

Menschenrecht Nr. 2 meint das Recht der Männer, die Frauen vor Übergriffen zu schützen, und Menschenrecht Nr. 4 meint den Schutz der geistigen Orientierung, den Schutz vor geistig/moralischer Verwirrung. Erbakan verschweigt, daß das, was er da modernistisch als von Gott gewährte „Menschenrechte" vorträgt, in der islamischen Theologie als der Seinszweck von Religion an sich gilt.[66] Neben diesen „Menschenrechten" können nur noch „Arbeitsleistung, freiwillig abgeschlosssene Verträge und die Gerechtigkeit" zur Entstehung von Recht(sansprüch)en führen. Politische Rechte sind nicht vorgesehen, und daß Mehrheiten zur Etablierung von Rechtsansprüchen führen könnten, wird ausdrücklich verneint.[67]

Für die Refah Partei sind politische Mehrheiten nur eine Spielart von Macht, die nicht anzuerkennen ist, wenn sie gegen das Recht steht. In diesem Kontext klingt die Garantie, die Erbakan auf die Einhaltung demokratischer Regeln hin abgibt, nicht sehr überzeugend: „Die Refah Partei versichert, daß sie auf demokratischem Wege und als Folge freier Wahlen an die Macht gelangen wird und bereit ist, diese auf demselben Wege an andere zu übertragen."[68] Seinen Anhängern jedoch erklärt der Parteivorsitzende, daß aus menschlichem Wollen kein Recht erwachsen kann, und begründet dies religiös: Der Herrgott habe die Tiere so erschaffen, daß sie viel produzierten und wenig verbrauchten, denn nach göttlichem Ratschlusse seien sie zum Nutzen der Menschen da. Den Menschen hingegen habe Gott so geschaffen, daß er viel verbrauchen und wenig produzieren wolle, dies deshalb, weil er im Grunde für das Paradies geschaffen sei. Deshalb brauche der Mensch für das hiesige Leben eine ‚Gerechte Ordnung', die seine für diese Welt so wenig geeignete Natur korrigiere.[69] So wie in dieser Begründung die Notwendigkeit der Erziehung des Menschen aus der Religion abgeleitet wird, so ist auch das Ziel dieser Erziehung ein religiöses: die Zügelung der Bedürfnisse. Tatsächlich ist die von Erbakan vorgesehene „Erziehung der Triebseele"[70] das Telos aller islamischen Erziehung und insbesondere der Grund für die Ordensdisziplin. Wenn so auf nur oberflächlich verschlüsselte Weise die Aufgabe der staatlichen Ordnung als die Hinführung der Menschen zu islamischem Leben beschrieben wird, ist von neuem die ideologische Deckungsgleichheit zwischen dem Staat und der ihn tragenden Bevölkerungsgruppe angesagt. Entsprechend eröffnet die Partei ihren Prinzipienkatalog mit folgenden fünf Punkten: „Wir sind 60 Millionen Brüder! – Verschmelzung von Staat und Volk *(millet)!* – Zu allererst Sitte und Moral! – Moralischer Aufschwung! – Errichtung der Gerechten Ordnung!“[71]

Kemalismus in islamischer Form: Die formierte Gesellschaft der Wohlfahrtspartei

Die künstliche Einheit des Volkes jenseits aller konkreten Unterschiede, wie sie das Konzept von der ‚laizistischen Religionsnation' (Deutungsmuster 10) beinhaltet, die ideologische Identität von Staat und Gesamtbevölkerung, die absolute Priorität eines Zivilisationsprojekts und seine institutionelle Verankerung vor aller Demokratisierung, das waren, unabhängig von den ideologischen Gegensätzen, auch die Herrschaftsprinzipien des Kemalismus und die Praxis der Republik. Wie einst in der Blütezeit des Kemalismus bedarf es auch im islamistischen Heute zur Realisierung dieser Prinzipien der zentral gesteuerten Volkserziehung. Die Diskussion der Partei erscheint so als die ideologische Umkehrung der frühen republikanischen Verhältnisse, als die Übernahme der Struktur der Deutungsmuster und ihre inhaltliche Neubestimmung, ihre veränderte Symbolisierung.

In einer Zeit, da sich politische Aktion für die breite Bevölkerung ausschließlich über Gemeinschaften vollzog, die sich in der Regel in religiös konnotierten Begriffen verstanden, verbriefte die Republik die politischen Rechte der Individuen, erkannte jedoch kollektive und kulturelle Rechte nicht an. Der Kemalismus raubte der Gesellschaft auf diese Weise die Sprache der religiösen Symbole, in der sich Opposition hätte formulieren, und die Institutionen, derer sie sich dazu hätte bedienen können. Heute, da sich die Bürger in zunehmender Zahl im Namen individueller Rechte zu Wort melden, planen die Protagonisten des islamistischen Staates eine Erziehungsinitiative zur Erhaltung der ‚Volksgemeinschaft' und sind nicht gewillt, sich diese durch die Gewährung politischer Rechte verderben zu lassen.

Dies trat unter anderem während der Debatte um die Änderung der undemokratischen Verfassung, die die Militärs 1982 dem Land bescherten, zutage. Wie die anderen Parteien wetterte auch die Refah Partei gegen die Artikel der Verfassung, die Beamten, Angestellten und Studenten die Mitgliedschaft in Parteien untersagten. Gemeinsam kritisierte man, daß den politischen Parteien die Gründung von Frauen- und Jugendorganisationen oder von Stiftungen verboten war und die Zusammenarbeit von Parteien und Gewerkschaften kriminalisiert wurde. Als änderungsbedürftig wurde außerdem die Vorschrift angesehen, nach der das Verbot einer Partei dazu führte, daß alle ihre Abgeordneten, hatten sie nun gegen Gesetze verstoßen oder nicht, ihre Mandate verloren, wie das beim Verbot der pro-kurdischen Demokratie Partei (DEP) der Fall gewesen war. Die Liste der Änderungsvorschläge enthielt darüber hinaus die Senkung der Altersgrenze für das aktive Wahlrecht auf 18 und für das passive Wahlrecht auf 25 Jahre sowie die Aufhebung oder zumindest die Revidierung des Artikels, der alle am Staatsstreich von 1980 Beteiligten vor jeder Art von Strafverfolgung schützte. In die Sackgasse gerieten die Verhandlungen zwischen den Parteien erst, nachdem Kompromisse bereits die Zwei-Drittel-Mehrheit gesichert hatten, die für die Neuformulierung der genannten Artikel notwendig war. Denn die Wohlfahrtspartei wollte die Änderungen nur mittragen, wenn gleichzeitig der Absatz 4 des Artikels 24 der Verfassung geändert würde. Dort wird die „Anlehnung der sozialen, wirtschaftlichen, politischen und rechtlichen Ordnung des Staates – und sei es auch nur teilweise – an religiöse Vorschriften" verboten und des weiteren „jegliche Ausnutzung der Religion, religiöser Gefühle und sakraler Dinge zu politischem oder persönlichem Nutzen und allgemein zum Bösen" untersagt.

Zwar kann nicht bestritten werden, daß die Ausgrenzung einer ethischen oder religiösen Überzeugung aus dem politischen Raum sich mit Demokratie nicht verträgt – man stelle sich nur vor, die Katholische Kirche mache sich in Deutschland dadurch strafbar, daß sie ihren Kampf gegen den Schwangerschaftsabbruch mit der christlichen Lehre begründet. Doch zeigt sich am Junktim, das die Refah Partei zwischen ihrer Zustimmung zu den übrigen Demokratisierungsvorschlägen und der Aufhebung oder Änderung des Religionsartikel vornimmt, daß die Partei kein Interesse an einer Demokratisierung hat, die die Richtung der politischen Entwicklung offenläßt.

Grund dafür ist jedoch keineswegs nur die Orientierung der Refah Partei auf ‚den Islam', sondern der Glaube an die Notwendigkeit, ein vom Willen der Bevölkerung unabhängiges Zentrum des Staates zu erhalten, das allein in der Lage ist, rationale Politik zu betreiben. Dieser Glaube ist unter den Führungskadern der Wohlfahrtspartei genauso verbreitet wie unter den Kemalisten alter Schule. So verweist die Ähnlichkeit der Erziehungsbemühungen von Kemalismus und Islamismus auf die ‚staatspolitischen Notwendigkeiten' einer einheitlichen ideologischen Ausrichtung der Bevölkerung. Der Arbeiter ist zu erziehen, auf daß er „mit der Begeisterung des Gebetes" arbeite, der Reiche, damit er „aus eigenem Antrieb heraus ... den Armen unterstütze", der Arme, damit er in schwierigen Zeiten „nicht sittlich verfalle", und die Jugend, damit sie „willig zum Dschihad sei und vom Geist der Glaubenskämpfer" durchdrungen werde.[72] Die beabsichtigte Erziehungsoffensive ist mit einem Wort die ideologische Kost einer Bevölkerung, die – aus welchen Gründen auch immer – auf längere Sicht den materiellen Gegenwert ihrer Arbeit nicht erhalten wird, deren Staat sich nicht in der Lage sieht, sie sozial abzusichern, und der sich aufgrund innen- und außenpolitischer Konstellationen in seiner Existenz bedroht fühlt. Ziel der islamistischen Erziehungsoffensive ist die Ersetzung des von allen traditionellen Rücksichtnahmen entblößten „Homo Oeconomicus", der sein Handeln im Rahmen der geltenden Gesetze allein nach seinem wirtschaftlichen Vorteil ausrichtet, durch den „Homo Islamicus"[73], der aus Sittlichkeit heraus arbeitet und erst in zweiter Linie an den persönlichen Gewinn denkt, der nur „Erlaubtes" *(helal)* verbraucht, der seine Bedürfnisse zügelt, kurz, der anstelle eines interessegeleiteten und damit eigennützigen ein ethisch-moralisches Verhältnis zu seinem Staat und zur ihn tragenden Gemeinschaft eingeht und zur Unterordnung bereit ist.

Die ‚dem System' oppositionelle Refah Partei arbeitet demnach heute für die Wiedergültigmachung der gleichen autoritär-hierarchischen Sozialbeziehungen wie der Staat, der seine Anstrengungen auf diesem Gebiet seit 1982 merklich verstärkt hat.[74]

Unter dieser Perspektive erscheint der projektierte islamistische Staat, ganz ähnlich wie der kemalistische, als die zentral gesteuerte Anspannung aller Kräfte eines Landes, das den Entwicklungsabstand zum Westen aufzuholen gedenkt, weil es sich ansonsten auf Dauer in seiner Existenz bedroht sieht, was auf die fortdauernde Gültigkeit des Deutungsmusters 1 „Muslimische und christliche Welt" verweist.

„Die Folge (der ‚Gerechten Ordnung', GS) wird sein, daß die Türkei keine Arbeiter mehr, sondern Touristen in den Westen schickt."[75] „Die Türkei – nicht Knecht, sondern Führer."[76]

Der islamistische Diskurs und die islamistische Aktivität sind deshalb in erster Linie nicht einfach Anwendung der Lehre auf die heutigen Verhältnisse und sie sind auch nicht die primäre Bedrohung für jegliche Entwicklung in Richtung Demokratie und Pluralismus. Der islamistische Diskurs nimmt vielmehr die Deutungsmuster einer bis dahin gegebenen und nicht hinterfragbaren sozialen und politischen Ordnung auf, symbolisiert sie religiös und hebt sie als Vorstellungen von einer erst noch zu gestaltenden islamischen Ordnung ins Bewußtsein. Es vollzieht sich mit anderen Worten ein Wandel von den Regeln der Tradition zur Präsentation islamischer Regeln. Der islamistische Diskurs nimmt die Vorstellungen von Gesellschaft, Sozialorganisation, Staat und Politik, die Deutungsmuster, die er vorfindet, auf, Vorstellungen von einer sittlichen Gemeinschaft, sich einordnenden Menschen und einem starkem Staat, er gestaltet diese Deutungsmuster aus und präsentiert sie als islamische. In diesem Sinne sprechen die Islamisten die ‚Sprache des Volkes'.

Doch sei es auch als von der Religion geheiligte: mit der Präsentierung von theoretisch begründeten Regeln des Zusammenlebens werden diese vom alltäglichen Lebensvollzug getrennt, sind jetzt distanziert betrachtbar, in ihrer konkreten Ausgestaltung und Begründung bestreitbar und damit prinzipiell veränderbar. Selbst wenn Kräfte innerhalb des traditionalistischen Milieus danach trachten, diese Regeln für alle verbindlich festzuschreiben, ist mit dieser Entwicklung der Kampf darum entbrannt, was islamisches Leben wirklich bedeutet, und ist prinzipiell jeder aufgerufen, über diese Frage nachzudenken und sich für (s)eine Version zu engagieren. Dies ist der Punkt, der zur Politisierung des gesamten Milieus führt. In diesem Sinne sprechen die Islamisten eine ganze andere Sprache als die ihres Volkes. Ihr Entwurf propagiert nicht die sittliche Gemeinschaft, sondern die bürokratisierte und pädagogisierte Gesellschaft, nicht den sich nur einordnenden, sondern den ethisch bewußten Menschen, nicht einfach den starken, sondern den islamischen, auf bestimmte Werte verpflichteten Staat.

Der Islamismus erscheint in diesem Sinne als der politische Diskurs eines Teils der Bevölkerung, nämlich des traditionalistischen Milieus, über seine eigene soziale Verwebung und über die von ihm gewünschte Staatlichkeit. Der islamistische Diskurs leitet damit auf der inhaltlichen Ebene die innere Differenzierung dieses Milieus nach Klassen und Schichten, Geschlechtern und Altersgruppen mit jeweils unterschiedlichen Interessen und ethischen Überzeugungen ein.

Diese innere Differenzierung wird jedoch über die Konfrontation und die Auseinandersetzung mit jenen, die außerhalb des Milieus stehen und gegen die sich das Milieu definiert, immer wieder auf den kleinsten gemeinsamen Nenner zurückgeworfen. Es ist deshalb die besondere Nähe der sich islamisierenden ‚Volksgemeinschaft' zu einem Staat ohne demokratische Tradition, welche die Entwicklung riskant für alle macht, die der ‚Volksgemeinschaft' nie zugehörten oder ihr nicht mehr zugehören wollen. Diese Außenstehenden erscheinen als ‚Bedrohung der Volksgemeinschaft' (Deutungsmuster 12), welche sich gegen sie – trotz aller Differenzen – mit ihrem Staat identifiziert.

Schlußbemerkung

Zwei Leitfragen standen am Anfang des Buches: Warum werden Muslime in den letzten zwanzig Jahren im Namen des Islam politisch aktiv? Das war die eine, die man umformuliert auch in dieser Form stellen könnte: Warum ist die islamistische Diskussion für viele überzeugender als eine liberale, sozialdemokratisch-sozialistische, als eine nationalistische oder gar faschistische? Und: Gibt es wirklich eine Hinwendung zum Glauben, werden die Menschen wirklich religiöser, wenn sie im Namen des Islam Politik machen und auf die Straße gehen? Dies war die zweite Frage, die beantwortet werden sollte. Jetzt, am Ende unserer Café-Gespräche und Reflexionen, erweist sich, daß die Antworten auf beide Fragen eng miteinander verknüpft sind.

Wesentlich ist, daß die innere Vielfältigkeit, ja Widersprüchlichkeit der islamistischen Diskussion, die Tatsache, daß der Islam von den verschiedenen Gruppen politisch äußerst unterschiedlich, ja gegensätzlich, bestimmt wird, das Vermögen der islamistischen Ideologie, die Menschen ‚anzurufen', nicht zu beeinträchtigen scheint. Nach siebzig Jahren laizistischer Republik ist es heute in der Türkei die Wohlfahrtspartei, die die größte Wählerschaft hat. Die Tendenz ist steigend, und die Refah ist darüber hinaus die einzige Partei, die es wirklich zu einer Massenorganisation gebracht hat. Für die Attraktivität islamistischer Politik spricht auch, daß alle rechten Parteien seit den fünfziger Jahren darin gewetteifert haben, die staatlichen religiösen Institutionen auszubauen, und daß in diesen Fragen ‚heilige Bündnisse' gegen die sogenannten linken, laizistischen Parteien immer herstellbar waren. Mehr noch, zumindest Teile des Staatsapparates setzen heute ihre letzte Hoffnung bezüglich einer der ideologischen Einbindung der kurdischen Bevölkerung in die Religion.

Diese offensichtliche Attraktivität des religiösen Diskurses für große Teile der Bevölkerung resultiert jedoch nicht daraus, daß seine politische Theorie inhaltlich ausgefeilt wäre und die Menschen rational überzeugen könnte. Die Anziehungskraft der islamistischen Ideologie rührt auch nicht daher, daß die traditionelle religiöse Lehre etwa islamistische Politik vorschriebe. Im Gegenteil, mit ihren oppositionellen, aktivistischen, individualistischen und modernistischen Orientierungen stehen die politischen Vorstellungen der Islamisten im Gegensatz zum weitverbreiteten Autoritarismus, zur Passivität, zum Gemeinschaftssinn (Kommunitarismus) und zum Konservatismus des traditionalistischen Milieus, in dem die religiös gebundenen Menschen zu Hause sind. Ohnehin kann man nicht davon ausgehen, daß die gesellschaftspolitischen Vorstellungen der Islamisten innerhalb der gläubigen Bevölkerung breit diskutiert würden, in ihren Einzelheiten bekannt wären, und daß die Teile der Bevölkerung, die sich von ihnen ansprechen lassen, sie einer ausführlichen Prüfung unterzogen hätten.

Die Attraktivität des islamistischen Diskurses resultiert deshalb nicht aus seiner inhaltlichen, sondern aus seiner ‚sozialen Stimmigkeit'. Denn ungeachtet ihrer begrifflichen und inhaltlichen Widersprüchlichkeit entsprechen die von den Islamisten vorgesehenen Gesellschaftsprojekte den sozialen Strukturen, in denen die Menschen leben. Die Vorschläge der Islamisten bilden die Strukturen ab, die den Alltag ihrer Zielgruppe ohnehin prägen und die deshalb deren mentale Orientierung bestimmen. Die wichtigsten Elemente des islamistischen Gesellschaftsprojekts, wie es die Wohlfahrtspartei als „Gerechte Ordnung" bzw. als „Ordnung der Glückseligkeit" propagiert, sind die Trennung der Geschlechter, die Einbindung des Menschen in eine sittliche Gemeinschaft, die Abgrenzung zu außerhalb der türkisch-sunnitischen Religionsnation stehenden Gruppen und ein starker und autoritärer Staat, der die sinnhafte (religiöse) Grundlage der eigenen Lebensführung zu seiner Ideologie macht und für alle verpflichtend setzt. Diese Elemente sind der Bevölkerung vertraut, denn sie bilden zu einem guten Teil die Strukturprinzipien der ‚relativ-natürlichen Weltansicht' der türkischen Bevölkerung, d.h. ihrer ‚Selbstverständlichkeiten', ‚Richtigkeiten' und ‚unhinterfragten Überzeugungen', gerade so, wie sie in den Deutungsmustern beschrieben worden sind. Die islamistische Ideologie verpackt diese weitgehend anerkannten und unreflektierten ‚Selbstverständlichkeiten' in die symbolische Matrix, die den Menschen des traditionalistischen Milieus die vertrauteste ist: in die Religion. Sie begründet ohnehin bestehende und als normal empfundene Ordnungsprinzipien religiös und serviert sie als der Religion ureigenste Gebote.

Neben der Herkunft der islamistischen Theoretiker aus den Reihen der gläubigen Bevölkerung ist es die von ihnen gesprochene, religiös konnotierte Sprache, die sie mit der Bevölkerung verbindet. Diese Sprache macht die von den Islamisten propagierten Gesellschaftsmodelle selbst dann überzeugend, wenn diese nur als Phrasen das Bewußtsein der Adressaten erreichen. Es sind mit anderen Worten die gemeinsame Herkunft und die Benutzung des gleichen Symbolsystems, die die islamistischen Intellektuellen in die Lage versetzten, Vorschläge und Projekte zu formulieren, in denen sich die Gläubigen wiedererkennen. Die behauptete Übereinstimmung der Modelle mit religiösen Vorschriften ist indessen zweitrangig. Das Symbolsystem Religion ist jedoch insofern wichtig, als es eine Parallelität in der mentalen und sozialen Ausrichtung der islamistischen Theoretiker und Politiker und der gläubigen Bevölkerung stiftet. So wie die Masse ihre Alltagsbeziehungen in religiös konnotierten Vorstellungen lebt, so läßt das Symbolsystem Religion die Intellektuellen die Muster der sozialen Beziehungen, aus denen sie kommen, auf einer theoretischen Ebene reproduzieren.

Vereinfacht läßt sich sagen: Ein großer Teil der Bevölkerung in muslimischen Ländern – primär natürlich die unteren Schichten – begreift sein Dasein und die Regeln seines Alltagslebens nicht unabhängig von der Religion und weiß von sich und seiner Welt in religiös konnotierten Begriffen. Deshalb gewinnt in dem Augenblick, da diese Schichten in die politische Partizipation eintreten, mit religiösen Begriffen arbeitende Ideologie Bedeutung im öffentlichen Raum.

In diesem Prozeß gewinnt Religion ideologischen Charakter und verflüchtigt sich traditionelle Frömmigkeit. Das Hervortreten von Ideologien beginnt mit dem Verlust religiöser Sicherheiten und gilt der kognitiven Beherrschung einer rasant sich verändernden Welt. Um den Unterschied von ‚Religion' und ‚Ideologie' hervorzuheben, bezeichnet Bendix die Religionen als „Prä-Ideologien". Dies deshalb, weil ihnen die Komponente aktivistischer Um- und Neugestaltung der Verhältnisse abgeht, die für moderne politische Ideologien kennzeichnend ist.[77] Im religiösen Denken werden alle menschlichen Erfahrungen dadurch verwandelt und zu sinnvollen Ereignissen gemacht, daß sie auf eine absolute Autorität (auf die Gottheit) bezogen werden und auf diese Weise das Bestehende ‚erklärt' und gerechtfertigt wird. Im Gegenzug beziehen religiöse Konzepte ihre Überzeugungskraft aus der relativen Unwandelbarkeit der traditionellen Verhältnisse, die sie erklärend legitimieren.

Anders als bei Prä-Ideologien resultiert dagegen die Überzeugungskraft moderner Ideologien nicht aus der ‚Erklärung' von etwas fraglos Gegebenem, also nicht aus einer als selbstverständlich erlebten Tradition. Moderne Ideologien ‚erklären' eine als wandelbar, unsicher und verunsichernd erlebte soziale Situation. Sie tun dies gerade dadurch, daß sie die prinzipielle Veränderbarkeit und damit Beherrschbarkeit dieser unsicheren Situation behaupten. Der in sich logische und geschlossene Begründungszusammenhang, den moderne Ideologien aus diesem Grunde ausbilden und ausbilden müssen, zwingt sie zu einem rationalisierenden und erklärenden Diskurs. In ihm finden sich die gesellschaftlichen Verhältnisse so dargestellt, daß hinter der konkreten Form, in der sie den Menschen heute entgegentreten, ihre ‚Gesetzmäßigkeiten' sichtbar werden. Die Erkennung dieser analysierend festgestellten, ‚eigentlichen' Komponenten des Bestehenden ermöglicht die Vorstellung ihrer zum Heute alternativen Kombination und offeriert damit den Gesellschaftsmitgliedern Handlungsalternativen.

Die Wandlung, die sich heute in der Nutzung des Islam vollzieht, sein Übergang von der Prä-Ideologie zur Ideologie, ist ein gesamtgesellschaftlicher Prozeß und nicht auf die beschränkt, die sich als „politisch bewußte Muslime“ bezeichnen. Zu beobachten ist die Politisierung und Ideologisierung des gesamten traditionalistischen Milieus. Überall weitet sich der Islamismus, die Betrachtung des Islam in politischen Parametern auf Kosten einer eher kulturellen und eher originär religiösen Betrachtung des Islam aus, erfaßt zunehmend weitere Kreise der Bevölkerung und verändert den Charakter islamischen Lebens grundlegend. Immer stärker wird der Islam zu einer ‚politischen Theorie‘, die Aussagen zum Wirtschaftsleben genauso bereithält wie zur Kulturpolitik, die Stellungnahmen zum Umweltschutz ebenso erlaubt wie zur Außenpolitik. Doch je stärker weltliche Begriffe, Prinzipien und Modelle über ihre scheinbare ‚Entdeckung‘ in der Schrift geheiligt und damit das Säkulare sakralisiert wird, desto stärker ist die Verweltlichung des Heiligen. Wenn heilige Texte im Hinblick auf säkulare Begriffe ‚gelesen‘ und damit aus- und umsortiert werden, dann ist es der innere Zusammenhang der säkularen Begriffe, der sich durchsetzt, den Zusammenhang des heiligen Textes auflöst und ihn in ihm fremden Parametern neu montiert. Ob der Islam nun nach dem Muster des Marxismus als *third worldism* akzeptiert oder als demokratischstes Gesellschaftsmodell, in dem die Menschenrechte schon immer enthalten waren, gepriesen wird, ob er als (Ersatz-)Nationalismus die Sonderrolle der Bevölkerung eines modernen Nationalstaates (für die Rettung der islamischen oder gar der gesamten Welt) zu begründen hat oder ob in ihm die Alternative zur Moderne gesehen wird, immer wird der Fundus der islamischen Tradition im Hinblick auf das Diesseits ‚wieder-‘, ‚neu‘- und ‚ausgelesen‘, und immer sind es die aus dem jeweiligen gedanklichen Feld des Diesseits abstrahierten Zusammenhänge, nach denen die Inhalte der heiligen Texte sich (im Verständnis seiner Leser) nun zu gruppieren haben. Eine solche bewußte, verfeinerte, kreative Nutzung der Tradition unterscheidet sich von der gewohnheitsmäßigen, unreflektierten, restriktiven in früheren Perioden, welche den Zusammenhang des heiligen Textes wahrte.

Je stärker die politische Betrachtung des Islam in den Vordergrund tritt, desto mehr verflüchtigt sich also traditionelle Religiosität und desto mehr werden die historischen Ausdrucksformen der islamischen Kultur in den Hintergrund gedrängt. Überflüssig zu betonen, daß es sich hierbei nicht um einen plötzlichen Umschlag, sondern um langsam und nahezu unbemerkt vor sich gehende Veränderungen handelt. Was die verschiedenen Gruppen der Muslime heute voneinander trennt, ist nicht die politische Betrachtung des Islam auf der einen und die fromme Befolgung der Anbetungspflichten auf der anderen Seite, sondern es ist der Grad der Rationalisierung und Verweltlichung, den ihr islamisches Bewußtsein erfährt und als dessen Folge sie als Träger einer ausformulierten Ideologie, des Islamismus, erscheinen. Die Notwendigkeit, ausformulierte Ideologien auszubilden, fühlen in den muslimischen Ländern genau die gleichen Gruppen wie in anderen Gesellschaften auch, in erster Linie die beschulte, aber ökonomisch ausgegrenzte Jugend der Städte.

Der säkulare Charakter des aktuellen religiösen Diskurses zeigt sich am deutlichsten daran, daß mit seiner Hilfe nicht mehr die Stellung der Gemeinschaft zu Gott, sondern die der eigenen sozialen Gruppe zur Menschengesellschaft bestimmt wird. Damit dient Religion heute nicht mehr primär der Verortung der Gemeinschaft und ihrer Mitglieder in einem von Gott geschaffenen Kosmos, sondern der Standortbestimmung einer sozialen Gruppe in der Gesellschaft bzw. der Erklärung des Platzes, den diese Gesellschaft im Verhältnis zu anderen auf dem Globus einnimmt. In diesem Sinne ist die islamistische Diskussion sowohl Teil als auch Mittel einer allgemeinen Rationalisierung des Diskurses über das gesellschaftliche Leben und damit dieses Lebens selbst.

Anhang

Anmerkungen

Einleitung

1 In Abwandlung von Pohrt, Wolfgang: Multirassismus, Konkret 11/92, S. 16.

2 Riesebrodt, Martin: Fundamentalismus als patriarchalische Protestbewegung, Tübingen 1990, S. 214–224.

I. Die Weltansicht der türkischen Gesellschaft: Zwölf Deutungsmuster

1 In intellektuellen Diskussionen dagegen steht Japan für das Modell einer erfolgreichen Modernisierung unter Beibehaltung traditioneller, sogenannter ‚einheimischer' Werte.

2 Karaosmanoğlu, Y.K.: Panorama: Roman, Istanbul 1953, S. 24.

3 Selçuk, İlhan: Batı ve Türkler, Cumhuriyet 11.12.92, S. 2.

4 Vgl. Gör, Yavuz: Haçlı sefer yeri, Cumhuriyet 5.12.91, S. 2.

5 Altındal, Aytunç: Kilise kaybettiklerini geri alıyor, Tempo 13.5.91, S. 32.

6 Toker, Biltin (Hrsg.): Istanbul, Europe's Peace and Democracy Center, Greater Istanbul Municipality, Istanbul 1992, S. 15.

7 Kozanoğlu, Can: Basının kronik krizi, in Yaşadığımız dünya, Istanbul 1992, S. 241.

8 Vgl. dazu Seufert, Günter: Rückkehr in die Türkei, Deutsch Lernen 3/85, S. 86–90. 43% der Bevölkerung (nahezu jede Familie) sahen sich schon gezwungen, Beamte zu ‚schmieren'. Vgl. Akman, Nuriye: Sayılar denizinde yüzmek, Sabah 4.1.97, S. 15.

9 Jemand, der nicht nur Staatsbürger der Türkei ist, sondern sich auch kulturell als Türke begreift, und der nicht konkurrierende sprachliche (kurdische, lasische, arabische), religiöse (christliche) oder herkunftsregionale (Bosnier, Tscherkesse) Kriterien in den Vordergrund rückt.

10 Eine typische Äußerung dafür ist: *Ortada kaldık – Wir sitzen zwischen allen Stühlen!*

11 Rüştem Batum'la 360 Derece, Kanal D, 6.11.94, 22.30 Uhr.

12 İnalcık, Halil: Türkiye'nin imajı: Dünyanın hasta adamı, Cumhuriyet 3.5.92, S. 6.

13 Tanili, Server: Osmanlı'ya bakmak, Cumhuriyet 4.12.92, S. 4.
14 Türkcan, Ergun: Cumhuriyet cumhuriyettir, Cumhuriyet 17.8.92, S. 13.
15 Dies gilt für die Zeit vor dem Einsetzen der europäisierenden Reformen 1856.
16 Nicht zu vergessen die Massaker an der Armeniern vor und während des Krieges. Vgl. Akçam, Taner: Armenien und der Völkermord, Hamburg 1996.
17 Vgl. Mernissi, Fatema: Geschlecht, Ideologie, Islam, München 1987.
18 Saktanber, Ayşe: Muslim Identity in Children's Picture-Books, in Tapper, Richard (Hrsg): Islam in Modern Turkey, London/New York 1991, S. 177-188.
19 Küper-Başgöl, S.: Frauen in der Türkei, Münster/Hamburg 1992, S. 69.
20 Die Reaktionen der Muslime auf Salman Rushdie sollten auch unter diesem Blickwinkel betrachtet werden.
21 TÜSİAD (Hrsg.): Türk Toplumun Değerleri, 1990–1991, Istanbul 1991.
22 Esmer, Yılmaz: Kadın araştırması, Boğaziçi Üniversitesi, Istanbul 1991; hieraus auch die folgenden Angaben.
23 Schiffauer, Werner: Familie und Alltagskultur, Frankfurt am Main 1993, S. 35–38.
24 Cıngı, Aydın: SHP İstanbul bütünün aynası, Istanbul 1993.
25 Zarcone, Thierry: Nakşibendiler ve Türkiye Cumhuriyeti, Türkiye Günlüğü, Yaz 93, S. 103.
26 Coşan zit. nach Yurteri, Kemal: Nakşiler holdingleşiyor, Cumhuriyet 25.4.94, S. 3; an dieser Stelle auch die folgenden Kurzzitate.
27 So die primären Bedeutungen des Wortes *devlet* (der Staat) nach Özön, M.N.: Osmanlıca-Türkçe Sözlük (Osmanisch-Türkisches Wörterbuch), Istanbul 1973.
28 Rumpf, Christian: Minderheiten in der Türkei, Zeitschrift für Türkeistudien 2/93, S. 198.
29 Heper, Metin: İlişklerimize işleyen devlet geleneği, Sabah 1.4.94, S. 19.
30 Dicleli, Zülfü: Partilerimiz ne kadar farklı? Pazar Postası 23.7.94, S. 6. Die *Religionsbehörde* ist die dem Ministerpräsidenten unterstellte zentrale Religionsverwaltung.
31 Strateji Araştırma A.Ş: Konya Araştırması, Istanbul 1989.
32 Duerr, H.P.: Das Gewissen hat versagt, Der Spiegel 2/93, S. 170.
33 Strateji Araştırma A.Ş.: Konya Araştırması, Istanbul 1989.
34 Yalçıntaş, Nevzat: Laiklik, uygulamada millî birliğimizi sarstı, Yörünge 7.9.92, S. 13.
35 Data, Danışmanlık-Araştırma-Proje: Din Araştırması, Ankara 1986 und Taşgetiren, Ahmet: Din eğitimi, Altınoluk 11/90, S. 3–8.
36 Siehe die vorgenannten Untersuchungen und zusätzlich Sezen, Yümni: Laik aydın Müslüman halka karşı, İzlenim 3/93, S. 74–76.
37 Wirth, Eugen: Die soziale Stellung und Gliederung der Stadt im Osmanischen Reich des 19. Jahrhunderts, in Mayer, Theodor (Hrsg.):

Untersuchungen zur gesellschaftlichen Struktur mittelalterlicher Städte in Europa, Konstanz 1974, S. 407.

38 Sarıbay, A.Y.: Türkiye'de devlet: Kurum mu, cemaat mı?, Dergâh 10/93, S. 17.

39 Das Phänomen der Religionsnation teilt die Türkei mit vielen anderen Staaten. Geschichte und Gegenwart in vielen Gesellschaften des Ostens zeigen, daß die Religion dort als historische Form der Nation betrachtet wird und deshalb eine Trennung des Religiösen vom Nationalen undenkbar scheint. Vgl. Georgien, Armenien, Polen, Serbien, Griechenland, Rußland. Für den Mann auf der Straße handelt es sich bei der Herausbildung nationalistischer Überzeugungen weniger um eine Etablierung neuer, alternativer Zugehörigkeiten und Identitäten als um eine Ausdifferenzierung der bestehenden.

40 Haydar, Ali: Millî Terbiye, Istanbul 1926, S. 22–23.

41 Silvyo Ovadya zit. nach Çuhacı, Z.: Azınlıkların aynası, azınlık gazeteleri, Yeni Yüzyıl 17.10.96, S. 20.

42 Vgl. Gülalp, Haldun: Questions of National Identity, in Baumgartl, B./Favell, A.: New Xenophobia in Europe, London 1995, S. 361.

43 İnsel, Ahmet: Laiklik, cumhuriyet ve sosyalist hareket, Birikim 7/89, S. 30.

44 Ders Kitaplarında ırkçılık propagandası, Cumhuriyet 14.6.94, S. 7.

45 Bayrak için tekbir'li protesto, Cumhuriyet 29.6.96, S. 3.

46 Als Anwendung US-amerikanischer Empfehlungen zur *Retraditionalisierung* beschreibt Parla die Entwicklung und verweist auf Parallelen in der Entwicklung von Indonesien und Pakistan, aber auch von Brasilien und Chile, siehe Parla, Taha: Türkiye'nin siyasal rejimi, Istanbul 1993, S. 204 f.

47 Siehe für die nachstehenden Zitate in dieser Reihenfolge: Cumhuriyet 26.1.89; Cumhuriyet 15.6.92; Cumhuriyet 16.9.92; Cumhuriyet 15.12.92.

48 Spuler-Stegemann, U.: Der Islam, in Grothusen, K.D. (Hrsg.): Süd-Ost-Europa Handbuch, Band 4: Türkei, Göttingen 1985, S. 597.

49 Auskunft von Sami Uslu, stellvertretender Präsident der Diyanet, am 29.3.96 in Ankara.

50 Canatan, Kadir: Kapitalizm, Protestanlık ve İslâm, Bilgi ve Hikmet, 2/93, S. 39.

51 So gilt beispielsweise für die *Ethnie* die *Endogamie* als ein notwendiges Merkmal und der *Staatsbesitz* als Merkmal für die *Nation*. Kurdische Alewiten und Sunniten sind jedoch endogam nur in ihrer religiösen Bindung, nicht in ihrer sprachlichen. Demnach wären die Kurden keine Ethnie und ohne Staatsbesitz auch keine Nation. Die Alewiten hingegen erscheinen in einer solchen Perspektive als Ethnie. Diese Charakterisierung würde jedoch die inneren Trennungen zwischen türkischen und kurdischen Alewiten, die *heute* an Gewicht gewinnt, ausblenden. Wird anstelle solcher Definitionsversuche jedoch danach gefragt, wel-

cher sozialen Einheit gegenüber und in Abgrenzung von welchem *kulturellen Lager* sich eine soziale Einheit selbst versteht, ist ein Verständnis ihrer Motive und ihres Handelns eher möglich. Die danach getroffene Klassifizierung, die auf dem *Selbstverständnis* der jeweiligen sozialen Einheit aufbaut, wird eher mit ihrem tatsächlichen Handeln in Übereinstimmung stehen als eine nach aufzählbaren Kriterien getroffene.

52 Strateji Araştırma A.Ş.: Konya Araştırması, Istanbul 1989.

53 Türköne, Mümtaz'er: İslâmcılığın doğuşu, Istanbul 1991, S. 63.

54 Ahmad, Feroz: Kuran, kimseye ‚örtün' demez, Cumhuriyet 14.8.94, S. 8.

55 Schiffauer 1993, S. 39.

56 Nicht nur die kemalistische Bürokratie, auch die Arbeiterschaft ist (zumindest in ihren Anfängen) ein Produkt der kemalistischen Revolution, denn sie entstand mit der Gründung der Staatsbetriebe als eine relativ privilegierte Schicht (sichere Stellung, relativ hohe Löhne, Kranken- und Rentenversicherung und Koalitionsfreiheit); Schiffauer 1993, S. 29.

57 Kürt sorunu demokratik yollarla çözülmeli! Milliyet 10.12.94, S. 16.

58 Botschaft des PKK-Führers Abdullah Öcalan an den Kurdischen Kongreß in Berlin, zitiert nach Çakır Ruşen: Karanlık ittifakı, Milliyet 19.7.94, S. 6 (D).

59 Riesebrodt 1990, S. 214–22.

II. Gesellschaftspolitische Aktivität im Namen des Islam

1 Erbakan zit. nach Çalışlar, Oral: Refah değişti mi? Cumhuriyet 30.10.93, S.15.

2 Kazgan, Gülten: Sosyal değerler ve partilerimiz, Cumhuriyet, 20.11.91, S. 2.

3 Gründungserklärung der MNP, zit. nach Sarıbay, A.Y.: Türkiye'de mondernleşme, din ve parti politikası, Istanbul 1985, S. 100.

4 Programmatische Rede des ersten (kommissarischen) Vorsitzenden der MSP, Süleyman Arif Emre, auf deren Gründungsparteitag, zitiert nach Sarıbay 1985, S. 110–111.

5 Erbakan zitiert nach Sarıbay 1985, S. 99.

6 *Vatan, bayrak, millet*, oft benutzte Beschwörungsformel, von der ehemaligen Ministerpräsidentin Tansu Çiller um den Gebetsruf, *ezan*, erweitert.

7 Vgl. dazu den Punkt *Das Volk: ‚Allah'*.

8 Vgl. dazu den Punkt II. 3. *Die Gestaltung des Geschlechterverhältnisses.*

9 Zit. nach Arslan, A. et al.: Dinci gençlikte patlama, Nokta 19/86, S. 14–19, hier S. 15.

10 Zit. nach Arslan, A. et al. 19/86, S. 16–17.
11 Zit. nach Arslan, A. et al. 19/86, S. 17.
12 Dilger, Konrad: Tendenzen der Rechtsentwicklung, in Ende, W./ Steinbach, U. (Hrsg.): Der Isalm in der Gegenwart, München, 1984, S. 173f.
13 Roy, Olvier: Siyasal İslamın iflası ‚L'Echec de l'Islam politique, türk.', übersetzt von Cüneyt Akalın, Metis, Istanbul, 1994, S. 31.
14 Abû l-A'lâ al-Maudûdî: Political Theory of Islam, in Esposito, J.L./ Donohue J. (Hrsg.): Islam in Transition, Oxford u.a. 1982, S. 256–257.
15 Sharî'atî, 'Alî: İntizar, itiraz mezhebi, in Esposito, J.L./Donohue, J. (Hrsg.): Değişim süreçinde Islam, Istanbul 1991, S. 319.
16 Sharî'atî 1991, S. 315.
17 Maudûdî 1982, S. 252.
18 Schulze, Reinhard: Im Banne des Islam, in Forkel, H. et al (Hrsg): Die Gärten des Islam, Stuttgart/London 1993, S. 380.
19 Hasan al-Bannâ: The New Renaissance, in Esposito/Donohue 1982, S. 78–83, hier S. 80.
20 Hasan al-Bannâ 1982, S. 81.
21 Ebenda.
22 Gedik, Nuri: Türkiye'de İslâmî düşüncenin arka planı (4), Yeryüzü 15.8.92, S. 37.
23 Der Vorsitzende des Verbandes, Erol Yarar, zit. nach Yanmaz, İ./Şahin, D./Coşkun, T./Dik, S.: Para, iman ve güç, İntermedya Ekonomi 27.2.94, S. 28–34, hier S. 32.
24 Yusuf Cevahir, Mitglied des Verbandes, zit. nach Yanmaz et al., S. 31.
25 Unternehmer und MÜSİAD-Mitglied Hikmet Gencal, zit. nach Yanmaz et al., S 33.
26 MÜSİAD-Mitglied Ömer Aydın, zit. nach Yanmaz et al., S. 32.
27 So geschehen in der Ausstrahlung eines Films über den Gelehrten Al-Buhârî Abû 'Abd Allâh Muhammed b-İsmâ'îl Al Cû'fî (810–869) im Nurcu-Sender Samanyolu TV im Oktober 1994.
28 Weber, Max: Die protestantische Ethik und der Geist des Kapitalismus, 1904/1905, Nachdruck Dodenheim 1993.
29 So in williger Übernahme der orientalistischen Perspektive der islamistische Intellektuelle Bulaç, Ali: Sekülerlik bağlamında Hıristiyanlık, Protestanlaşma ve günümüzde İslam, T.-Z.-Tunaya-Kulturzentrum, Istanbul-Beyoğlu, 12.11.94.
30 Yusuf Cevahir, zit. nach Yanmaz et al., S. 28 und S. 31.
31 Vgl. Andrews, W.G.: Poetry's Voice, Society's Song, Ottoman Lyric Poetry, Seattle u. a. 1984, S. 298.
32 Sloterdijk, Peter: Der mystische Imperativ: Bemerkungen zum Formenwandel des Religiösen in der Neuzeit, in ders. (Hrsg.): Mystische Zeugnisse aller Zeiten und Völker, München 1993, S. 9.
33 Erbakan, Necmettin: Türkiye Cezayir değildir, Nokta 8.11.92, S. 20–21 (Interview).

34 Çakır, Ruşen: Türkiye İslamcılarının politik krizi, Birikim 11/92, S. 32.

35 Das Haupt der Gruppe, die den Plan erarbeitete, der Ingenieur Süleyman Karagülle, zitiert nach Çakır, Ruşen: Ne Şeriat ne demokrasi, Istanbul 1994, S. 132–133.

36 Akgül, Ahmet: Adil Düzen nedir? Yörünge 23.8.92, S. 37.

37 Akgül, 23.8.92, S. 37.

38 Akgül, 23.8.92, S. 37.

39 Ahmad, Feroz: Politics and Islam in Modern Turkey, International Journal of Middle East Studies 1/91, S. 17.

40 Vgl. Die *‚Partei der Muslime‘* 1.

41 Coşan zit. nach Zarcone, 23/93, S. 104.

42 Erbakan am 13.5.1990 in Sivas, zit. nach Yalçın, Soner: Hangi Erbakan?, Ankara 1994, S. 230.

43 Erbakan, zit. nach Yalçın 1994, S. 229. Von Erbakan auch die folgenden Zitate ebenda, S. 228 und 229 (Hervorhebung von mir).

44 Siehe Sanat Refah'a erdi mi?, Milliyet 11.12.94, S. 21.

45 Schiffauer 1993, S. 44.

46 Çiftçi, Halise: Başörtülü üniversite mezunları, Serie in Millî Gazete, 23.–26.6.93, hier Folge 1, S. 4.

47 Neval Demir, in Çiftçi 6/93, Folge 4.

48 „Ich glaube, es ist notwendig, ... das Bild von der muslimischen Frau, das einem immer wieder präsentiert wird, aufzubrechen. Dazu sind nur gut ausgebildete Frauen in der Lage.“ Adile Ataklı in Çiftçi 6/93, Folge 3.

49 Eine bedeckte ehemalige Studentin, zit. nach Bora, Aksu: Örtülü kimlik, Birikim Nr. 63, 7/94, S. 70–72, hier S. 71.

50 Adile Ataklı in Çiftçi 6/93, Folge 3

51 Hibb Ezzeh zit. nach Burhani, Leyla: Für die Entschleierung der Vernunft, Die Tageszeitung 9.8.91, S. 9.

52 Berktay, Fatmagül: Şeriat bir erkek cenneti, Cumhuriyet-Kitap 6.3.94, S. 12–14.

53 Yörünge 23.8.92, S. 38–39.

54 Halide Edib Adıvar in ihrem Roman „Neues Turan“, zit. nach Nilüfer Göle, Modern mahrem, Istanbul 1991, S 47.

55 Zit. nach Küper-Başgöl 1992, S. 207.

56 Atatürk, M.K.: [Atatürk'ün] Söylev ve Demeçleri, II, 1906–1939, Ankara 1959, S. 150.

57 Şemseddin Sami zit. nach Ozankaya, Özer in Türköz Erder (Hrsg.), Family in Turkish Society, Ankara 1985, S. 137.

58 Schiffauer 1993, S. 36.

59 Auch die schiitische Ehe auf Zeit (mu'ta) kommt unter den islamistischen Jugendlichen vor, vgl. Burçin, Belge: Yaşam tarzına göre nikah, Yeni Yüzyıl 13.1.97, S. 3.

60 Shadid, W.A./van Koningsveld, P.S.: Institutionalization and Integration of Islam in The Netherlands, in dies. (Hrsg.): The Integration of Islam and Hinduism in Western Europe, Kampen 1991, S. 112.

61 Seufert, Günter: Kinderehen in der Türkei, Materialien zum Problembereich ausländischer Arbeitnehmer 39, Bonn 1983, S. 187–201.

62 Riesebrodt 1990, S. 247.

63 Erbakan, Necmettin: Türkiye'nin meseleler ve çözümleri: Program, Ankara 1991, S. 47.

64 Erbakan, Program, S. 47.

65 Erbakan, Necmettin: Adil ekonomik düzen, Ankara 1991, S. 15; gleichlautend: Erdoğan, R.T.: Araç demokrasi, amaç Adil Düzen, İzlenim 2/93, S. 12 (Erdoğan ist seit März 1994 für die Refah Bürgermeister von Istanbul).

66 Vgl. Sevinç, Abdullah: Nesli korumak, Diyanet Dergisi (Fachzeitschrift der Religionsbehörde) 2/91, S. 117.

67 Erbakan, Ekonomik, S. 15.

68 Erbakan auf dem 4. Großen Parteitag 1993, zit. nach Çakır, Ruşen: Refah ne kadar İslamcı ne kadar demokrat, Pazar Postası 19.3.94, S. 6–7.

69 Vgl. Erbakan, Ekonomik, S. 24–25.

70 Vgl. Erbakan, Ekonomik, S. 85 und 92.

71 Erbakan, Program, S. 18.

72 Erbakan, Ekonomik, S. 92 und S. 67; Program, S. 54.

73 So der Titel einer Broschüre, die der muslimische Unternehmerverband zur Selbstdarstellung herausgebracht hat.

74 Vgl. *Der kemalistische Staat heute: Religionslehrer und Betreiber der Islamisierung.*

75 Der letzte Satz in Erbakan, Ekonomik, S. 98.

76 Der vorletzte Satz in Erbakan, Program, S. 64.

77 Bendix, Reinhard: The Age of Ideology: Persistent and Changing, in Apter 1964, S. 294–327, hier S. 296.

Glossar

Abû l-A'lâ al-Maudûdî [1903–1979], pakistanischer Journalist, Gründer der pakistanischen Cemaat-i Islamî, „Islamische Gemeinschaft".

Alewiten = Alevi, Plural: Aleviler, circa 15% der Bevölkerung umfassende islamisch-heterodoxe Glaubensgemeinschaft türkischer, kurdischer und arabischer Muttersprache, deren Theologie schiitische Elemente aufweist, die jedoch dem islamischen Recht, der Scheriat, distanziert gegenübersteht.

Demirel, Süleyman, heute Staatspräsident, davor siebenmaliger Ministerpräsident der Türkei, damals Vorsitzender der Gerechtigkeitspartei (Adalet Partisi) und der → *Partei des rechten Weges.*

Ecevit, Bülent, Vorsitzender der Partei der Demokratischen Linken (Demokrat Sol Partisi), früher als Vorsitzender der → *Republikanischen Volkspartei* (CHP) Ministerpräsident. Unter seiner Amtszeit kam es zur Zyperninvasion.

Erbakan, Necmettin, Ministerpräsident, ständiger Vorsitzender der → *Wohlfahrtspartei* (Refah Partisi).

Gagausen = Gagauzlar, türkischsprachige christlich-orthodoxe Volksgruppe in Bessarabien, Rumänien und Bulgarien, auch Surkuç oder Sorkuç genannt.

Gemeindeordnung von Medina = Medine Vesikası, die erste schriftlich niedergelegte Regelung eines Gemeinwesens unter muslimischer Leitung, ausgearbeitet vom Propheten Muhammed 622 in der Stadt Medina, in der damals neben Muslimen auch Juden und Polytheisten lebten. Überlegungen zur Nutzung der Gemeindeordnung für die Gestaltung der aktuellen politischen Situation wurden bereits in Indien (und Pakistan) und im Sudan angestellt.

Goldenes Zeitalter (des Islam) = asr–ı saadet, die Zeit der vier ersten, der „rechtgeleiteten", Nachfolger (Kalifen) des Propheten Muhammed, in der das göttliche Gesetz in seiner vollkommensten Form angewandt worden sein soll.

Hanefiten, Mitglieder einer der vier großen Rechtsschulen des sunnitischen Islam, geht zurück auf 'Abu Hanifa; ihr gehören die türkischsprachigen Einwohner der Türkei in ihrer weit überwiegenden Mehrzahl an.

Hasan al-Bannâ [1906–1949], Lehrer, Gründer und Theoretiker der ägyptischen Muslimbruderschaft, Opfer eines Attentates.

Hisbullah, auch Hesbollah = Hizbullah, die „Partei Gottes", Name verschiedener bewaffneter islamistischer Gruppen im Nahen Osten. In der Türkei spricht man von mindestens zwei verschiedenen Hisbullahs. Einer ‚autonomen' und einer von der staatlichen Konterguerilla gesteuerten, die sich vor allen Dingen mit Attentaten gegen oppositionelle Kurden hervortat.

İBDA-C, İslam Büyük Doğu Akıncılar Cephesi = „Sturmabteilung für einen islamischen großen Osten", militante Gruppe, die für Bombenattentate und für Mordanschläge verantwortlich gemacht wird. Ihre Zeitschrift Tavır, später Taraf, kam zum ersten Mal im Juni 1986 heraus. Die Gruppe ist innerhalb des türkischen Islam weitgehend isoliert. Sie beteiligt sich nicht an den öffentlichen Diskussionen und befürwortet die direkte Aktion. Sie führt die Tradition der Radikalen fort, ihre Gegner zu verketzern, und hat als einzige islamistische Gruppe den Brandanschlag von Sivas (2.7.1993) offen gefeiert. Die Gruppe bekannte sich in ihrer Zeitschrift zum Bombenanschlag auf das Café des Istanbuler Hotels The Marmara, bei dem mehrere Menschen starben, und bezeichnete den Anschlag als „gerechtfertigte Bestrafung der Gottlosen". Sie brüstet sich außerdem damit, über Einflüsse innerhalb der Polizei zu verfügen.

Işık, Hüseyin Hilmî, ehemaliger Offizier und Stammvater des gleichnamigen (Işıkçılar) Zweiges der Nakşibendi-Bruderschaft, die ihrerseits den Kern des İhlas-Konzerns bildet, dem die Tageszeitung Türkiye Gazetesi und der Fernsehsender → *TGRT* gehören.

Jesiden = Yezidi, zoroastrisch beeinflußte Religionsgemeinschaft im Südosten der Türkei und im Nord-Irak, Muttersprache: Kurmandschi.

Kadiriyye, mystische Ordensgemeinschaft, geht zurück auf 'Abd al-Kâdir al-Gîlânî, gest. 1166, verbreitet in Ägypten, Nordafrika und der Türkei.

Kemalisten, diejenigen, die sich die Prinzipien des Republikgründers Mustafa Kemal Atatürk zu eigen machen. Eines dieser Prinzipien ist die türkische Form des → *Laizismus*.

Muslimisch – islamisch – islamistisch: ‚muslimisch' kennzeichnet den Muslim als Person, verweist auf das, was der einzelne Muslim mit allen anderen Muslimen gemeinsam hat und was keine darüber hinausgehenden Handlungen oder Orientierungen erfordert. Insofern ist die Gesellschaft der Türkei deshalb ‚muslimisch', weil Muslime in ihr die große Mehrheit bilden. ‚Islamisch' steht für all die Handlungen und Orientierungen, die mit Bezug auf die Religion oder mit einer religiösen Begründung getan werden. Deshalb ist das Gebet der Muslime eine ‚islamische' Handlung und der Glaube an die besondere soziale Nähe, die unter Muslimen herrschen müsse, eine ‚islamische' Orientierung. ‚Islamistisch' sind all die Handlungen und Haltungen, die darauf gerichtet sind, die Religion als gestaltende Kraft in der politischen Sphäre, in der Ökonomie und im Recht zur Geltung zu bringen. So ist etwa die Forderung nach einer Wirtschaftsordnung ohne Zinsnahme eine ‚islamistische' Forderung.

Laizismus, laizistisch von Französisch laïque = „weltlich". Im Türkischen bezeichnet laiklik und laik Haltungen, die weniger die Trennung der religiösen Institutionen vom Staat als die Kontrolle der Religion durch den Staat vorsehen.

MÜSİAD = Müstakil Sanayiciler ve İş Adamları Derneği (müstakil = unabhängig), der „Unabhängige Industriellen- und Unternehmerverband", dies der offizielle Titel, inoffiziell gilt der Verband als Müslüman Sanayiciler ..., also als „Muslimischer Industriellen ..."

Mutterlandspartei = Anavatan Partisi (AnaP), nach dem Putsch von 1982 vom späteren Minister- und Staatspräsidenten Turgut Özal gegründete, wertkonservative, aber in ökonomischen Fragen liberale Partei, heute unter Mesut Yılmaz.

Nakşibendiyye, puristisch mystische Bruderschaft, die stark auf die Gültigkeit des Religionsgesetzes pocht, geht zurück auf Bahaddin Nakşband, heute in der Türkei in mehrere Zweige mit unterschiedlicher politischer Ausrichtung gespalten.

Nuristen = Nurcular, die Bewegung: Nurculuk, in der Republik Türkei entstandene religiöse Strömung, geht zurück auf Bediüzzaman Said-i Nursî, dessen Koranerklärung und -interpretation *Risale-i Nur* trachtete, den Glauben mit den Ergebnissen der Naturwissenschaften zu versöhnen. Größte religiöse Bewegung in der Türkei, in mehrere Zweige unterschiedlicher politischer Orientierung gespalten.

Partei der großen Einheit = Büyük Birlik Partisi (BBP), islamistisch orientierte Abspaltung von der Partei der nationalistischen Bewegung unter dem Sivaser Abgeordneten Muhsin Yazıcıoğlu.

Partei der Nationalordnung = Millî Nizâm Partisi (MNP), pro-islamische Partei von 1970 bis 1972, Vorläuferin der → *Partei des Nationalheils*, wie diese geführt von Necmettin Erbakan.

Partei des Nationalheils = Millî Selamet Partisi MSP), gegründet 1972, nach dem Staatsstreich vom 12. September 1980 – wie alle anderen politischen Parteien auch – verboten. Erste Partei, die trotz eines stark religiös konnotierten Programms an Wahlen teilnehmen konnte und relativ erfolgreich war.

Partei des rechten Weges = Doğru Yol Partisi (DYP), nach dem Putsch von 1982 unter Anleitung des früheren und späteren Minister- und heutigen Staatspräsidenten → *Süleyman Demirel* gegründete Partei, die in der Nachfolge der Gerechtigkeitspartei (AP) und der Demokratischen Partei (DP) steht, heute unter Tansu Çiller.

PKK, Partiya Karkeren Kurdistan = „Partei der Arbeiter Kurdistans", militante nationalistisch-sezessionistische Bewegung, die sich seit 1983 einen blutigen Krieg mit den bewaffneten Verbänden der Republik Türkei liefert.

Republikanische Volkspartei = Cumhuriyet Halk Partisi, CHP, vom Republikgründer Mustafa Kemal Atatürk gegründete zentralistische Einheitspartei, die bis 1950 herrschte.

Schafiiten, Anhänger einer Rechtsschule innerhalb des sunnitischen Islam, begründet von Imam Schafi, ihr gehören die kurmandschi-sprachigen Bewohner der Türkei in der Mehrzahl an.

Sharî'atî, 'Alî [1933–1977], iranischer Soziologe, Lehrer in Maschhad und Teheran, Ideologe der Revolution.

Sosyaldemokrat Halkçı Partisi, SHP = Sozialdemokratische Populistische Partei, Nachfolgepartei der → *Republikanischen Volkspartei*, nach 1982 zeitweise unter Erdal İnönü, dem Sohn von İsmet İnönü, letzterer folgte seinerzeit Mustafa Kemal Atatürk im Amt des Staatspräsidenten nach.

TGRT = Türkiye Gazetesi Radio ve Televizyon, „Radio- und Fernsehen der Türkiye Gazetesi" (Zeitung Türkei), Privatsender der İhlas-Holding der → *Işıkçı-Gruppe.*

Türkeş, Alparslan, ständiger Vorsitzender, ‚Führer' der prä-faschistischen Partei der nationalistischen Bewegung (MHP).

TÜSİAD = Türkiye Sanayiciler ve İşadamları Derneği, der „Türkische Industriellen- und Unternehmerverband".

Wohlfahrtspartei = Refah Partisi (Refah Partei), RP. 1983 gegründete pro-islamische Partei, Nachfolgerin der → *Partei des Nationalheils* und der → *Partei der Nationalordnung.*

Yazıcılar = Schreiber, Gruppe der → *Nuristen*, erhielt ihren Namen, weil sie sich weigert, die Werke ihres Gründungsvaters Said-i Nursî im lateinischen Alphabet zu publizieren und auf deren handschriftlicher Verbreitung in arabischen Lettern besteht.

Weiterführende Literatur

Andrews, P. A.: Ethnic Groups in the Republic of Turkey, Wiesbaden 1989.

Azmeh al-, Aziz: Die Islamisierung des Islam: Imaginäre Welten einer politischen Theologie, übers. von Ulrich Enderwitz, Frankfurt am Main 1996.

Blaschke, J./Bruinessen van, M. (Hrsg.): Religion und Politik in der Türkei, Jahrbuch zur Politik und Gesellschaft des Nahen Ostens 1984, Berlin 1985.

Ende, Werner/Steinbach, Udo (Hrsg.): Der Islam in der Gegenwart, München [4]1996.

Esposito, J. L./Donohoe J. (Hrsg.): Islam in Transition: The Muslim Perspectives, Oxford 1982.

Kehl-Bodrogi, K.: Die Kızılbaş/Aleviten: Untersuchungen über eine esoterische Glaubensgemeinschaft in Anatolien, Berlin 1988.

Keyder, Çağlar: State and Class in Turkey, London/New York 1987.

Lücke, Hanna: ‚Islamischer Fundamentalismus' – Rückfall ins Mittelalter oder Wegbereiter der Moderne? Berlin 1993.

Mardin, Şerif: Religion and Social Change in Modern Turkey: The Case of Bediüzzaman Said Nursi, State University of New York Press, Albany 1989.

Said, E. W.: Orientalismus, übers. von Liliane Weissberg, Berlin u. a. 1981.

Seufert, Günter: Politischer Islam in der Türkei: Islamismus als symbolische Repräsentation einer sich modernisierenden muslimischen Gesellschaft, im Erscheinen, Beirut/Wiesbaden 1997.

Sloterdijk, Peter (Hrsg.): Mystische Zeugnisse aller Zeiten und Völker, gesammelt von Martin Buber, ‚Ekstatische Konfessionen, Jena 1909', München 1993.

Steinbach, Udo: Türkei, Informationen zur politischen Bildung Nr. 223, Bonn 2/89.

Tapper, Richard (Hrsg): Islam in Modern Turkey: Religion, Politics and Literature in a Secular State, London/New York 1991.

Vorhoff, Karin: Zwischen Glaube, Nation und neuer Gemeinschaft: Alevitische Identität in der Türkei der Gegenwart, Berlin 1995.

Werle, R./Kreile, R.: Renaissance des Islam: Das Beispiel Türkei, Hamburg 1987.

Register